Offert par M. Alfred Chalopin
Conseiller Municipal

Le 31 Juillet 1898.

LES MERVEILLES

DU

MONT SAINT-MICHEL

FORMAT IN-FOLIO

L'illustration de ce volume a été exécutée

sous la direction de

M. EUGÈNE MATHIEU

PROPRIÉTÉ DES ÉDITEURS

LES MERVEILLES

DU

Mont Saint-Michel

PAR

PAUL FÉVAL

Nouvelle édition ornée de gravures

LIMOGES
MARC BARBOU & Cie, ÉDITEURS
RUE PUY-VIEILLE-MONNAIE

PRÉFACE

J'appartiens à saint Michel. Je suis né le 29 septembre, jour de la fête de saint Michel, et ma pieuse mère avait voué mon berceau au chef des milices célestes, vainqueur immortel du mal. Je veux essayer d'écrire l'histoire de sa maison merveilleuse où habite le dessein de Dieu.

Quis ut Deus? Qui est comme Dieu? O petits que nous sommes! ô méprisable folie de ceux qui damnent leur éternité pour se croire grands pendant un jour! Saint Michel ne m'a point parlé, mais j'ai considéré le symbole de son épée d'enfant et de son bouclier qui semble un jouet; et j'ai dit en moi-même : Toute force est à Dieu.

Qu'importe la pauvreté de ma plume? n'est-il pas ordonné à chacun, si faible qu'il se juge, de travailler en vue de la gloire du Seigneur Jésus, c'est-à-dire au bien des hommes, rachetés par la croix ? Nous vivons à une époque qui, en dépit même des brutales victoires de l'incrédulité, semble deviner déjà, sinon comprendre encore tout à fait, que le soulagement à ses maux trop mérités, le remède à ses terreurs sans cesse grandissantes, le secours à ses défaillances morales, se trouve en dehors et au-dessus des efforts purement humains dont l'impuissance politique et surtout sociale épouvante les clairvoyants et plonge les aveugles dans le délire de leur extravagant triomphe.

Mon œuvre pourra être insuffisante, mais elle ira vers un but que de plus robustes atteindront. Il me plaît de marcher, ne fût-ce qu'un pas, dans le sentier au bout duquel est la suprême espérance.

Un jour, j'ai balbutié, moi indigne, le sublime cantique du Sacré-Cœur qui est Jésus expiation, rachat, réparation et protection, arrêtant son vol au sommet de la France, sommet de la terre. Maintenant, je veux répéter le premier cri qui fut entendu dans le ciel. Avec candeur et défiance absolue de moi-même, mais appuyé sur la certitude de ma foi, je veux soulever l'épée de l'ange et faire luire au soleil d'espérance le mystique bouclier dont le rayon terrasse la bête infernale depuis le commencement et la terrassera jusqu'à la fin des jours !

Saint Michel, étendard de ma patrie royale, premier fidèle, adorateur élevé au-dessus de tous les anges et de tous les hommes qui adorent, glaive entouré d'éclairs, dévotion, force, lumière, ô prince des esprits du ciel, ô soyez avec moi, priez pour moi !

J'ai travaillé tant que j'ai pu, j'ai lu tout ce qui se peut lire [1], je connais chaque pierre de la basilique admirable et j'ai passé des instants trop courts en ce lieu d'une beauté sans rivale, au milieu de savantes bienveillances et de pieuses amitiés. Je compte ces jours parmi les meilleurs de ma vie. Il est des hommes qui ne veulent pas être loués ; le respect et aussi l'affection me ferment la bouche. Un seul éloge m'est permis, le voici : les PP. missionnaires de l'abbaye, par leur effort intelligent et dévoué, ont accompli une grande œuvre en relevant un grand culte : ils ne cherchent pas d'autre gloire. Ils ont rappelé la religion dans le sanctuaire de saint Michel, d'où ils ont chassé la solitude et l'oubli.

Peu de temps avant mon arrivée, un pèlerinage avait eu lieu où dix mille fidèles chantaient le cantique du Sacré-Cœur sur la grève, autour des murailles ; peu de temps après mon départ, la fête du 29 septembre assemblait un nombre double de fervents. Saint Michel est toujours le patron des Français qui croient, qui espèrent, qui aiment, et, Dieu soit loué, nous sommes beaucoup comme cela.

Nous ne faisons pas de bruit, c'est vrai, nous n'avons ni chants de révolte, ni clameurs de haine ; mais parce que nous ne crions point, nous ne sommes pas morts, et si au plein milieu de ce siècle vantard de liberté, de tolérance, de fraternité, vantard de tout ce qui lui manque à un degré navrant, la persécution stupide osait menacer de son talon la tête et le cœur des gens de foi, on verrait combien de millions de vivants se masseraient debout autour de la croix invincible.

Quant au livre lui-même, le titre en indique le plan. Il dira tout : origines, légendes, histoire, les prodiges de l'effort humain, les miracles de la clémence de Dieu ; — et la lutte : obstacles inouïs, sans cesse renaissants, toujours aplanis ; entreprises invraisemblables, constructions impossibles, achevées en chefs-d'œuvre et comme par féerie ; ruine constante, constante résurrection de ces palais suspendus, défis jetés à la foudre, vingt fois foudroyés en effet, vingt fois relevés plus audacieux ; duel de toutes les heures, invisible mais acharné, entre Michel et Lucifer ; — et les hommes :

---

[1]. Les notes renvoyant aux sources rendent inutile le dénombrement des ouvrages que j'ai consultés, mais ne me dispensent pas de témoigner ici ma reconnaissance à leurs éloquents et savants auteurs. Je remercie spécialement M. V. Jacques, possesseur de la très belle collection michelienne et qui m'a fourni de très précieux renseignements.

saints, politiques, capitaines, abbés obéis comme des rois, entourés de la vénération des rois, poètes, historiens, architectes, prodiguant à l'envi des magnificences, aussitôt broyées en poussière, mais rejaillissant en splendeurs ; — batailles, blocus, assauts, incendies, famines, martyres, triomphes : épopées, innombrables épopées !

Et par-dessus toutes ces choses, l'Archange, le prince d'Israël et de la synagogue, devenu le gardien de l'Eglise et de la France, veillant sur nous au long des siècles, depuis le premier Louis, époux de sainte Clotilde, jusqu'à saint Louis et jusqu'à Louis le Grand, nous soulevant sur la puissance de ses ailes et nous prêtant ce superbe essor de foi, de vaillance, de génie, qui nous fit planer au-dessus de toutes les nations.

Mon plan est de rassembler dans mes bras cette gerbe de merveilles pour en fleurir l'autel de l'Ange de la patrie.

CLOVIS TROUVANT MIRACULEUSEMENT UN GUÉ LE MATIN DE LA BATAILLE DE VOUILLÉ

INTRODUCTION

Saint Michel, les anges, le combat dans le ciel. — Le Paradis terrestre. — Mission de Michel, gardien de la synagogue. — Les mythologies. — Le Christ. — Mission de Michel, défenseur de l'Église. — Le Labarum. — Le Mont Gargan.

I

Il n'y a pas de date dans l'éternité, et le temps n'était pas encore. Dieu seul emplissait l'infini. Dieu voulut créer. Se connaissant dans son Verbe, s'aimant dans son Esprit, il trouva juste de donner la vie à des êtres capables d'adorer sa très sainte Trinité. *Ce jour-là*, car les mots de la langue s'imposent à nous, ce jour-là, dans le silence qui n'avait pas encore été rompu, un chœur retentit, disant le premier cantique : « Saint, saint, saint est le Seigneur ! »

L'innombrable multitude des anges jaillissait du néant, essaim de virginités heureuses, peuple innombrable d'éclats et d'éclairs sonores qui se fondaient en d'indicibles harmonies. Milton a vu cela du fond de la nuit où son regard aveugle était noyé. Entreprise charmante et insensée, Milton a *décrit* une de ces vivantes fleurs du ciel.

« ... Il portait (l'ange) six ailes pour ombrager le dessin de ses divins contours. La paire qui revêtait ses larges épaules venait sur sa poitrine comme un manteau de roi. La paire du milieu entourait sa ceinture en écharpe étoilée, duvet d'or, trempé dans le céleste azur... et la troisième paire, protégeant ses pieds, attachait à chacun de ses talons un tissu de plumes dont le bleu luttait avec la pureté du firmament... »

Quand la Bible, source profonde de poésie, décrit les choses invisibles, l'esprit n'est pas frappé de la même manière : c'est grand jusqu'à inspirer la terreur.

Le prophète Daniel et Jean à Pathmos ont vu tous les deux autrement. Le mystère reste sous leur parole. Daniel dit : « Je regardais en attendant que les trônes fussent placés, et l'ancien des jours s'assit. Il avait son vêtement blanc comme neige, les cheveux de sa tête comme une laine sans tache ; des flammes de feu formaient son trône dont les roues étaient un feu embrasé.

« Un fleuve de feu et rapide sortait de sa face. Mille milliers (d'anges) le servaient et dix milliers de centaines de mille assistaient devant lui[1] ».

« J'ai vu, dit Jean à son tour[2], et j'ai entendu la voix d'anges nombreux autour du trône et des animaux et des vieillards : et mille milliers était leur nombre... »

Le feu, le nombre ! Il semble que ceux dont la faculté d'élever leurs esprits et de les rapprocher vers Dieu a dépassé toute puissance humaine, ont reculé néanmoins devant une peinture interdite à l'homme. Leur regard a été brulé par la fournaise de gloire. Ils n'ont vu que l'entour : un cadre immense de serviteurs incorporels, tout un peuple, cent peuples et ils n'ont pas essayé de peindre ce qui épouvante la parole, ce qui incendie la pensée.

L'opinion la plus suivie parmi les auteurs sacrés est que les Anges ont existé avant le monde visible ou que du moins la création des anges fut la première œuvre du premier jour du PRINCIPE, comme il est dit au verset 1 de la Genèse[3]. En tous cas, ils sont les premiers-nés de Jehovah entre les créatures. Ce sont, suivant la définition acceptée théologiquement, des êtres incorporels, dès lors incorruptibles, invisibles, spirituels, avec une intelligence et une volonté propres. Leur nom d'ange vient du grec αγγελοι, envoyé, messager, et marque leur office plutôt qu'il ne constitue une indication de leur nature.

Saint Anselme a écrit : « Les anges sont les vivantes étoiles du firmament supérieur, les lys du ciel intérieur, les roses qui poussent dans la fontaine de Siloé dont les eaux s'épanchent en silence... »

Quant à leur ministère, le Psalmiste l'a chanté en quatre versets sublimes :

---

1. Daniel, VII, 10.
2. *Apoc.*, V, 11.
3. In principio Deus creavit cœlum et terram.

« La terre s'est ébranlée, et elle a tremblé : les fondements des montagnes se sont troublés et agités, parce que le Seigneur était plein de courroux contre ses ennemis.

« La fumée de sa colère est montée : et le feu est sorti impétueux de sa face : les charbons se sont embrasés à cette flamme.

« Il a incliné les cieux et il est descendu, et les ténèbres étaient sous ses pieds.

« Et il s'est élancé au-dessus des Chérubins et il a volé, il a volé sur les ailes des vents [1]... »

Qui sont les ailes des anges, car David dit encore : « ... Vous faites [2] des vents de vos anges et de vos ministres un feu qui brûle. »

Et l'apôtre saint Paul répète : « ... Il fait [3] de ses anges le souffle du vent et de ses ministres la flamme du feu. »

II

Ces phalanges immatérielles, tirées du néant pour adorer le Très-Haut dans son ciel, le servir et laisser couler de leurs lèvres le cantique inépuisable, étaient destinées à la béatitude sans fin, mais elles avaient reçu ce don terrible et beau, qui devait être concédé aussi plus tard aux adorateurs de Dieu sur la terre, aux créatures formées d'une âme et d'un corps : aux hommes. Les anges, avant les hommes, eurent la liberté qui seule permet l'épreuve, mesure du mérite et du démérite, et en dehors de laquelle ne peut se concevoir ni équitable châtiment, ni juste récompense.

Les anges furent libres pour être éprouvés, et c'est dans l'épreuve même que l'Eternel va choisir le chef glorieux de ses armées. L'épreuve qui précipita le porte-lumière (Lucifer), privé de son titre et nommé désormais

---

1. Psal. xvii, 8, 9. 10, 11.
2. Psal. ciii, 4.
3. Ab Hebr., i, 7.

l'Ennemi (Satan), au plus profond du désespoir et de la haine, fournit au contraire à Michel inconnu la gloire incomparable de son nom et mit à son front élevé au-dessus de toutes les puissances l'auréole de la très héroïque fidélité.

Les poètes ont chanté ce qu'ils ont voulu, mais quiconque a l'audace de tourner, de forcer son regard, selon les rigueurs de la foi, jusqu'à l'énigme de ces chocs, non seulement indicibles, mais surtout inimaginables, doit dépouiller tout, hormis le respect. Je ne dirai donc rien ici qui n'ait été dit par l'Eglise même ou par ses saints.

Les desseins du Très-Haut ne peuvent qu'être éternels : c'est de toute éternité que Dieu voulut donner au monde son fils unique revêtu de l'humanité, vrai homme sans cesser d'être vrai Dieu, réunissant en lui le principe même des choses et la dernière des choses créées.

La félicité surnaturelle, c'est-à-dire la jouissance de Dieu offerte aux anges et aux hommes, comme leur fin dernière, mais que les anges et les hommes, pareillement libres, devaient conquérir dans l'épreuve, dans le choix fait librement entre le bien et le mal, ne pouvait être conquise que par les mérites du Verbe incarné, Seigneur des anges et des hommes.

Or ce grand, ce miséricordieux mystère fut manifesté d'abord dans le ciel comme la pierre de touche de la destinée des anges. Ils préconnurent l'homme-Dieu, et comme à ce Dieu, capable de souffrir et de mourir il fallait une mère mortelle, ils préconnurent aussi la mère de Dieu, cette Θεότοκη vierge dont tous les peuples de la terre ont dans leurs annales la tradition prophétique qui ressemble à une mémoire de l'avenir.

D'après les saints Pères et les théologiens il y eut donc, pour les esprits célestes, cette double vision proposée : le Verbe fait chair qu'il fallait adorer, la vierge-mère que l'on devait honorer pour reine. C'était l'épreuve.

Un tel mystère dépassait sans doute l'intelligence même des anges puisqu'une rebellion éclata parmi eux et que plusieurs refusèrent l'obéissance. C'est ici surtout qu'on ne peut avancer d'un pas sans avoir la sainte Écriture à la main comme un flambeau, non pour décrire assurément mais pour augurer la lutte énorme qui troubla les régions supérieures.

Il était un esprit parmi ceux que Dieu avait tirés du néant, un esprit qui dominait le peuple éblouissant des anges par la supériorité de ses rayons ; l'amour du Créateur l'avait comblé de tous les dons ; son nom même était un diadème de clarté, nous l'avons prononcé déjà : Lucifer, « celui qui porte la lumière ».

Dès l'abord, contemplant sa propre force, il s'était plu en lui-même, où l'orgueil avait grandi, étouffant la reconnaissance, et le crime était déjà au seuil de son cœur, quand il pensait, selon Isaïe :

« Je m'élèverai dans le ciel; sur les astres de Dieu j'établirai ma demeure, je m'assoirai sur le mont du testament, aux flancs de l'aquilon.

« Je monterai sur les nuées réunies en montagne, *je serai semblable au Très-Haut*[1]. »

Aussi, lorsque le mystère de l'Incarnation du Verbe dans le sein de la Vierge, mère d'un Dieu, fut révélé à cet esprit superbe, il se jugea rabaissé et comme insulté ; il vit un double obstacle élevé entre lui et les espérances de suprématie dont le rêve de ses ambitions se berçait ; il se révolta, et il était si fort qu'il put entraîner dans sa rébellion, au dire de Jean l'Evangéliste, la troisième partie des anges : *tertiam partem stellarum cœli*[2].

Et il s'écria, et ceux qu'il égarait s'écrièrent après lui en un chœur formidable : *Non serviam !* « Je ne servirai pas ! »

Je n'obéirai pas au *fils* de la femme, qui est au-dessous de moi ! Et je n'obéirai pas surtout à la femme !

Après tant de siècles, nous entendons encore cette clameur protestante arrachée à l'orgueil de Satan par le talon de l'Immaculée qui écrase incessamment son front foudroyé.

Qui combattra cependant à cette heure où la Vierge n'était pas et où Dieu ne voulait pas combattre ?

Ce sera la gloire éternelle de l'ange encore innommé qui sortit ce jour-là du rang des esprits hésitants entre le bien et le mal, pour opposer à la négation de l'orgueil le défi de l'humilité fidèle et invincible.

« Je n'obéirai pas ! » avait dit la révolte. « Qui est comme Dieu ? » s'écria l'obéissance : Quis ut Deus ? Écrasante question, si personne a jamais pu prendre pour une question cette grande parole qui est bien plutôt affirmation certaine, répondant avec un à-propos incomparable à l'aveuglement de l'esprit infidèle qui avait dit dès l'abord dans son orgueil : *Similis ero Altissimo.* « Je serai semblable au Très-Haut ».

Qui est semblable à Dieu ? *Quis ut Deus ?* Michael? dans la langue où le livre sacré fut écrit : le mot fit le nom du vainqueur après avoir fait la victoire.

Car il y eut victoire et par conséquent combat, cela est dit : combat que nul effort de la pensée humaine ne peut se représenter, puisque les mille myriades de soldats engagés dans cette mêlée étaient de purs esprits

---

1. Isaïas, xiv, 13, 14.
2. Apocal., xii, 3.

dégagés de toute matière; des colères qui s'entre-choquaient, n'ayant pour bras, pour glaives ou pour lances que le puissant effort de leurs volontés qui venaient de choisir entre la louange divine et le blasphème infernal.

Mais ce choc ébranla les cieux et fit trembler l'infini.

Quis ut Deus ? Le silence de l'apôtre saint Jean parle avec énergie, mais il ne parle que du lendemain, exprimant par ces seuls mots le sort des anges précipités : « Leur place ne fut pas retrouvée dans le ciel [1]. »

Milton, par un artifice de poète, mesure la profondeur du désastre des vaincus à la durée qu'il prête à leur chute, et dit : « Ils mirent neuf jours à tomber. Le chaos désordonné rugit et vit décupler son désordre par leur chute à travers sa sauvage anarchie, tant cette vaste déroute l'encombra de ruines ! L'enfer béant les reçut tous enfin, et se referma sur eux ; l'enfer leur vraie demeure... »

La guerre qui dure encore et qui durera autant que le monde entre la Charité et l'Orgueil, entre la lumière et les ténèbres, venait de livrer sa première bataille dans le ciel.

III

Michel avait conquis son nom : Dieu le désigna par son cri même :

[1]. ... Neque locus inventus est eorum amplus in cœlo. Apocal., XII, 8.

Michael, et telle fut la première récompense de celui qui s'était levé pour défendre l'honneur de Dieu en Jésus et en Marie contre l'hérésie déjà née, au moins figurément, au sein de l'Eglise déjà vendue et trahie avant que notre monde fût sorti du chaos.

Et la récompense était riche, car Michel est un nom de gloire contenant en soi la vertu divine. Ce nom est étendard : il a vu se ranger sous son ombre au long des siècles, sur la terre comme jadis dans le ciel, tous ceux qui ont combattu le juste et fidèle combat ; nous le montrerons. Ce nom est cri et cor : il serre les rangs, élève les cœurs, appelle l'aide d'en haut et fait remporter la victoire. Il est glaive, il éclate, il éclaire, il foudroie les esclaves du mal ; il est bouclier et protection contre toutes les embûches de nos ennemis visibles et invisibles ; il est miracle, et c'est le nom le plus puissant après ceux de Notre-Seigneur Jésus et de Notre-Dame la Vierge Marie, sa très sainte mère.

Mais Michel eut d'autres faveurs encore que son nom ; il en fut, il en reste comblé. Dès l'instant où Michel eut jeté son cri victorieux, il fut constitué *le Prince des armées angéliques*. Nous en avons pour garant l'Eglise catholique elle-même.

Dans l'office[1] qu'elle célèbre en l'honneur de saint Michel le 29 septembre, l'Eglise l'appelle en effet clairement : *Princeps gloriosissime*. Ailleurs, elle lui donne le titre de *Princeps militiæ cœlestis*. Ailleurs encore elle l'appelle *Præpositus paradisi*.

Enfin, mettant dans la bouche même du Seigneur l'éloge de son champion dévoué, elle s'écrie : *Archangele Michael, constitui te principem.* « Archange Michel, je t'ai fait prince. »

Or, au-dessous du Père, du Fils et du Saint-Esprit, au-dessous encore de la Reine des Anges qui prime toute créature, à quelle hauteur ne doit pas s'élever dans le ciel celui que l'Eglise reconnaît pour prince de la milice céleste et pour prévôt du Paradis ? C'est lui à qui saint Gélase prête les fonctions de *souverain ministre du trône de la Très Sainte Trinité*[2]. Pour chanter le redoutable *trisagion* : « *Sanctus, Sanctus, Sanctus Dominus Deus Sabaoth,* » les autres Esprits se voilent la face de leurs ailes : Michel chante sans frayeur, et de tout près[3].

Il commande sous le commandement de Dieu[4].

---

1. Officium S. Michaelis Archangeli, 29 septembre, *passim*.
2. Summus Sedis Sanctissimæ Trinitatis Minister. — D. Gelas, apud Alcuin.
3. Proxime, et citra ullum stuporem canit ter Sanctum. — Id. Pant.
4. De ce que saint Michel est toujours appelé *Ange* ou *Archange* dans les Ecritures, certains auteurs ont voulu le considérer comme inférieur aux *Séraphins*, l'ordre le plus rapproché du trône

IV

Se passa-t-il des années, des jours ou seulement des minutes entre la première victoire de Michel sur Satan, prologue de la création, et la création même, exposée dans l'authenticité sublime de ce livre auprès duquel tous les autres livres, histoires et poèmes, ne sont rien, et qui raconte, sous l'inspiration du Créateur même, la semaine d'enfantement d'où naquit le monde?

Il importe peu. Dans le ciel habité, l'*hosanna* avait été entonné pour ne plus se taire jamais.

Milton balbutie quelques mots du chaos et de l'enfer, mais Moïse dit: « Il y avait [1] les ténèbres au-dessus de la face de l'abîme et l'esprit de Dieu était porté sur les eaux. » La matière avait donc surgi du néant dans la nuit. Tout à coup, cette nuit frémit et ces océans qu'elle voilait tressaillirent parce que « la lumière fut », obéissant à la volonté créatrice qui avait dit « que la lumière soit. ».

Bientôt, à un autre commandement, les sphères, prenant élan toutes à la fois, pondérèrent à travers l'espace le bilan merveilleux de leurs attractions, et le magnifique ouvrier du ciel et de la terre, ayant peuplé de vie végétale et animale les champs, les fleuves, la mer et l'air qui avaient déjà le bienfait du jour, voulut un roi pour ce royaume.

Qui devait être ce roi? L'homme.

L'être si petit mais si grand qui partageait les esprits du ciel en deux camps, avant de naître, et qui, du fond de son néant, avait fait la gloire de Michel en même temps que la chute de Satan: puisque c'était lui, l'homme, ou du moins son prototype divin que l'épreuve avait proposé à l'adoration des anges.

Dieu dit: « Faisons l'homme [2] »; et Adam dormit dans les fleurs, beau de sa ressemblance avec Dieu qui l'avait voulu à son image.

Mais à cette heure lumineuse et si belle où l'homme et la compagne de

---

de Dieu: c'est une erreur. La majorité des Pères et des théologiens rangent saint Michel dans ce même ordre des Séraphins. Quant au nom d'Archange, ils l'expliquent comme désignant en lui le *Chef* de la milice céleste, laquelle est tout entière connue sous le nom d'*Anges*. Voici du reste un texte probant à cet égard. — « Michel (est appelé) archange (*Michael Archangelus*), dit Molanus, non qu'il soit de l'ordre des Archanges, mais parce qu'il est le chef et le commandant (*caput et dux*) de tous les anges. »

1. Gen., I, 2.
2. ... Faciamus hominem ad imaginem et similitudinem nostram... Gen., 1, 26.

l'homme sont animés dans un sourire, des voix se font entendre criant ce cri lamentable aux quatre coins du ciel : « Malheur à la terre et à la mer [1], parce que Satan fond sur vous ayant une colère grande. »

C'est la lutte, la lutte sans fin dont l'âme de l'homme est le prix qui va se poursuivre entre Michel protecteur et Satan ennemi.

En effet, l'ange tombé, dont le plus dur supplice est le souvenir de sa gloire, rongé de haine contre l'homme qui causa sa chute et que Dieu aime, sachant d'ailleurs que le Christ doit appartenir selon la chair à la postérité d'Adam, entoure Adam dès la première heure et prépare le premier, le plus funeste des innombrables pièges qu'il ne se lassera jamais de tendre aux fils d'Adam jusqu'à la fin des siècles.

Il choisit la figure du serpent, créature ondoyante, humble, gracieuse à la vue, douce au toucher et en apparence désarmée, pour pénétrer dans le paradis terrestre. Et ce n'est pas à l'homme même que le tortueux hypocrite va s'adresser. Il est entré dans la maison par une fissure, il se glissera jusque dans le cœur par la porte entr'ouverte de l'inexpérience et de la faiblesse.

« D'une marche oblique [2], comme quelqu'un qui craint d'être importun, il se garde d'approcher directement... Eve occupée entendit le bruit des feuilles frôlées, mais elle ne s'en inquiéta pas, habituée qu'elle était à voir toute sorte d'animaux se jouer ainsi en sa présence... »

On connaît trop le résultat douloureux du piège tendu. La femme d'abord, puis l'homme par la femme, profond enseignement qui raconte l'histoire de l'humanité, cédant au même entraînement que les anges malheureux, avec cette différence que le péché leur est inoculé par l'Ennemi, font naufrage dans la convoitise et l'orgueil. Le sort du genre humain est joué et perdu : Eve, coupable d'avoir enfreint la loi de facile obéissance, mais aussitôt vengée, entend proclamer la victoire future de l'autre femme, la seconde Eve, Marie [3], prédestinée à broyer la tête du serpent, pendant que le serpent tendra des embûches à ses pieds.

Tel fut le rôle de Satan dans la faute qui amena pour nos premiers parents la perte du paradis de la terre. Nous chercherons ailleurs et plus haut que dans Milton le rôle de Michel, ministre de justice et de miséricorde, qui châtia sévèrement, mais qui montra dans l'avenir ce troc pré-

---

1. Apocal., XII, 12.
2. Milton, *Paradis perdu*, ch. IX.
3. Inimicitias ponam inter te mulierem et semen tuum et sem illius : ipsa conteret caput tuum, et tu insidiaberis calcanea ejus. Gen., III, 13.

cieux, au moyen duquel les joies de l'Eden peuvent être remplacées, grâce à l'infinie bonté de Dieu, par la félicité du ciel même. C'est saint Augustin qui enseigne : « L'essence de Dieu [1] ne peut jamais par elle-même *être visible*. En conséquence, il est MANIFESTE que les visions divines qui furent le partage de nos pères étaient le fait de la créature *par le ministère des Anges.* »

La plupart des anciens Pères, à peu près tous les théologiens scolastiques et mystiques, partagent l'opinion du grand évêque d'Hippone.

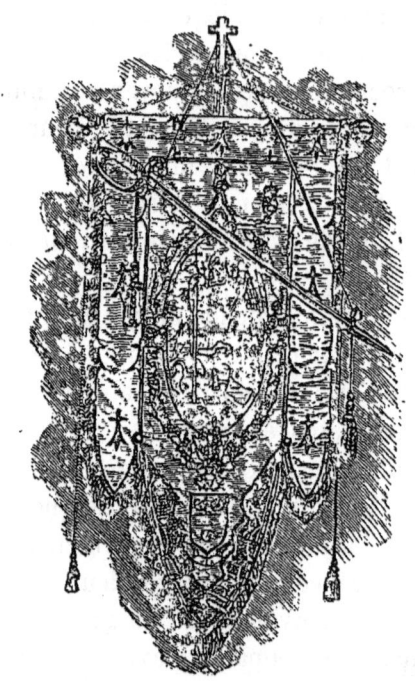

Bannière de Mentana et épée de La Moricière placées au Mont Saint-Michel.

C'est donc lui, Michel, déclaré patron du genre humain en récompense de sa fidélité envers l'Homme-Dieu [2], que notre premier père entendit, sous les ombrages du paradis terrestre, interroger, juger, condamner celui qu'on ne pouvait absoudre, et le mettre plus haut après le pardon qu'il n'eût monté jamais avant sa chute.

---

1. Essentia Dei, nullo modo potest ipsa esse visibilis, Proinde quæ Patribus visa sunt, per creauram ministris angelis, facta esse manifestum est. — S. Augustin, *De Trinitate*, lib. III, cap. XI.
2. « S. Michele, dichiarato da Dio patrono dell' uman genere, siccome colui, della cui fedelta aveva fatta prova in cielo, fu spedito a rilevar l'uomo... » *S. Michele Arcangelo*, da un P. della compagnia di Gesù. — Roma, 1865, p. 49.

Notre introduction, résumé rapide, ne peut entrer dans le détail des nombreuses apparitions de l'Archange avant la venue du Christ. Nous sommes obligés de borner nos citations au texte où le docte abbé des bénédictins de Senone affirme en termes si clairs la prépondérance du ministère de l'Archange. Dom Calmet, qui, certes, avait fouillé les richesses de la Bible aussi profondément que pas un, pose comme principe en ses *Commentaires de l'Ecriture* que « chaque vision célèbre d'un ange dans « l'Ancien Testament, doit être attribuée à saint Michel [1] ».

V

C'est ainsi qu'il accomplit sa fonction de patron des hommes en général et en particulier du premier peuple choisi de Dieu. Notre livre, qui va être l'histoire d'un second peuple d'élection, montrera Michel, après les siècles, toujours à la même œuvre et sur sa montagne française. Nous avons grande hâte d'aborder à ces nouveaux rivages, mais le temps n'est pas venu, et nous sommes encore avec les Hébreux.

Pendant plusieurs générations, les fils d'Israël avaient souffert la captivité en Egypte. Un miracle les délivra, ils traversèrent la mer Rouge par une voie miraculeusement ouverte, et après avoir erré cinquante jours dans le désert de miracle en miracle, ils arrivèrent au pied du Sinaï sous la conduite de Moïse.

Là, ce plus grand des hommes, puisque Jésus était encore à naître, fut admis à converser avec Dieu [2] ; quand il redescendit, il avait dans ses bras les tables de pierre qui portaient la loi de Jéhovah.

C'était assurément le plus haut sommet de gloire où pût aspirer une créature mortelle ; aussi, quand mourut Moïse, Satan conçut l'espérance d'égarer la religion du seul peuple alors fidèle au Seigneur et voulut dérober

---

1. Si quæ in veteri Testamento Angeli visio celebris occurrit, S. Michaeli tribuitur. (D. Calmet.
2. Ministris angelis (S. Augustin).

la dépouille du libérateur, du législateur d'Israël, mais au chevet du mort une sentinelle veillait : l'Archange.

L'Archange, pour combattre Satan, ne fit usage ni du glaive ni même d'aucun commandement émané de sa volonté propre, il prononça seulement trois mots qui rappellent le grand cri de la bataille céleste et dit : « Que [1] le Seigneur t'ordonne ! » Et la bête sacrilège fut replongée dans l'abime, pendant que les bons anges donnaient au corps saint une sépulture ignorée des esprits mauvais et des hommes [2].

Le second fait a trait aux Macchabées. Depuis des siècles, le prophète avait dit : « En [3] ce temps-là, se lèvera Michel, le grand prince, défenseur des fils de son peuple. »

La prophétie s'accomplit à la lettre. On voit deux fois Michel au livre des Macchabées, soutenant le petit nombre des héros contre la lâche cohue d'esclaves qui obéissait à l'oppresseur.

C'est d'abord l'apparition des cinq guerriers célestes qui couvrirent Judas Macchabée au plus terrible de la mêlée et mirent en fuite l'ennemi aveuglé de confusion et de terreur [4] ; c'est ensuite au moment où Judas, risquant son effort suprême, marchait sur Jérusalem après avoir imploré le Seigneur « avec larmes et gémissements » ; c'est ce « cavalier vêtu de blanc [5] avec des armes d'or et brandissant sa lance, qui *alla devant eux* », instrument et présage du triomphe.

Celui-là était Michel, que saint Gabriel lui-même désigne aux Hébreux comme le prince [6] et qui accourait au secours de son peuple pour disperser la monstrueuse armée de Lysias, chasser les démons de la ville sainte et donner la paix à Israël pendant plus d'un siècle et demi, jusqu'à l'heure bénie où le Verbe de Dieu s'incarnera dans le sein de l'Immaculée.

---

1. Michael... cum diabolo disputans altercaretur de Moysi corpore... dixit : Imperet tibi Dominus. (Epist. cath., B. Judæ, Ap., v, 9.)
2. ... Non cognovit homo sepulchrum ejus usque in præsentem diem. Deuter., xxxiv, 6.
3. Daniel, xii, 1.
4. Sed, cum vehemens pugna esset, apparuerunt adversariis de cœlo viri quinque in equis... Machab., II, x, 29 et 30.
5. Cumque... procederunt Jerosolymis, apparuit præcedens eos eques in veste candida, armis aureis, hastam vibrans... Machab., II, xi, v. 8.
6. Dan., x, 21. « Michael princeps vester. »

VI

Le Seigneur Jésus naquit, accomplissant la totalité des prophéties. Les Juifs, ancien peuple de Dieu, accomplirent leur part des prophéties en repoussant le Seigneur Jésus. La Synagogue dit alors comme l'ange rebelle : *Non serviam*, et saint Michel, esprit de fidélité, précipitant la Synagogue comme il avait fait du mauvais ange, étendit ses ailes au-devant de l'Eglise, engendrée avec Jésus dans l'éternité, et qui naissait avec Jésus sous sa forme actuelle et immortelle pour être l'épouse de Jésus.

Tous les Pères, tous les écrivains catholiques sont d'accord pour donner à saint Michel le rôle de chevalier de l'Eglise et plusieurs même lui attribuent les actions où se trouve mêlé un ange dans la vie de l'Homme-Dieu[1] : telles que l'appel aux bergers qui crurent et dirent : *Venite, adoremus*, l'inspiration et la conduite des Mages, la protection à la sainte Famille dans sa fuite en Egypte, la destruction des idoles mystérieuses d'Isis, les soins pieux prodigués au Sauveur après le jeûne de quarante jours dans le désert, le réconfort apporté à l'Hostie dans l'auguste et poignante langueur subie au jardin des Oliviers, le renversement de la pierre qui fermait le sépulcre, etc.

Un seul fait évangélique s'accomplit en dehors de lui, le plus grand de tous il est vrai : l'annonce du mystère de l'Incarnation est portée à la toujours vierge qui va être mère par saint Gabriel, expressément nommé dans les Evangiles.

On s'est demandé pourquoi cela : question téméraire peut-être, à laquelle le savant bénédictin Stengelius a néanmoins essayé de répondre, disant : « Comme sur la terre, entre les hommes qui furent, sont et seront, le Seigneur Christ et la bienheureuse Vierge tiennent les premières places : Lui beaucoup au-dessus d'Elle... à Lui est envoyé le plus grand (*omnino maximus*) des messagers célestes, à Elle le plus grand de tous les autres, inférieur au seul Michel[2]... »

Quoi qu'il en soit, c'est principalement après la résurrection et l'ascension de Notre-Seigneur que le rôle de saint Michel éclate. Selon les commentateurs de l'Ecriture, Pierre emprisonné fut délivré par lui. « Il ne faut point hésiter, dit Bossuet[3], à reconnaître saint Michel pour défenseur de l'Eglise, comme il l'était de l'ancien peuple... »

---

1. Marangoni, D. Ippolito Falcone, Stengelius, Marie d'Agreda, etc., etc.
2. Stengelii, *S. Michælis Archang., principatus, apparitiones*, etc., page 122
3. Bossuet, *Préface sur l'Apocalypse*

Un des plus vieux monuments du christianisme, *le Pasteur*, écrit par saint Hermas, disciple de saint Paul, au premier siècle de notre ère, renferme le récit de la vision suivante [1] : « Le Pasteur montra à Hermas un arbre qui couvrait les plaines et les montagnes, et les élus du Seigneur venaient se ranger sous son ombre pour recevoir chacun des mains d'un ange un rameau qu'ils emportaient. Malgré le nombre des branches ainsi occupées, l'arbre restait touffu, entier et vigoureux. Après un temps, le même ange redemanda les rameaux à ceux qui les avaient reçus. Certains lui rendirent des pousses desséchées, d'autres des rameaux pleins de fleurs, quelques-uns des branches avec des fruits savoureux ; la branche de plusieurs n'avait pas changé.

« Alors l'ange déposa des couronnes sur la tête de ceux qui rapportaient leurs rameaux couverts de fruits, il revêtit d'un habit blanc les porteurs des branches fleuries ou simplement vertes encore ; puis il les envoya dans une tour, figure de l'Eglise, et s'éloigna, disant au Pasteur :

« — Voici que je m'en vais. Mène donc ceux dont les branches sont desséchées dans ces murs où ils craignaient d'habiter, mais considère auparavant leurs rameaux et garde-toi que l'on ne te trompe.

« Le Pasteur obéit ; il planta en terre les branches et les arrosa pour voir si elles vivraient... Embarrassé par cette vision, Hermas en demanda le sens.

« — Ecoute, lui répondit le Pasteur : l'arbre qui ombrage les montagnes et les plaines, c'est *la loi de Dieu* donnée à l'univers entier. Les peuples réunis sous son ombre sont ceux qui ont entendu la prédication de la *Loi*, et y ont cru. L'ange qui distribue les rameaux est *Michel, lequel a puissance sur ce peuple et le gouverne. C'est lui qui grave la Loi dans le cœur de ceux qui ont cru, qui les visite ensuite afin de voir s'ils l'ont gardée et qui reconnaît les fautes à l'inspection du rameau que chacun rapporte...* »

En donnant sans presque l'abréger cette belle et curieuse vision qui instruit comme une parabole, nous remarquerons que, depuis l'avènement du christianisme, les apparitions des deux autres grands archanges Gabriel et Raphaël ont presque entièrement cessé. Leur rôle s'efface devant celui de leur chef dont la mission devient au contraire plus manifeste à mesure que la foi s'établit, combat et se propage.

---

3. *Le Pasteur*, lib. III. Migne. — Origène regarde ce livre comme « inspiré » ; Rufin et Clément d'Alexandrie l'appellent « un livre du Nouveau Testament », et saint Irénée le nomme *Ecriture*.

VII

Voici venir Constantin. A travers les persécutions sans nombre, grâce au sang de ses martyrs, *semence de chrétiens*, l'Eglise nouvelle a pénétré jusqu'aux limites de l'empire et même au delà, « ne laissant aux païens que leurs temples déserts ». Cependant les édits meurtriers restent suspendus sur la tête des disciples du Christ ; le monde hésite ; Dieu a pour lui les peuples, mais César s'agenouille toujours devant les idoles. C'est l'heure décisive : le messager de grâce descend, apportant un miracle sur ses ailes.

Maxence règne à Rome. Le tyran vient d'être averti de l'approche de Constantin qui marche contre lui ; aussitôt il appelle ses devins pour augurer le sort de la lutte. De son côté la mère du futur premier empereur chrétien, déjà chrétienne, tombe à genoux aux pieds de Celui qui tient en main le sort des nations. Satan est muet pour César, et vis-à-vis d'Hélène Dieu garde le silence.

Mais à l'heure de midi, dans la pleine lumière, Constantin voit tout à coup [1] au milieu des airs un étendard où brille cette promesse mystérieuse : IN HOC SIGNO VINCES (par ce signe tu vaincras).

C'était la croix, triomphe immortel. et, selon

---

1. Eusebii. *Vita Constant.*, lib. I, c. xxv.

les historiens, un songe, expliquant la vision, ordonna à Constantin d'arborer à la tête de son armée un *labarum* semblable à celui qu'il avait vu dans le ciel.

Constantin obéit. Devant la croix miraculeuse, les oiseaux de proie qui étaient les emblèmes de l'empire païen s'enfuirent à tire-d'aile et Maxence vaincu, écrasant un pont du poids de sa déroute, fut précipité dans le Tibre. Le vainqueur reconnaissant couronna le trône où il s'assit du signe qui lui avait donné la victoire : ainsi la croix vit Rome sous son pied et régna sur l'univers.

Mais quelle main avait tenu le *signe* à l'heure de la promesse, éployé et comme suspendu dans la gloire du firmament? Constantin le savait bien, et son culte reconnaissant, depuis ce moment jusqu'à la fin de sa vie, entoura fidèlement son bienfaiteur céleste, l'ange « porte-drapeau », comme l'Eglise titra toujours Michel : *Signifier sanctus Michael*[1].

A peine arrivé à Byzance, le nouveau maître du monde fit construire sur chacune des rives du Bosphore un temple en l'honneur de l'Archange[2]. Plus tard ses successeurs portèrent jusqu'à seize le nombre des églises placées sous le vocable de saint Michel, soit à Constantinople, soit aux alentours[3]. Sur les monnaies que Constantin et sa race firent frapper, on voit invariablement marquée l'image[4] du saint patron de la famille impériale, tantôt la main étendue pour bénir, tantôt présentant le glaive, emblème du pouvoir souverain qu'il a transmis.

La conversion de Constantin était un grand pas, mais ce n'était qu'un pas sur la route que le plan éternel traçait vers un but plus large encore et plus élevé. La prise de possession du monde romain, si étendu qu'il fût, ne suffisait pas au dessein de Dieu. Il fallait que l'*urbs Roma*, selon la mystérieuse garantie de son anagramme: *Amor*, devînt le centre de la religion universelle du Christ et le cœur de la vie catholique. Aussi quand saint Michel va reparaître encore, ce ne sera plus ni pour l'empereur ni pour l'empire; nous le verrons, sentinelle vigilante, prendre son poste à la porte de la Rome papale et *garder* l'Eglise désormais souveraine.

Le Mont Gargan ou *Santo Angelo*, où allait avoir lieu l'apparition qui eut un retentissement si puissant dans l'Europe d'alors, est situé dans la partie de la Pouille appelée aujourd'hui Capitanate. Il entre dans l'Adria

---

1. Officium S. Michaelis, 29 septembre. Hymnus ; et Officium Defunctorum, Offertor.
2. Sozomène, liv. II, chap. III.
3. Bolland, ad diem XXIX septemb., p. 49 à 54.
4. Sabatier, *Description générale des monnaies byzantines*, t. , *passim*.

tique sous forme d'un promontoire très accusé, excroissance rocheuse de l'Apennin. Les anciens documents sont d'accord pour raconter ainsi le fait miraculeux [1].

Un homme riche de Siponte avait un grand troupeau qui paissait sur les flancs du promontoire d'Apulie. Le taureau du troupeau s'écarta une fois et monta jusqu'au sommet du mont où est à présent le sanctuaire. Le soir venu, il ne rentra pas à l'étable, et le maître, ayant fait le dénombrement de son troupeau, prit la campagne avec ses serviteurs pour se mettre en quête de la bête égarée qui fut découverte au point culminant du cap, où elle se tenait immobile à l'entrée d'une caverne.

L'homme riche de Siponte n'était point semblable au Bon Pasteur, car, ayant appelé en vain son taureau, il entra en furieuse colère et banda l'arc qu'il tenait à la main. La flèche partit en sifflant ; elle atteignit le but ; mais, au lieu de trouer le cuir de l'animal fugitif, elle rebondit et revint blesser la main qui l'avait décochée.

Or les pierres que lance la fronde peuvent être ainsi répercutées par l'objet frappé, mais une flèche à la pointe aiguë !... Une chose si extraordinaire remplit d'étonnement et de crainte les serviteurs de l'homme riche. Le lendemain, chacun dit ce qu'il avait vu. Le bruit, répandu dans tout le pays, arriva jusqu'à l'évêque qui ordonna un jeûne de trois jours et des prières, comme cela se doit quand un fait se produit qui semble être en dehors des lois de la nature ; et la nuit après le troisième jour l'évêque eut une vision.

Le saint archange Michel lui apparut sur une table de pierre, environné de jour au milieu des ténèbres, lui dit son nom glorieux et se déclara l'auteur de ce qui était arrivé, ajoutant : « Ce lieu a été choisi par moi, Michel, qui me tiens nuit et jour en présence du Seigneur, pour y être honoré et de là garder avec vigilance la terre qui l'environne... »

Le sommet du Mont fut béni et consacré solennellement, et dès l'année suivante les Sipontins élevèrent un oratoire auprès de la caverne, que les pèlerins vinrent visiter de toutes parts pour remercier l'ange gardien de la terre et de l'Eglise.

L'oratoire fut bientôt remplacé par une basilique où l'Orient et l'Occident affluèrent ; Rome inscrivit la date du huit mai au canon de sa liturgie, et les papes transformèrent le cirque de Flaminius en un temple sous l'invocation de saint Michel [2], reconnu dès lors publiquement défenseur et *garde*

---

1. Bolland, ad diem XXIX sept., p. 58 et suiv.
2. Marangoni, p. 141 et suiv.

de l'Eglise aussi bien que du chef visible de l'Eglise, selon le terme du docte abbé Rupert, qui dit : « Par saint Michel, le Pontife romain qui a cure avant tous du salut des fidèles est gardé et défendu [1]. »

Telle fut dans sa simplicité l'apparition si connue du Mont Gargan, dont nous n'avons point cherché à grandir les détails. Le protecteur de l'Eglise y demanda son premier autel miraculeux au côté même de l'Eglise terriblement menacée.

VIII

Dans les choses de Dieu, l'apparence n'importe guère ; il faut considérer le résultat. Il arrive à Jésus très souvent d'opposer le petit à l'énorme. Dès les premiers jours de sa vie mortelle commencée sur la paille, nous le voyons fuir en Egypte, et alors même qu'il se défend au moyen de miracles, il les mesure, il les épargne en quelque sorte, rendant à César et à la nature ce qui est à la nature et à César.

Mais il arrive aussi que Jésus semble redoubler son effort précisément parce qu'il l'a ménagé au début. L'apparition du Mont Gargan fut presque immédiatement suivie du grand fait surnaturel qui fonda le Mont Saint-Michel en France. Pourquoi ces deux coups si voisins ?

Saint Augustin, avant les éloquents écrivains de l'école historique qui est un des rares lustres de notre littérature d'aujourd'hui, avait montré la plaie des hommes chevelus, toisonnés comme des béliers, gagnant du Mur de Trajan aux rivages de la mer Tyrrhénienne, pullulant, ravageant, incendiant, massacrant et laissant toute terre nue après leur désastreux passage ; Rome même a été violée ; l'Eglise, qui seule a résisté jusqu'alors, se sent trembler enfin sur sa base immortelle, parce que l'incursion se fait conquête : le flux barbare n'a plus de reflux ; les fauves se plaisent en Italie,

---

[1]. A. S. Michaele Romanus Pontifex, cujus fidelium salus præcipue cura est, custoditur et defenditur.

en Ibérie, dans les Gaules, et à peine ont-ils planté leurs cabanes dans ces climats que le mensonge de l'arianisme enseigne à leur ignorance la haine du Dieu crucifié.

On nous parle des dangers de l'époque actuelle et quelques-uns se découragent en mesurant la profondeur des calamités que nous traversons ; ils disent que Dieu s'est retiré ; Dieu ne se retire jamais. Qui oserait comparer nos misères aux effroyables convulsions de ces jours où Michel, traçant sa route comme un arc-en-ciel dans l'espace, arrondit son vol au-dessus des Alpes et bondit du promontoire italien au mont français ? Que vos cœurs relevés se souviennent! Voyez votre passé pour ne point désespérer de

votre avenir : au moment le plus navrant de l'agonie de l'ancien monde, une nation barbare, la dernière venue, les Francs saliens, envahit l'invasion même et fraye son rude chemin à travers les autres barbaries pour s'implanter violemment dans la Gaule romaine. Cette nation est la seule parmi ses sœurs qui ait repoussé le perfide baiser de l'hérésie. Pourquoi? Ah! parce qu'elle est prédestinée. Elle n'a pas ouvert ses tentes à Judas Arien ; elle est ignorante et sanglante, mais elle n'a point méconnu la divinité de Jésus, ni blasphémé contre son saint Esprit.

Au contraire, le chef de cette nation a versé des larmes au récit du sacrifice accompli sur le Calvaire; il aime le saint vieillard assis à Rome dans la chaire de l'apôtre. Il est catholique d'instinct, ce cœur d'enfant sauvage, et il est Français.

Dieu voit cette nation, et la voilà soudain élue pour accomplir les faits de Dieu à travers les âges : *Gesta Dei per Francos...*

Et l'Ange de l'Eglise, quittant la forteresse bâtie sur les derrières de l'Eglise, se porte en avant pour élever sa guérite de sentinelle céleste au milieu du peuple nouvellement choisi, qui va être l'avant-garde de l'armée de Jésus-Christ.

Ainsi commence la mission magnifique de la « Fille aînée de l'Eglise »; ainsi s'explique la vision de l'évêque franc saint Aubert, suivant de si près le miracle du promontoire italien : vision qui a illuminé dix grands siècles, et dont le récit va ouvrir notre histoire des MERVEILLES DU MONT SAINT-MICHEL.

Unique porte d'entrée du Mont.

LIVRE PREMIER

L'APPARITION ET LA FONDATION

SOMMAIRE DU LIVRE PREMIER

La forêt, les légendes et la mer. — Saint Pair et saint Scubilion. — La vision de saint Aubert. — Les reliques, la collégiale. — Saint Michel et Clovis. — Mission de la France bras droit de Dieu : Charles-Martel. — Saint Michel et Charlemagne. — Saint Michel et Rollon.

L'APPARITION ET LA FONDATION

I

Les savants ont tout dit, ils ont tout contredit. Ils ont dit que l'Angleterre faisait partie du continent autrefois ; ils l'ont nié. Et combien de terribles Mémoires ont été allongés sur cette question insoluble !

Il fut un temps, du moins cela paraît certain, où l'estuaire compris entre le rocher de Saint-Malo au sud et la pointe de Granville au nord était beaucoup moins large et moins profond qu'aujourd'hui.

La tradition locale, d'accord avec tous les écrivains, place au lieu même où est le golfe actuel une vaste forêt qui, selon le poète bénédictin Guillaume de Saint-Pair, aurait eu ses aventures comme la fameuse Brocélyande.

Évidemment, la tradition qui plante une forêt, maintenant noyée, entre Granville et l'ancien évêché d'Aleth ne se trompe point. Comment expliquera-t-on autrement la présence de ces innombrables troncs, couchés à diverses profondeurs sous le sol aux environs de Saint-Malo et de Saint-Servan, dans toute l'étendue du Marais de Dol au Bec d'Andaine, près de Genets et jusqu'à Bricqueville-sur-Mer, non loin de Coutances? Il s'y joint souvent des débris d'animaux dont l'espèce a disparu du pays et d'énormes quantités de coquillages fossiles. L'abbé Manet, qui vivait de ces problèmes, cite une fouille faite à la Fresnaye, où l'on retira du sol « une perche de cerf, portant plusieurs andouillers, longue d'un pied et demi, et une tête entière d'urus [1] ».

« Aux environs de Saint-Malo, dit Elisée Reclus [2], on se servait pour la construction des espaliers, de fragments d'un bois noir comme l'ébène et d'une grande dureté, provenant des forêts du littoral englouties à diverses époques... C'est une industrie du pays d'aller fouiller le sable... et d'en extraire les *bourbans* ou *couérons*, ainsi qu'on nomme ces arbres ensevelis depuis des siècles. »

Du reste, pourquoi citer? Ces faits sont communs ici comme la rencontre d'épaves provenant des naufrages est fréquente sur les côtes d'Islande ou de Bretagne. Il m'a été montré à moi-même, sous le bourg de Genets, vers 1850, toute une stratification végétale qui s'étendait du Bec d'Andaine au banc de Drogey ; il y avait là des milliers d'arbres couchés, avec leurs ramures distinctes, et les chênes gardaient leurs glands à demi pétrifiés.

Cette mystérieuse forêt sur laquelle passent maintenant les navires toutes voiles éployées, quel nom avait-elle?

L'abbé Manet l'appelait Scissy, tout en donnant les diverses orthographes des auteurs latins qui en ont parlé, telles que, dit-il [3], « *Scisciacum Scesciacum, Siciacum* ou *Setiacum* nemus, qu'on a traduit d'abord en français par ceux de *Sciscy, Sicy, Setiac* ou *Scessiac* et qui ont dégénéré en ceux de *Calsoi, Chezé, Chausé*, etc., et maintenant *Chausey* ou *Chosey*. »

L'auteur de la *Vie de saint Gaud, de saint Pair, de saint Scubilion*, etc., ajoute à la liste des noms qui forment son titre : « tous anachorètes de la forêt de Scicy ». Les autres écrivains vont et viennent autour de cette forme latine : *Sessiacum*.

Seul, le bénédictin Guillaume de Saint-Pair, auteur du *Roman du Mont Saint-Michel*, tournant le dos à tous les autres, désigne la forêt par un

---

1. *De l'état ancien et de l'état actuel de la Baie du Mont Saint-Michel*, p. 55 et 56.
2. *Nouvelle géographie universelle*, France, p. 604.
3. *De l'état ancien*, etc., p. 6.

s obriquet très particulier que nul n'avait dit avant lui et que bien peu ont répété. Il l'appelle Quokelunde, et ce nom bizarre vient si naturellement dans ses vers qu'il semble avoir été populaire de son temps. Le célèbre moine rimeur, qui se montre aussi précis que savant dans les détails de son poème, donne une excellente description géographique de la forêt du Mont Saint-Michel, et c'est pour cela surtout que nous le citons.

« Sous Avranches, dit-il, vers la Bretagne, qui fut de tout temps terre sauvage, était la forêt de Quokelunde qui faisait grand bruit par le monde. Ce qui est maintenant mer et grève, en ce temps-là était forêt pleine d'abondante et riche venaison ; quoique depuis lors le poisson y nage : d'où l'on pouvait très bien aller à pied sec d'Avranches droit à Poelet, à la cité d'Aleth [1] (Saint-Malo). »

II

Comment disparut-elle, cette forêt de Quokelunde ou de Scissy ? En Bretagne, il y a la légende du déluge breton que Dieu fit tout exprès pour l'évêché d'Aleth. On y voit Amel, le pasteur, et Penhor, sa femme, sur le point d'être submergés avec leur petit enfant Raoul, qui porte les couleurs de Notre-Dame. Au moment où le déluge arrive, Amel place Penhor sur ses épaules pour la « faire durer », et quand l'eau monte encore, Penhor, pour le *faire durer* aussi, élève le petit au-dessus de sa tête, de sorte qu'il n'y a plus à la surface de cette mort liquide que les blonds cheveux de l'enfant et un pan de sa robe bleue.

Or Notre-Dame a manqué d'être noyée aussi dans sa niche de granit à la

> Desouz Avrenches vers Bretaigne,
> Qui toz tens fut terre grifaine,
> Eirt *La forêt de Quokelunde*,
> Don grant parole eirt par le munde, etc.

— *Le Roman du Mont Saint-Michel*, par Guillaume de Saint-Pair, vers 49 à 69.

paroisse, et elle s'enfuit au ciel. En son vol, elle aperçoit sur l'eau ce lambeau d'azur qui flotte et se dit : « Voilà *un petit qui est moi*, je vais l'emporter. »

Et elle essaye de le soulever, mais il est lourd. Notre-Dame est obligée d'y mettre les deux mains. L'enfant finit par céder à son effort, et alors elle voit pourquoi ce petit Raoul était si lourd. C'est que Penhor, sa mère, le tient et qu'elle est tenue elle-même par Amel, le mari et le père.

La Vierge laisse tomber une larme dans un sourire à la vue de cette « grappe de cœurs », et vous pensez qu'elle ne les sépare point; aussi la légende ajoute : « Les familles où l'on s'entr'aime restent unies jusque dans le ciel. »

Il y a aussi la légende normande, qui est moins tendre et que les neveux de Voltaire aimeraient à vous raconter. Elle est bien vieille, dit-on, et déjà pourtant les moines y sont calomniés par ceux qui recevaient au monastère le pain du corps avec le pain de l'âme. Les légendes où la charité manque sont des fleurs sans parfum : arrivons à l'histoire.

L'histoire n'invente rien, c'est sa prétention. Elle a essayé, avec MM. de Gerville[1] et Bizeul[2], de porter son flambeau dans la nuit de l'époque romaine; mais cette lueur n'a rien éclairé, sinon un réseau de voies croisées au pied du Mont Saint-Michel ou Mont Jou, et prouvant du moins jusqu'à l'évidence que là était la terre et non point la mer. C'est à dater du

---

1. *Des villes et voies romaines en Basse-Normandie*, par M. de Gerville, p. 16 et suiv.
2. *Mémoires sur les origines du Mont Saint-Michel*, par M. Bizeul, p. 377.

sixième siècle seulement que divers écrits et notamment les *Vies des Saints* fournissent des renseignements incontestables.

Donc, au sixième siècle, nous trouvons la forêt de Quokelunde ou de Scissy dans l'état décrit par Guillaume de Saint-Pair, c'est-à-dire que d'Avranches et même de Carolles à Saint-Malo presque tout était terrain solide ; mais Jersey était déjà une île, puisqu'en 540 saint Marcoul, en 577 saint Prétextat, y arrivèrent par mer. La *planche* qui, selon plusieurs auteurs [1], avait relié l'archipel normand aux grèves du Cotentin avait déjà été emportée par le flot. Les îles Chausey elles-mêmes ne devaient plus faire partie du sol ferme, car Paterne (saint Pair) et son compagnon songèrent à y bâtir leur ermitage [2].

Il est vraisemblable que le vieux proverbe :

> Li Coësnon a faict folie
> Ci est le Mont en Normendie,

n'avait pas encore sa raison d'être. Le Couesnon laissait le Mont à gauche, se joignait à la Guintre, à la Selune, à la Sée, au Lerre, et formait ce canal ou fleuve que Ptolémée [3] nomme le Titus et que M. Bouillet place dans l'Avranchin [4].

Les deux Monts étaient là, loin de la mer où le Titus tombait par ses nombreuses embouchures à une assez grande distance au delà de Tombelaine.

« Tout autour, dit dom Huynes, on ne voyait qu'une espaisse forest... Or jacait que (quoique) cette forest fust affreuse et propre plutôt à l'habitation des bestes que des hommes, ce néantmoins elle plust à quelques-uns grandement amateurs de la solitude, lesquels s'y retirèrent pour, là esloignez de tous les tracas et commerces du monde, contempler à loisir les perfections immenses du Créateur de toutes choses. Pour cet effet, ils bastirent deux petites chapelles ès-lieux plus à l'escart, l'une en l'honneur de saint Etienne, premier martyr, et l'autre de saint Symphorien, lesquelles ont demeurez longtemps sur pied [5]. »

Ainsi commence chez le plus célèbre chroniqueur du Mont Saint-Michel

---

1. Hermant, *Vie des évêques de Bayeux*. — Lecanu, *Histoire des évêques de Coutances*. — Ahier, *Tableaux historiques de Jersey*. — Quinault, *Invasion de la mer sur les côtes du département de la Manche*, etc., etc.
2. *Annales religieuses de l'Avranchin*, p. 11.
3. Ptol. Alexandr., *Geographicæ enarrationes*, VIII, Tab. III.
4. *Abrégé du Dictionnaire classique de l'antiquité sacrée et profane*, au mot *Abrincatui*.
5 *Hist. génér. de l'Abbaye du Mont Saint-Michel*, publiée par E. de Robillard de Beaurepaire, t. I, p. 19 et 20.

le récit du miracle légendaire du loup et de l'âne, rapporté par tous les manuscrits et qu'on avait peint sur un vitrail de la basilique. Les ermites souffraient parfois du manque de nourriture. Alors ils allumaient un feu au fond de leurs halliers et la fumée montait au-dessus des arbres. A ce signal connu, le charitable curé d'Astériac (Beauvoir) chargeait son âne de provisions qui ne manquaient jamais d'arriver aux ermitages, car l'âne

Le Couesnon.

était fidèle et connaissait son chemin. Dès qu'on l'avait déchargé, il s'en retournait seul comme il était venu, remplissant toujours à souhait son miséricordieux emploi, « jusqu'à ce qu'un jour [1], s'en allant, selon son ordinaire, vers ces hermites, un loup affamé se rua de grande furie dessus et le dévora. Or Dieu, qui a soin de repaistre les petits des corbeaux qui l'invoquent, entendit aussy les gémissements de ces hermites qui ne sçavayent pourquoy l'asne ne venait vers eux selon son ordinaire, et voulut que le loup fit l'office de l'asne », apportant désormais les provisions sur son dos.

Les ermites auxquels la manne était ainsi distribuée venaient des laures de la Thébaïde normande, fondées au long de la côte par les deux grands moines poitevins, précurseurs de saint Aubert, saint Pair et saint Scubilion, qui, selon plusieurs écrivains, eut son monastère sur le Mont lui-même [2].

1. *Hist. génér. de l'Abbaye du Mont Saint-Michel*, t. I, p. 19 et 20.
2. *Les abbayes mérovingiennes de Sessiac et de Mandane*, p. 131 et 132.

Dans les écrits du saint poète Venance Fortunat, évêque de Poitiers, nous trouvons les détails les plus précieux sur les deux apôtres du Cotentin [1]. Selon lui, Pair ou Paterne naquit à Poitiers au commencement du sixième siècle. A l'âge où les autres recherchent avec passion les plaisirs, il entra au monastère d'Ension, dont l'abbé Generosus lui témoigna tout de suite une entière confiance et fut mortellement affligé quand il apprit un jour que son jeune protégé avait pris la fuite.

Pair n'était pas seul. Un vieux moine, Scubilion, le suivait, rajeuni par sa jeunesse, réchauffé par son ardeur. Pair, en effet, ne fuyait point l'austérité, il la cherchait plus grande et courait après le parfait service de Dieu.

Ils allèrent, le vieux et le jeune, accomplissant leur devoir de moine qui est la louange sempiternelle : *laus perennis* ; ils n'avaient que leur psautier pour viatique, et il arriva qu'en chemin le vieux étendit son *pallium* sur les épaules du jeune, exprimant ainsi son admiration pour une ferveur d'enfant qu'il jugeait supérieure à la sienne.

Le but de leur voyage était l'île de Jersey ; leur ambition, le désert. Comme ils entraient dans la forêt, ils rencontrèrent un homme qui leur dit : « Au *fanum* de Sessiac il y a un temple à détruire et des idoles à renverser. »

Ils n'hésitèrent pas. Les joies tant désirées de la solitude eurent tort dans leur cœur devant un combat plus dur et une joie meilleure.

Dieu cependant ne leur donna point cette plus belle de toutes les couronnes, le martyre. Ils entrèrent dans le temple avec leur psautier et leurs bâtons de voyage. Les idoles renversées se brisèrent en tombant, et Paterne, mettant le pied sur leurs débris, prêcha la vie et la mort de Jésus.

Sa parole se répandit comme un incendie de pure flamme et Dieu fit des miracles pour lui donner puissance. Les laures s'élevèrent de toutes parts sur cette terre devenue chrétienne et le bruit de ces merveilles arriva jusqu'à Generosus. Le vieil abbé, chargé d'années, voulut revoir l'enfant qu'il avait un jour mal jugé ; il vint, malgré son grand âge, et ne reconnut point l'adolescent joyeux d'autrefois dans le soldat meurtri par ses victoires, dont le front ravagé avait une auréole.

L'admiration de Generosus ne put rester muette. L'évêque de Coutances apprit par lui quel trésor le pays possédait ; Paterne reçut la dignité du diaconat, puis celle de la prêtrise. Le roi Childebert à son tour rendit

---

1. *Acta SS. mensis April.*, t. II, p. 424-430. — *Acta SS. ord. S. Benedicti. sæc.*, t. I, p. 152-153, t. II, p. 1.100 et seq.

hommage à celui qui, non content d'avoir éclairé au flambeau de la foi toute une portion de son empire, apportait par la formation d'innombrables monastères, la richesse et la paix aux peuples de Neustrie et d'Armorique, depuis Bayeux jusqu'à Rennes et Saint-Malo. Avranches le voulut pour évêque, et saint Fortunat raconte le gracieux prodige des colombes qui le suivirent quand il traversa la forêt pour se rendre de Sessiac à sa ville épiscopale.

Fortunat rapporte aussi les circonstances touchantes de sa mort. Paterne gardait pour Scubilion, qui avait pour lui la tendresse d'un père, un attachement vraiment filial. Il venait souvent visiter ses moines à son ancienne *laure* de Sessiac, située au lieu appelé maintenant de son nom, Saint-Pair, et d'où il voyait le monastère de Mandane, fondé et gouverné par Scubilion. Entre eux deux était le cours d'eau du Thar, estuaire large et profond à marée haute, mais simple rivulet quand le flot se retirait. La dernière fois que Paterne vint à Sessiac, il fut pris d'un mal violent sitôt après son arrivée, et se sentant près de sa fin, il dépêcha un courrier à Scubilion pour l'appeler près de lui. Au même instant, un autre courrier partait de Mandane, chargé d'appeler Paterne auprès de Scubilion expirant. Ainsi, les deux messagers se croisèrent et chacun d'eux arriva pareillement à un lit d'agonie.

Mais chacun d'eux fut pareillement entendu ; les deux agonies se levèrent d'un même cœur et trouvèrent la force de s'élancer l'une vers l'autre.

Et ce fut une chose sainte et belle de voir ces deux lits de mort marcher. Ils se seraient rencontrés à mi-route, sans la marée qui changeait le ruisseau du Thar en un large bras de mer. Les porteurs furent contraints de s'arrêter ; mais la prière a des ailes : les suprêmes oraisons des deux saints amis qui priaient l'un pour l'autre montèrent à Dieu ensemble, précédant leurs deux âmes exhalées ainsi sur deux rives différentes, mais réunies dans leur vol vers le ciel.

Il en fut de même, sur la terre, de leurs corps, qui sont encore aujourd'hui côte à côte sous leur commune pierre en l'église de Saint-Pair, à laquelle Paterne donna son nom.

Quelle circonstance put donc appeler les eaux de l'Océan, alors si éloignées, pour aplanir les routes aux jours de paix et pour former, en temps de guerre, une glorieuse et infranchissable douve autour de la forteresse que l'archange allait se bâtir ?

En histoire comme en toute science, les opinions s'entre-dévorent. Pour n'avoir point changé depuis dix-neuf siècles, je ne connais que les articles de la foi. Pendant plus de cent ans la marée de mars 709, dont la première mention se trouve, croyons-nous, dans l'abrégé de la vie de saint Gaud, de saint Pair et de saint Scubilion, publié par l'abbé Rouault en 1734 [1], a assumé sur elle seule la responsabilité du cataclysme qui détruisit et noya une forêt de plusieurs lieues carrées. Mais à l'usé ce roman perdit de sa fraîcheur, on alla aux sources, on ne trouva rien qui militât en faveur de la monstrueuse marée. Au contraire, quelques textes anciens lui étaient hostiles.

Dans le récit latin de l'apparition de saint Michel au Mont Tombe, dont une copie sur six remonte au moins au dixième siècle, on trouve un certain *paulatim* (peu à peu) particulièrement favorable aux partisans des assauts moins grandioses mais plus nombreux, plus patients et définitivement victorieux de la mer. Sans contester la valeur du *paulatim*, je penche à croire que la fameuse marée de mars ou septembre 709 est morte surtout d'une maladie qui s'appelle l'invraisemblance. Je ne cache pas que je la regrette.

Voici, du reste, la traduction du texte original, qui vaut la peine d'être cité parce qu'il nous donne la condition exacte et en quelque sorte authentique du pays à l'époque de l'apparition.

« DE LA SITUATION DU LIEU [2]. — Les habitants appellent ce lieu Tombe parce qu'il sort des sables comme un *tumulus* et s'élève à une hauteur de deux cents coudées. L'Océan l'environne de toutes parts, ne lui laissant que l'espace étroit d'une île merveilleuse... On y trouve en abondance une variété considérable de poissons apportés par les fleuves et la mer... Deux fois chaque jour, le reflux laisse un chemin libre aux peuples pieux qui se rendent au temple du bienheureux archange Michel. Ce lieu était d'abord, ainsi que nous avons pu l'apprendre de narrateurs véraces, enclos d'une forêt très épaisse, éloignée, paraît-il, de six milles du flot de l'Océan et fournissant aux fauves de très sûres retraites... Mais comme ce lieu, dans l'intention divine, était *préparé pour un miracle* futur et pour la vénération du saint Archange, la mer, qui était beaucoup éloignée, s'élevant peu à peu *(paulatim)*, aplanit toute l'étendue de la forêt et la réduisit à la forme de son arène, fournissant ainsi une route aux nations de la terre afin qu'elles chantassent les merveilles de Dieu... »

---

1. Pages 10 et 11.
2. Mss. de la Bibl. d'Avranches n° 211.

III

Il y a le plan divin éternel et parfait, il y a le soubresaut incessant de la liberté humaine. Dieu a voulu l'homme libre : c'est la nécessité de l'épreuve qui ferme à jamais la porte du paradis terrestre, mais qui ouvre pour les élus l'entrée du céleste paradis.

A la traverse du plan divin, mystère impénétrable, traçant le profond sillon que rien ne peut combler ni changer, le libre arbitre de l'homme défiant, inquiet, aveugle, se jette et se jettera toujours. C'est le vivant obstacle, dont l'agitation permise par Dieu, aux risques et périls de celui qui s'agite, cherche perpétuellement ses alliances hors de Dieu et sacrifie du matin au soir au Dragon tentateur, sur la formidable pente où l'orgueil et la convoitise l'entraînent.

L'effort suicide du libre arbitre accordé à l'homme est puissant à ce point que Dieu juge à propos parfois, du haut de sa miséricorde, d'y mettre un frein miraculeux. C'est le ministère de l'Ange.

Et il arrive que l'acte de l'Ange, contrarié dans son effet par les chocs de la passion humaine aidée du pouvoir de Satan, a besoin d'être répété à court intervalle.

Ces manifestations n'instruisent pas l'homme pervers qui les nie, ne voulant pas être instruit; mais elles sont le courage des bons et elles accomplissent ainsi l'œuvre de Dieu.

On peut suivre à travers les siècles comme une trace de lumière cette partie du plan divin, marquée par la protection de l'Archange.

Nous avons vu Michel, par Constantin, planter dans la gueule des *Dragons* [1] de Maxence la hampe du *Labarum*. Dieu avait été prodigue, l'ingratitude de l'homme fut monstrueuse et soudaine. Les successeurs du premier empereur catholique se hâtèrent en quelque sorte de faillir à la gloire du chef de leur race et de déserter sa foi. Son fils même, Constance, outrageant la mémoire paternelle, trébucha si honteusement dans le cloaque arien que la grande plume de saint Jérôme a pu écrire à propos de lui : « La barque [2] des apôtres était en péril... Mais Dieu se lève, il commande à la tempête, la *Bête* meurt et le calme renaît. »

Certes, Dieu n'a besoin ni d'un homme ni d'une race ; mais quand les

---

1. Les armées romaines étaient précédées d'étendards offrant l'image d'un dragon ; ceux qui portaient ces étendards s'appelaient *draconarii*. Voir Ducange, au mot *Draconarii*.
2. Adv., *Lucif.*, p. 7.

générations suscitées deviennent stériles avant le temps, Dieu fait élection nouvelle d'une race ou d'un homme. Sitôt que les empereurs manquèrent, Dieu couronna un roi.

Le baptême de Clovis fit la France et ses destinées ; ce fut l'Archange qui fit le baptême de Clovis, marquant ainsi d'avance au signe catholique le pays encore païen où devait avoir lieu sa seconde, sa maîtresse apparition.

Avant d'entrer dans le récit même de ce grand fait qui sacra Michel ange royal de notre patrie, jetons, pour en reconnaître la nécessité historique, un regard très rapide sur l'état du monde chrétien au moment de la conversion de Clovis. L'empire d'Orient succombait ; l'empire d'Occident agonisant, ou plutôt déjà mort, gisait, dépecé en sanglants quartiers par les Huns, les Goths, les Vandales, les Hérules, les Visigoths, les Burgondes, tous ou presque tous ariens. De tous les coins du ciel, la tempête dont parlait saint Jérôme était revenue plus terrible et il est vraisemblable qu'au milieu de ses assourdissants fracas, le baptême d'un chef barbare ne fut point noté comme un événement de grande marque.

C'était pourtant la naissance d'un monde, et nous allons y voir tout à l'heure la main de saint Michel, qui est INTERPRÉTÉ DIEU, selon l'expression de Guillaume Benoît, se montrer à l'heure où naquit la France catholique.

Ce docteur ès lois, Guillaume Benoît, qui fut le maître du cardinal d'Albret, de Louis d'Amboise et du cardinal de Clermont-Lodève, a tracé d'une façon magistrale la visée de Dieu sur le royaume de France : « La garde et la protection de ce royaume[1], dit-il, est attribuée à l'archange Michel, tour à tour prince de la synagogue et de l'Eglise... et c'est comme marque de ceci qu'après sa miraculeuse apparition sur la terre de l'Eglise romaine, au Mont Gargan d'Apulie, Michel a fait sa seconde apparition dans le royaume de France, au lieu nommé le Mont Tombe. »

Nombre d'écrivains l'ont dit avec plus ou moins d'éloquence, non seulement aux jours éclairés par la foi, mais aussi en notre temps d'orgueilleuse négation. Le mystère du solennel travail qui enfanta le plus glorieux peuple du monde n'est même pas nié par tous les sceptiques, dont quelques-uns accordent que *certaines* croyances, en *certains* temps, ont eu *certaine* utilité. C'était l'opinion de Voltaire, qui aurait inventé Dieu si Dieu eût manqué à sa haine.

Mais Dieu ne manque ni aux siens ni aux autres. Il n'a jamais manqué, il ne manquera jamais. On voit partout sa générosité infinie dès qu'on la cherche, et nul ne saurait lire sans émotion les paroles prophétiques adres-

---

1. *Repetitio Gulielmi Benedicti*, etc. — Lugduni. M D. LXXV, in-f°, F 218. V°.

sées a Clovis lui-même par le pape Anastase, qui voyait déjà le rôle de la nation fille aînée de l'Eglise, quand il écrivait :

« Nous nous félicitons, très glorieux fils, de ce que votre entrée dans la oi chrétienne concourt avec notre entrée dans le pontificat. Car la Chaire le Pierre pourrait-elle ne pas tressaillir de joie, quand elle voit le filet que ce pêcheur d'hommes a reçu ordre de jeter, se remplir à travers les siècles ? C'est ce que nous avons voulu faire savoir à Votre Sérénité, afin que... vous soyez notre couronne... Glorieux et illustre fils, soyez la conso-

Baptême de Clovis.

lation de votre mère l'Eglise, soyez-lui, pour la soutenir, une colonne de fer [1]... »

Nous avons dit que nous montrerions le doigt de Michel dans la violente mêlée des événements qui précédèrent et accompagnèrent la conversion de Clovis, si différente de celle de Constantin et pourtant si bien faite pour lui être comparée. C'est notre sujet même, puisque ce baptême éclatant créa pour ainsi dire l'opportunité de la manifestation surnaturelle du Mont Tombe, et aplanit, plus encore que les travaux de saint Aubert, le terrain où devait s'élever chez nous le premier sanctuaire de l'Archange.

Je vais laisser parler un instant l'auteur du *Catalogue de la Gloire du monde*, Guillaume de Chasseneuz, docteur en l'université de Pavie et président du parlement de Provence au dix-septième siècle. Il est un de ceux qui ont montré clairement saint Michel favorisant l'accès de la nation franque dans la maison de la vraie foi qu'elle n'a jamais désertée.

« Si Michel [2], dit cet écrivain, accomplit des choses merveilleuses dans

---
1. Labbe, t. IV.
2. D. Bartholomæi Chassanæi Burgundi, *Catalogus Gloriæ Mundi*, t. I, p. 138, col. 2.

la synagogue... il en a fait de plus grandes encore (pour l'Église) dans ce royaume. C'est lui qui fournit l'ampoule pleine d'huile au baptême de Clovis, le premier roi de France chrétien... et mit les Allemands en fuite par le secours de Dieu... C'est lui qui servait de guide vers le gué, alors que Clovis, qui s'affligeait de voir son armée arrêtée dans son désir de livrer bataille aux Goths hérétiques, implora Dieu en cette manière :

« Dieu, qui êtes le meilleur secours dans les tribulations, ne différez pas, « en faveur de votre vraie religion que je défends, de prendre vengeance « du Goth hérétique : donnez-nous un fleuve guéable. »

« Et Dieu ne méprisa pas la prière de Clovis, car, aux premières lueurs du jour suivant, un cerf apparut sortant de la forêt... puis la bête, excitée par les grandes clameurs des soldats, se mit à nager dans le fleuve, comme un explorateur de la route, en indiquant le gué ; et c'était Dieu qui le faisait conduire par Michel, le défenseur et le protecteur de l'Église catholique à laquelle Clovis croyait alors. »

Mais la nature humaine pour laquelle Dieu fait tout, devait venir, selon sa coutume, à l'encontre de Dieu. Les successeurs de Clovis, et pour les mêmes raisons, avaient fait comme les héritiers de Constantin. Il restait encore assez de levain idolâtre dans les Gaules, assez de civilisation romaine profondément gangrenée, pour empoisonner ces princes barbares, race toute jeune et déjà décrépite par les excès.

Cependant si les neveux du premier Louis dormaient ou chancelaient dans l'ivresse, leur peuple, les Francs, restait robuste autant qu'il le fallait pour porter le poids de sa destinée héroïque. Il n'y avait de condamnés que les princes Mérovingiens : c'était encore le tour des Francs et c'était encore l'heure de saint Michel qui allait paraître et ouvrir avec solennité ce grand huitième siècle, ère marquée pour les ACTES DE DIEU PAR LES FRANCS.

Cent et quelques années avaient passé. L'Occident, que nous avons montré mort, sortait du cercueil comme Lazare ; il marchait, relevé dans le travail de ses saints. La vie catholique semblait s'y être réfugiée et le pouvoir temporel des papes venait d'être inauguré avec Jean VI[1] à qui les peuples malheureux s'étaient donnés, demandant à l'Église, seul juste pouvoir, seule autorité qui se montrât secourable, la protection de sa croissante puissance Après les inextricables procès à coups de hache qui avaient ensanglanté l'héritage de Clovis, morcelé tant de fois et disloqué par les partages, la France réunissait ses membres épars sous la forte main de Pépin

1. *Hist. univ. de l'Eglise*, Rohrbacher, t. IV, p. 509.

d'Héristal qui tenait Childebert III, roi de Neustrie, en tutelle et gouvernait par lui-même l'Austrasie. C'était presque l'unité de fait, et il n'en fallait pas davantage pour déterminer la convalescence du peuple vivace entre tous.

A Rome, un simple prêtre, le futur Grégoire II, priait et méditait dans sa retraite, où seul peut-être il pressentait un avant-goût des avenirs prochains. En Angleterre, Bède le Vénérable, entouré de ces grands moines qui ont créé toutes sciences, florissait ; en Espagne, où sévissait pourtant la maladie de l'Arianisme, il y avait un homme trempé à l'antique, le légendaire Pélage, qui guettait venir le Sarrasin et combinait peut-être, au fond de son abandon, sa fuite plus mémorable qu'une victoire.

Dans la Frise, saint Willibad évangélisait, après saint Kilian et ses compagnons dont le sang prodigué faisait mûrir en riches moissons la semence de leur parole. La nuit barbare régnait encore au delà du Rhin, mais Boniface, l'ardent apôtre qui allait subjuguer l'Allemagne, avait déjà vingt ans, et l'adolescent destiné à s'appeler Charles-Martel, le rude, le vigoureux forgeron qui devait marteler en effet la préface toute en fer des épopées de Charlemagne, atteignait sa dix-huitième année.

Les hommes marqués pour l'œuvre du siècle sont en vie, le siècle aussi, et l'Église, allant toujours la première dans sa grande voie de civilisation, attend les hommes et le siècle. Elle connaît sa force, mais elle compte les obstacles, les pèse et les mesure. La barbarie monte du Nord et descend de l'Orient ; Mahomet vient ; Odin va venir, et l'hérésie est partout, fléau pire que la barbarie même, parce qu'elle a connu Dieu et qu'elle a crié contre le Vicaire de Dieu la propre invective de Satan : « Je ne servirai pas ! »

Il faut Michel sur la terre comme il le fallut dans le ciel pour proclamer le *Quis ut Deus*. Ici-bas, plus de légions d'Anges, la loi du libre arbitre humain ne permet que des légions d'hommes. Il y aura des légions d'hommes, et un homme à la tête de ces légions, comme l'Ange adorateur de Jésus fut à la tête des légions d'Anges.

Car, du Mont Gargan où il veille, Michel, le gardien de l'Église, a entendu la voix de l'Église demandant la ligue universelle du bien contre le mal : le saint empire catholique des prophéties, l'empire des mille ans, promis pour briser l'infidèle et ruiner l'hérésie.

Et Michel a regardé du côté de la France ; c'est là que le saint empire va naître, ou plutôt sortir tout parfait de la tête et du cœur d'un roi franc qui sera le saint Empereur.

Voilà pourquoi l'Archange a ouvert ses ailes et quitté son sanctuaire du pays romain. Il veut couronner l'œuvre du baptême de Clovis et marquer d'un trait plus profond la prédestination de la France en arrêtant son vol sur le Mont Tombe, au sein de la nation choisie qui porte dans ses généreux flancs Charlemagne et les dix siècles de gloire.

« Il (saint Michel) vaincra et enchaînera le dragon pour *mille ans* et le précipitera dans l'abîme et l'y enfermera, et mettra dessus un sceau jusqu'à ce que les mille ans soient accomplis [1]. » (Apoc., 20.) Et il confiera aux mains de la nation élue son glaive avec son bouclier, et il la sacrera fille maîtresse entre toutes les filles de l'Eglise pour ces dix siècles (du huitième au dix-huitième), dont la lumière éblouira les temps futurs en voilant l'éclat des jours passés...

Nous arrivons à saint Aubert et à l'Apparition.

IV

En 709, Albert ou Aubert, douzième évêque d'Avranches, n'avait pas encore atteint sa soixantième année. Depuis cette date son nom est illustre dans l'univers chrétien et inséparablement uni au nom de l'archange saint Michel, mais auparavant il était déjà très considérable dans cette portion de la Neustrie comprenant l'Avranchin et le pays Constantin (le Cotentin). Il appartenait à une famille noble et très riche ; ayant perdu son père et sa mère et restant, tout jeune qu'il était, à la tête d'un opulent patrimoine, il dut être en butte assurément aux séductions intéressées du monde demi-barbare qui l'entourait. On ne sait rien de sa jeunesse, sinon qu'une vocation forte et précoce le sauvegarda.

Il fut prêtre de bonne heure. Une légende qui fait confusion peut-être entre lui et Michel, son patron angélique, le montre combattant un dragon dévastateur; mais il faut dire que ce fait, si commun alors et dont la répé-

---

[1]. *Catalogus gloriæ mundi*, etc., etc., *ibid*. La phrase citée se trouvant dans le récit même de l'apparition, tous les verbes y sont au prétérit.

tition étonne dans les vieux récits, était la plupart du temps une louange allégorique décernée à ceux qui débarrassaient le sol des dernières souillures du paganisme, représenté par le dragon, image de Satan.

Aubert fut élevé à la dignité d'évêque en 704, et il y avait cinq années qu'il était à la fois le maître et le bienfaiteur du pays, quand arriva l'événement, si gros de résultats extraordinaires, rapporté par tous les historiens et par nombre de manuscrits ayant appartenu à l'antique abbaye, déposés maintenant en la bibliothèque d'Avranches. Nous choisirons pour y puiser notre texte le lectionnaire n° 211, déjà cité par nous, qui est regardé comme étant l'œuvre de l'un des clercs de saint Aubert lui-même. La critique historique contemporaine a relevé beaucoup de faits apocryphes, ou du moins qu'elle accuse d'être tels, dans ces antiques légendaires : celui-ci en contient moins que tout autre, selon la moyenne des avis, exprimés par la même critique, et son ancienneté reconnue semble faire foi.

« Un jour [1], dit le manuscrit vénérable que je traduis, comme le pontife Aubert se trouvait plongé dans le sommeil, il fut averti par une révélation céleste de construire sur le sommet du *Mont Tombe* un édifice en l'honneur de l'Archange, qui voulait que sa commémoration fût célébrée *en péril de mer* [2] avec une allégresse pareille à celle dont il était fêté au *Mont Gargan*.

« Aubert ne crut pas d'abord à la vision. L'apôtre a dit : *Éprouvez les esprits pour voir s'ils sont de Dieu* [3]. Dans une seconde manifestation, l'Archange lui renouvela ses ordres, mais le Pontife hésitait toujours. Enfin une troisième apparition lui commanda impérieusement de se rendre sur la montagne et d'y rester jusqu'à l'accomplissement de sa tâche. »

On a remarqué sans doute qu'il n'est pas question ici du doigt de l'Archange imprimé dans le front de l'évêque comme dans une cire molle et qui, s'il est permis d'employer une image moderne, laissa pour jamais une trace comparable au trou d'une balle.

Voici le détail de cette circonstance si célèbre, tel qu'il est rapporté par dom Huynes dans le discours mis par lui en la bouche de saint Aubert lui-même, rendant compte de l'apparition à ses chanoines assemblés.

« ... Et ne me contentant pas (après le second avertissement) de prier plus fervemment sur ce sujet, je commençay à jeusner et veiller plus que de coustume et à sustenter les pauvres avec un soin très particulier, ainsy

---

1. Mss. 211 et *Acta SS.* ad. XXIX sept., p. 77.
2. *Ibid.*, lect. IV.
3. *Probate spiritus si ex Deo sint.* Jean, c. IV, 1.

qu'avez pu voir les jours passés, espérant que par le moyen de leurs prières, j'obtiendrois ce dont mes péchez me rendoient indigne (un signe sensible de la volonté divine). Enfin, hyer, m'estant couché, j'eus beaucoup de peine à m'endormir, la pensée de ces visions précédentes me venant toujours en esprit ; néantmoins, à la parfin, la fatigue du corps assoupit tous mes sens.

« Estant ainsy endormy, voicy que je vis cet Archange qui me reprenoit... de mon incrédulité, et, me blasmant d'être trop tardif à croire, me donne

« L'Archange me donna un coup de son doigt sur la teste. »

un coup de son doigt sur la teste, dont vous en voyez la marque. Alors, tout tremblant, je lui demandai en quel endroit du Mont de Tombe il désiroit qu'on lui érigeât cet oratoire. Il me dit qu'il vouloit que ce fût au lieu où je trouverois un taureau lié, qu'un larron a desrobé naguères et caché en ce mont, espiant l'occasion de le pouvoir mener au loin pour le vendre, et m'a engagé de le rendre à celuy auquel il appartient. Quant à la grandeur de l'oratoire, il m'a dit que ce seroit tout l'espace que je trouverois foulé des pieds du taureau [1]. »

Le fait de ce contact matériel et violent du doigt de l'ange a soulevé des

---

1. *Hist. gén. du Mont Saint-Michel au péril de la mer*, t. I, p. 23, 24.

discussions très vives et occasionné d'ardentes polémiques. Il est une chose qui ne se peut nier, c'est que le crâne de saint Aubert, *parfaitement authentique comme relique* et précieusement gardé dans le trésor de l'église Saint-Gervais à Avranches, offre « à l'os pariétal droit une ouverture oblongue d'arrière en avant, assez grande pour qu'on puisse y introduire le pouce ».

Un homme d'une véritable science médicale, le docteur Houssard, après avoir étudié quels procédés auraient pu être employés pour occasionner une ouverture pareille, conclut [1] qu' « un miracle seul peut l'expliquer ». Nous n'avons pas à nous prononcer.

L'ordre ayant été ainsi reçu pour la troisième fois et accompagné du signe sensible qu'il avait imploré, Aubert n'hésita plus à se rendre sur la montagne désignée. Une multitude de paysans, ses vassaux d'Austériac, de Montitier et de Genets, l'accompagnaient en chantant des hymnes et des cantiques.

Il se trouva que le lieu indiqué était abrupt et impraticable ; il fallait l'aplanir et ce n'était point un travail aisé, à cause surtout de deux énormes pierres vraisemblablement druidiques, fichées au sommet même de la montagne. On les attaqua avec vigueur, mais ce fut en vain, elles résistaient à tous les efforts.

Ici Guillaume de Saint-Pair a trouvé l'un des épisodes les plus gracieux de son poème dans la légende des douze fils de Bain, racontée aussi par dom Huynes et les autres chroniqueurs. Ce Bain était un homme d'Austériac, vassal du saint évêque. Une voix lui dit de gravir le Mont où son seigneur avait besoin d'aide et il vint, conduisant l'armée de ses fils, jeunes, vigoureux, et de bonne volonté. Les autres travailleurs reprirent courage à la vue de ce brave secours qu'on n'espérait point et l'assaut fut donné de nouveau aux deux roches, mais toujours inutilement.

Alors l'évêque appela Bain, le père, et lui dit : « N'as-tu point encore d'autre enfant ? — Si bien, répondit l'homme, il m'en reste un. — Pourquoi ne l'as-tu pas amené ? — Parce qu'il dort dans son ber (berceau). — Va donc le quérir sur l'heure, dit saint Aubert, et me l'apporte. »

Ce qui ayant été fait, Aubert prit le petit Bain entre ses bras et toucha « du bout de son pied senestre, » dit dom Huynes (le plus faible de ses faibles pieds), la roche inébranlable, et « par cet attouchement, la fit tomber du haut en bas où on la voit encore aujourd'hui avec l'impression du pied de l'enfant ».

1. *Étude anatomique de la tête de saint Aubert*, ap. Mgr Deschamps du Manoir, p. 48 et suiv.

Dom Huynes ajouta cette moralité, mise par lui dans la bouche du saint évêque : « que Dieu a élevé les choses infirmes et faibles de ce monde pour confondre les forts et puissants ».

Une fois le sommet aplani, rien n'arrêta plus les vassaux dont la constante présence de l'évêque animait le labeur ; d'autres ouvriers se joignirent à eux, et au bout de peu de temps on vit sortir de terre un temple en forme de crypte ronde, sur l'imitation de celui du Mont Gargan, mais plus petit et capable de renfermer seulement cent personnes. Les dimensions en étaient fixées à l'avance par la volonté qui en avait choisi l'emplacement.

A ce temple très modeste à la vue, mais de si haute origine et qui se trouvait être le second de la chrétienté après celui du promontoire d'Apulie, il manquait des gages visibles de la faveur de son patron céleste, dont Aubert recevait sans cesse les inspirations dans la sainteté toujours plus éminente de sa vie. Une pieuse ambassade partit d'Avranches avec mission de se rendre en Italie, pour demander aux religieux qui desservaient la basilique du Mont Gargan une parcelle du vêtement écarlate laissé par saint Michel lors de son apparition, ainsi qu'un fragment du marbre sur lequel il avait daigné se rendre visible.

Les clercs ou chanoines, députés par Aubert, arrivèrent à bon port et furent reçus comme des frères en saint Michel par les religieux italiens qui écoutèrent avidement le récit des récentes merveilles. Tout ce que les clercs demandaient leur fut accordé de bon cœur. Le docte abbé de Glenfeuil, saint Odon, nous apprend même qu'ils eurent plus qu'ils ne demandaient, puisque, outre les reliques, ils rapportèrent de précieux manuscrits.

Leur retour à travers l'Italie et la France fut un triomphe et, selon l'apparence, beaucoup plus lent que l'aller, car ils n'arrivèrent en vue du Mont Tombe qu'un an après leur départ d'Avranches [1].

Tout le long de leur voyage les populations se pressaient au-devant d'eux parce que le bruit s'était répandu qu'ils portaient des reliques.

A cette époque de foi toute neuve et si belle, la fable de ce gaulois La Fontaine n'aurait point eu sa raison d'être. Alors, en effet, l'âne lui-même, porteur de reliques, obtenait sa part propre et très volontairement accordée de vénération ; qu'était-ce donc quand les objets saints se trouvaient aux mains de personnes revêtues du caractère sacré ? Les foules maintenant se pressent autour des rois, quand il y en a, et, quand il n'y en a pas, autour du premier tribun venu à qui le hasard de la popularité permet de caricaturer le rôle de roi pour un jour. Lequel vaut le mieux, cependant, même

---

1. Le 15 octobre 710 (*Hist. gén.*, Dom Huynes).

en logique humaine, même en *spéculation* bien entendue, de s'agenouiller devant le maître de toutes choses, dont le pouvoir sans bornes durera toujours, ou de s'atteler à la carriole dorée d'un bavard qui versera demain dans l'oubli ?

Tout le long du chemin, les reliques du Mont Gargan avaient payé en miracles le fidèle respect des peuples ; le bruit des guérisons obtenues précédait de très loin les envoyés de saint Aubert.

Quand le cortège arriva à Astériac, en face du Mont, le pays entier attendait. Une femme de ce village, qui était aveugle et qui avait ouï parler comme tous des grâces répandues par Dieu sur le passage des reliques, ai sait effort pour s'en approcher le plus possible. Un grand bruit lui annonça le cortège ; elle avança encore de quelques pas et tout à coup, poussant un cri, elle étendit ses mains tremblantes en disant : « Qu'il fait beau voir ! qu'il fait beau voir ! »

L'évêque était présent et entendit ce cri d'allégresse passionnée que la pauvre aveugle guérie répétait sans cesse, comme si elle eût oublié toute autre parole. De ce cri, le village d'Astériac a pris son nom et s'est depuis lors appelé Beauvoir.

V

On imagine aisément la joie du saint pontife Aubert en apprenant le succès complet de son ambassade. La traversée d'Astériac au Mont par les grèves fut une solennelle procession attendrie par les récits d'innombrables grâces qui couraient de rang en rang entre les versets des cantiques. Sans tarder d'un jour, Aubert voulut que les reliques apportées de si loin fussent entourées et gardées convenablement. Il établit au Mont, qui prit à cette occasion et pour toujours son nom de Mont Saint-Michel, un collège de douze clercs (dom Huynes et d'autres les appellent chanoines) dont la mission était de chanter nuit et jour la louange de Dieu sous l'invocation de l'Archange. Pour dotation il leur attribua les revenus de deux riches domaines, Genets et Huisnes, qu'il avait hérités de ses aïeux.

Il leur donna en outre, mais d'une autre façon, une source vive, car ils manquaient d'eau potable, et sur le rocher, au milieu des grèves baignées par la mer, l'inspiration de saint Michel lui découvrit l'endroit où il fallait percer la pierre pour en arracher une fontaine.

La dédicace de l'église eut lieu le lendemain, dix-septième jour des calendes de novembre (16 octobre), date qui est fêtée encore aujourd'hui, et dignement, on peut le dire, depuis que Dieu a permis le retour éclatant de la piété publique au culte de son Fidèle, institué protecteur de la France

Aubert, premier apôtre de ce culte dans nos contrées, rendit son âme au Seigneur quinze ans plus tard, le 10 septembre 725. Avant de mourir, il eut la consolation de voir son œuvre, entourée par la vénération du monde entier, exciter surtout un véritable enthousiasme national. Ce fut tout de suite le pèlerinage français par excellence, parce que Childebert y vint, dès la troisième année, déposer en très grande pompe sa couronne royale aux pieds de l'Archange ; les leudes imitèrent en foule cet exemple, surtout après l'année 713, en laquelle le pape Constantin fit don à la collégiale de plusieurs reliques insignes.

Ce temps de saint Aubert nous apparaît tout éclairé de lueurs surnaturelles et il en est ainsi des années qui suivirent. Il semble que les esprits du ciel, soumis au Prince des anges, soient en fête constante autour de son nouveau sanctuaire. Les pèlerins n'arrivent au Mont qu'à travers des merveilles et tout le pays aux alentours est favorisé d'innombrables bénédictions. Les récits de l'époque et ceux qui furent écrits plus tard sont remplis de ces allégresses ; mais, dans nos jours à nous, qui auraient si grand besoin de miracles, il est peut-être bon de n'en point trop parler ; les gens qui ne croient point y trouvent occasion de blasphémer ou de railler, les gens qui croient se méfient.

Moi, je crois à la bonté infiniment tendre de Jésus ; je sais qu'il peut tout ; ma joie est de penser à la chère puissance de ses anges et de ses saints. Je regrette et j'envie la foi presque enfantine et tout imprégnée de suave poésie de ces temps heureux où le monde, jeune, confiant, crédule même, se voyait grandir et en était reconnaissant, au lieu de racornir comme aujourd'hui dans l'arrière-boutique de l'examen, la docte ignorance, l'expérience découragée et l'égoïsme caduc de sa vieillesse.

Mais j'ai l'âge d'être prudent, et c'est à peine si j'énumérerai en courant les manifestations auxquelles la tradition et les vieux chroniqueurs ont donné le nom de miracles : guérisons, sauvetages *au péril de la mer et des grèves*, mystérieuses harmonies qui éveillaient le silence des nuits dans la crypte solitaire, emplie tout à coup de clartés.

Loin de garantir ces choses populaires, j'abrégerai le récit d'un fait mentionné par toutes les chroniques et qui est comme une parabole en action répétant l'enseignement de la légende du petit Bain, dont le pied débile renversa l'obstacle que douze mains robustes n'avaient pu ébranler. On dirait que cette vérité évangélique : *la force de la faiblesse*, hante la fondation de saint Aubert.

Un jour, parmi les pèlerins, on vit arriver des hommes portant un costume étranger et dont personne ne comprenait le langage. Ils apportaient, précieusement enveloppés, un petit bouclier et une petite épée qui pouvaient être pris pour des jouets d'enfant. Un pèlerin de Corseult, en Armorique, dont le langage ressemblait à celui des étrangers, expliqua que l'ambassade venait d'Irlande, dont les laures avaient envoyé tant de saints au pays de Quimper et de Tréguier.

Dans la partie la plus riche de cette île un dragon était sorti de la mer et avait porté la désolation en tous lieux. Les fontaines où il buvait donnaient la mort aux hommes et aux troupeaux et sa terrible haleine faisait de l'air même un poison. Après un jeûne de plusieurs jours ordonné par l'évêque, toute la contrée se réunit en armes pour combattre le fléau. L'évêque marchait en tête de ses ouailles.

Dès qu'on aperçut le monstre on lui décocha une grêle de flèches, mais elles s'émoussaient contre sa cuirasse, épaisse comme les murailles d'une tour. Ce que voyant, l'évêque implora Michel, prince des anges, vainqueur de Satan, prince des dragons, et le dragon, cessant de jeter feu et flammes, ne bougea plus. On approcha : le monstre était mort, bien qu'aucun dard n'eût entamé ses impénétrables écailles ; mais sur son cadavre énorme il y avait la petite épée et le bouclier semblable à un jouet.

Les chroniqueurs ajoutent que, dans un rêve, l'évêque fut avisé de rendre ces armes à leur maître légitime et qu'il dépêcha des émissaires au Mont Gargan, demeure connue de saint Michel ; mais leur barque cinglant vers l'Italie était obstinément refoulée par les vents sur la côte normande, où ils apprirent enfin que saint Michel avait aussi un Mont et un sanctuaire. Baldric, archevêque de Dol au douzième siècle et auteur d'une histoire de la première croisade, a laissé une savante dissertation sur ces armes mystiques, qui furent déposées dans la crypte du Mont Saint-Michel.

VI

Cependant la présence de l'ange gardien de l'Église dans son sanctuaire français portait déjà ses fruits et le rôle de la France comme bras droit de l'Église se dessinait, non pas par ses rois condamnés, mais par les héritiers de Pépin d'Héristal qui devaient être la race carlovingienne.

Nul ne connaît le dessein de Dieu, mais l'Église épouse en a comme une conscience. Quand Boniface, le grand apôtre, sacré évêque, partit pour sa victorieuse mission d'Allemagne, le pape lui donna deux lettres de créance : l'une pour tous les chrétiens en général, l'autre pour un seul chrétien, et la suscription de cette seconde missive portait : *Au Seigneur notre glorieux fils, le duc Charles* [1].

Ce duc Charles, fils du premier Pépin par sa femme Alpaïde, n'était hier qu'un captif enfermé dans les prisons de Cologne ; aujourd'hui, à l'heure où le pontife suprême réclame son aide, c'est le vainqueur de Vincy et le vainqueur de Soissons ; il n'est pas roi, mais il fait des rois et les gouverne ; il a dans sa main la France, marteau d'or, déjà pesant et puissant, et il s'en sert pour forger sa destinée qui est presque celle du monde.

Demain, ce duc Charles, que le pape appelle son glorieux fils, prendra le nom de son marteau si sonore dans l'histoire : il sera Charles-Martel, après avoir martelé et broyé sur un champ de bataille, qu'on n'a pu désigner nommément parce qu'il était trop vaste, l'armée, ou plutôt les armées des conquérants sarrasins, déjà maîtres de toute l'Espagne et d'une partie de la France.

Après Charles-Martel, Pépin, qui commença en réalité la seconde race de nos rois, tint haut et ferme l'épée de saint Michel. Par deux fois il passa les Alpes et remplit avec vigueur sa mission de bras droit de l'Église.

L'Archange restait muet derrière le voile, parce que son œuvre éclatait assez d'elle-même dans les événements du dehors.

Entre les mains de Charlemagne, en effet, le glaive confié à la France devient terrible comme la foudre, mais il porte avec soi la lumière. Rien ne résiste à Charlemagne, ni l'hérésie ni la barbarie : il soumet les Aquitains, il dompte les Saxons, les Lombards, les Sarrasins d'Espagne, et quand le grand pape Léon III, dont il a brisé les fers, le couronne empereur à Rome, son empire, qui est la France catholique, s'étend de l'Océan aux monts Krapaks dans un sens, dans l'autre de l'Ebre à la Baltique.

1. Labbe, t. VI.

Le « grand et légitime » empereur d'Occident, comme l'avait titré Léon dans la basilique de Saint-Pierre, n'ignorait pas le lien qui l'attachait à saint Michel, chevalier céleste de l'Église dont il était, lui, le terrestre champion. Les étendards de Charlemagne portaient l'image de saint Michel.

L'empire de Charlemagne s'était fait la dernière année de siècle qui ouvrait l'ère prophétisée des mille ans, dont la clôture eut lieu 994 ans après, par le meurtre de Louis XVI.

Je ne suis pas de ceux qui nient la gloire humaine de la Révolution française, car tout incendie a ses fracas et ses lueurs ; il est certain que le monde nous écoute et nous regarde, mais Dieu aussi. Le regard de Dieu est le seul qui juge.

Nous avons eu de grandes folies et de grandes victoires, de grands crimes et de grandes fortunes, surtout de grands ébranlements. Les hommes, là-dedans, semblent petits relativement aux choses. On ne voit dans la Révolution qu'un seul homme vraiment grand, et son rôle fut d'enrayer la Révolution sur la pente où elle roule fatalement. La mission d'en haut, cependant, lui manquait ; ce n'était que César et non pas Charlemagne. Il n'eut la foi que pour mourir.

Depuis Napoléon Bonaparte, la Révolution va de plus en plus hostile à Dieu ; mais les hommes lui manquent toujours, et de plus en plus aussi. Il y a longtemps qu'elle n'a su trouver ce qu'i faut de chair et d'os pour fabriquer une gloire, ne pouvant plus y ajouter l'âme immortelle qu'elle a supprimée imprudemment, sous prétexte que le scandale fait du bruit comme la gloire et que les aveugles s'y trompent.

Dieu est patient parce qu'il a l'éternité, mais il est juste infiniment, et rien n'empêchera l'accomplissement de son dessein. Espérons et prions. J'ai vu saint Michel archange debout à la garde du Sacré-Cœur de Jésus au sommet de Montmartre. Il prie. A l'heure où nous sommes, l'enfant est né peut-être qui brandira dans l'avenir le glaive civilisateur de la France.

Dieu tout-puissant, donnez-nous Charlemagne ! Que la France ait une gloire ! Que cette gloire ait une âme !

VII

L'histoire est silencieuse à l'égard du Mont jusqu'au moment des invasions régulières des hommes du Nord, les farouches Northmans, qui donnèrent plus tard leur nom à cette portion de la Neustrie, et « dont les armées flottaient sur l'océan, leur patrie, semblables à des forêts peuplées de bêtes féroces [1] ».

Dès le sixième siècle les historiens francs parlent de leurs déprédations sur nos côtes. Witikind, vaincu mais non soumis, réfugia chez eux sa vengeance et Charlemagne fortifia contre eux ses côtes, prévoyant les dangers de l'avenir [2].

En effet, bien peu de temps après sa mort, son fils Louis le Débonnaire payait rançon aux pirates au lieu de les combattre, et huit ans plus tard ils remontaient la Seine jusqu'à Rouen.

A partir de cette date les ravages deviennent effroyables et s'étendent partout. Le chef Hasting, « le plus mauvais homme qui jamais naquit [3] », brûle les églises, détruit les monastères, profane les reliques et commet de hideux massacres. Deux sanctuaires seulement furent protégés par leurs patrons, celui du grand saint Martin et le Mont Saint-Michel, qui était pourtant le plus exposé de tous. L'Archange fit mieux que se protéger lui-même : les gens de la côte vinrent en foule chercher un abri autour de la collégiale, et telle est, selon quelques auteurs, l'origine reculée de la petite ville du Mont, si bizarrement perchée sur les inégalités de l'ancienne *Tumbe* et que Guillaume de Breton appelle *Pendulla Villa*.

Mais l'invasion normande allait influer de tout autre manière sur la fondation de saint Aubert. Après Hasting, Rollon ou Hrolf débarqua sur les côtes de France avec une flotte *prêtée* par les Anglais, que les fils de ce même Rollon, devenus Français, devaient subjuguer deux siècles plus tard.

Rollon prit terre à l'embouchure de la Seine (876). Les Normands connaissaient Paris depuis 845 où la première rançon leur avait été payée par Charles le Chauve. Rollon eut l'audace, imitée depuis, d'envoyer deux cents cavaliers seulement à travers toute la Neustrie pour menacer Paris, et Charles le Chauve, habitué à capituler, capitula.

---

1. *Acta sanctorum ord. S. Benedicti*, t. I, S. Richaire.
2. *De rebus bell. Car. Magni*, ap. Monachum Sangall.
3. Li plus mals hom qui unc naquist. — Benoît, *Chron. des ducs de Normandie.*

Il ne faut point se hâter pourtant de sourire en demandant ce qu'était devenue l'œuvre de Charlemagne, ni de railler cette grande épée tutélaire de saint Michel, confiée à la race du premier empereur français. Cherchez-vous la Providence ? elle est proche : ce barbare qui arrivait avait une main capable de tenir l'épée et il allait la tenir pendant son jour.

Et c'était l'Angleterre qui prêtait à la France cette main virile, au moment où notre pays subissait une de ses plus désastreuses disettes d'hommes. Les vaisseaux anglais armés par la haine nous apportaient cette largesse inestimable : du sang neuf, du sang fauve, pareil à notre propre sang des jours de Clovis. Ce n'est pas le cas, en vérité, de méconnaître Dieu ni son ange.

Charles le Simple, plus faible encore que ses devanciers, fit par sa faiblesse même une conquête que la vaillance d'un héros couronné n'eût peut-être point achevée si nettement. Il paya aux Normands une rançon exorbitante, c'est certain, mais ce fut comme un double cadeau de baptême et de mariage, car sa fille Gisèle épousa Rollon qui devint chrétien.

Dans l'apanage de Rollon se trouvait le Mont Saint-Michel. Quand nous avons dit tout à l'heure que la venue de ces barbares allait influer sur le destin de la collégiale déjà riche, on a pu penser à des exactions ou à des persécutions. Ce fut malheureusement tout le contraire, et la première fondation de saint Aubert, au lieu d'avoir cette belle fin du martyre, mourut d'opulence et d'orgueil. Il fallait cette mort qui fut une naissance pour amener dans la maison de l'Archange la féconde, la puissante règle de saint Benoît, apportant avec soi le germe de grande piété, de savoir, de génie qui, semé sur le rocher, y prendra racine et le couvrira d'une moisson de chefs-d'œuvre.

Aussitôt baptisé, Rollon, premier duc de Normandie, voulut expier ses anciens méfaits par des largesses distribuées aux églises et aux monastères. La collégiale eut part à ses générosités. Son fils Guillaume Longue-Epée fut encore plus prodigue et les chanoines, outre leurs trésors, eurent un patrimoine immense.

La règle du saint fondateur s'était notablement relâchée aux jours troublés des invasions. Les chanoines avaient quitté l'habit religieux pour devenir soldats ; ils quittèrent l'habit de soldat pour se vêtir en opulents seigneurs qu'ils étaient. Plus de service au chœur, plus de louange perpétuelle en l'honneur du patron angélique. Pour les offices indispensables, des chantres mercenaires furent gagés ; puis bientôt, comme il arrive toujours dès que le prêtre tombe du sommet de grâces où le sacrement d'Ordre l'a élevé, la prévarication devint complète, publique, et une clameur de scandale couvrit la contrée.

Richard-Sans-Peur, troisième duc, était pieux comme son père et comme son aïeul. Il était jeune, éclairé et ferme, il vénérait, il aimait le sanctuaire de l'Archange et le considérait comme le plus glorieux fleuron de sa couronne. Il avisa.

Les abbayes bénédictines édifiaient et enseignaient le siècle. Richard, qui avait, non loin de Rouen, sa capitale, des monastères comme Fontenelle, fondé par saint Wandrille, et Jumièges, par saint Philibert, songea tout d'abord aux fils de saint Benoît pour restaurer en abbaye de cette règle illustre la collégiale déméritante et tombée. Ayant pris l'avis de ses évêques et obtenu l'agrément du pape et du roi (Lothaire), il ressembla à Avranches trente religieux choisis avec soin dans les deux monastères que nous avons nommés, à l'abbaye de Sainte-Melaine de Rennes et à Saint-Taurin d'Evreux [1], puis il signifia aux chanoines coupables qu'ils eussent à réformer leur vie sur l'heure en entrant dans la discipline monastique ou à quitter la montagne.

Ces malheureux étaient perdus à ce point qu'ils n'hésitèrent pas à consommer leur apostasie. Tous se retirèrent, à l'exception de deux dont l'histoire a conservé les noms : Durand, qui était mû par un repentir sincère, et Berneherius (Bernier), qui restait avec la pensée de tenter une spéculation sacrilège en dérobant les restes vénérés de saint Aubert.

Il est à peine besoin de dire que les clercs en se retirant vidèrent le trésor de la Collégiale; il y a peu d'exemples d'un traître à Dieu qui garde les mains nettes: il faut toujours à Judas les trente deniers.

Dès que les clercs indignes furent partis, une procession monta la rampe escarpée qui conduit à la basilique, en chantant des hymnes derrière la bannière de l'Archange. « C'était, écrit le grand abbé Robert de Thorigny, le duc Richard qui venait, avec les prélats, les abbés et les grands de sa cour, *établir les moines.* »

Ainsi tomba par un juste jugement la Collégiale qui avait renié la sainte loi d'Aubert, son fondateur. Cela eut lieu en 966, deux cent cinquante-sept ans après le retour des clercs envoyés au Mont Gargan.

Et ainsi naquit la véritable abbaye du Mont Saint-Michel, dont nous allons parcourir ensemble les splendeurs.

1. Mss. n° 80.

LIVRE DEUXIÈME

LES MOINES

SOMMAIRE DU CHAPITRE PREMIER

Les moines d'Occident. — L'abbaye de saint Boniface. — La première élection au Mont Saint-Michel ordonnée par le Pape, le roi, le duc. — La bibliothèque et les pèlerinages ; la chanson d Roland. — Le premier incendie. — Mort de Richard-sans-Peur. — Le corps de saint Aube. retrouvé ; abondance de légendes ; la Croix des Grèves. — Hildebert II ; grandeur de son œuvre

CHAPITRE PREMIER

LES MOINES

I

Quand on traverse les grèves au milieu desquelles se dresse ce vivant chef-d'œuvre de la religion et de l'art, le Mont Saint-Michel, il semble que le grand livre de Montalembert, *les Moines d'Occident*, prenne un corps magnifique et se lève pour prêcher, avec toute l'éloquence qui resplendit dans ses pages, la beauté, la force, la noblesse des choses calomniées et l'ineffable petitesse, la vanité sans vertu comme sans vergogne, la navrante et décourageante perversité des choses qui calomnient.

Ces choses qui calomnient ont de l'action, pourtant, par leur infirmité même, surtout par leur vulgarité qui les met au niveau des cohues. Comme elles s'attaquent au bien, tout mal les adopte et toute impuissance les recherche parce qu'elles outragent la puissance. L'esprit ennemi de Voltaire avait deviné cette force d'abjection et tout uniment il appelait INFAME l'œuvre du Fils de Dieu, sauveur des hommes !

Là est la misère profonde de notre âge, condamné, selon l'apparence, à de redoutables expiations. Notre âge, amoureux de la terre, a nié le ciel. La nuit s'est faite dans son plein jour ; comme le fauve Esaü, il a vendu son droit d'aînesse pour la satisfaction d'un appétit, et, les yeux cloués à la boue de son intérêt périssable, il envie secrètement, mais furieusement, ceux qui tournent en haut leur regard ambitieux de la richesse éternelle.

Il les envie au point de les mettre à mort, tant il connaît bien leur sagesse qu'il traite de démence, et voilà pourquoi il a frappé le MOINE.

Qu'est-ce qu'un moine pour le peuple tel qu'on nous l'a fait ? Qu'est-ce surtout pour les petits bourgeois, bien plus ignorants que le peuple, parce qu'ils sont trompés incessamment et bernés par la mauvaise foi de leurs fournisseurs d'idées ?

Qu'est-ce qu'un moine ?

Eh bien ! tous les gens qui savent lire un peu, et mal, vont vous répondre en un chœur plein de formidable bonhomie : Un moine est un fainéant d'abord, un ivrogne ensuite, un voleur la plupart du temps, très souvent un assassin, et neuf fois sur dix un athée.

Comment ! un athée !

Vous avez bien entendu : un athée ! Leur journal le leur a dit.

En n'exagérant rien, pour quatre Parisiens sur cinq, un moine est un coquin ignorant, lâche, hypocrite, redoutant la lumière et l'éteignant partout où il la trouve, un égoïste, un suppôt de toute tyrannie, un voluptueux, un... Mais à quoi bon énumérer ? Mettez tous les vices bout à bout, joignez-y toutes les défaillances avec toutes les déloyautés, et vous aurez le moine tel qu'il est conçu par le pauvre Parisien fouillant sa vie intellectuelle parmi les rebuts de notre art forain et de notre basse littérature.

Et pourtant, ces moines conspués, comme le fut leur Maître couronné d'épines, ont bâti le Mont Saint-Michel et mille autres monuments admirables ; ils ont combattu tous les despotismes, à commencer par celui qui avait droit de vie et de mort sur l'esclave ; ils ont fait en outre toutes les civilisations modernes, y compris celle de Paris.

Avec quoi, ces mendiants ?

Avec leur foi, ces athées !

Ils n'avaient que cela.

Au sein de la grandeur catholique, le moine fut une incomparable grandeur. Les vicaires de Jésus-Christ qui refaisaient glorieusement le monde, se servirent du moine comme d'un outil puissant auquel nul autre instrument n'aurait pu suppléer. Un historien clairvoyant et calme dans ses appréciations, mais que personne, assurément, ne peut accuser de partialité en faveur du catholicisme, a dit, parlant des profondes secousses qui ébranlèrent l'Europe lors de la chute du colosse romain dont les barbaries s'arrachaient l'une à l'autre les lambeaux palpitants, à demi dévorés : « Il était (le christianisme) le seul lien qui unît encore le monde occidental, le seul principe qui l'animât, la seule force qui le mît en action, la forme nouvelle sous laquelle la civilisation devait se communiquer au dehors. C'est par lui que, après avoir transformé les barbares, ses vainqueurs, le vieux monde pouvait transformer les pays qui étaient le siège même de la barbarie. Le centre de cette nouvelle propagande civilisatrice était toujours Rome, mais son chef n'était plus le sénat ou l'empereur : c'était le Pape, et au lieu de soldats, elle employa des moines [1]. »

Quand bien même les moines n'auraient fait que cela : transformer les barbares en civilisés, transformer en pays civilisés les contrées qui étaient *le siège même* de la barbarie, c'est-à-dire barrer pour des siècles l'avalanche d'invasions qui écrasait l'Europe, ils auraient assurément accompli la plus grande œuvre des temps modernes.

« *Au lieu de soldats, Rome employa des moines* »; cela dirait peu dans la bouche d'un écrivain catholique; sous la plume de l'éminent historien qu'on a nommé le frère intellectuel de M. Thiers, c'est toute une justice rendue : là-dedans il y a l'immense travail de Grégoire le Grand, moine bénédictin qui fut un conquérant universel si longtemps avant Charlemagne, et il y a les pacifiques batailles de ses moines, soldats de douceur et de charité portant le bienfait de l'unité catholique à l'ouest, à l'est, au nord, à travers des obstacles et des dangers qui auraient brisé cent fois de vrais soldats.

Le réservoir creusé par le premier, par le plus grand des moines d'Occident, Benoît, au mont Cassin, déborda sur le monde ; la règle de Benoît, forte entre tous les codes connus, revêtit ses bataillons d'une armure invincible. L'Anglo-Saxon Winfred, dont nous avons déjà parlé sous son nom de guerre, saint Boniface, envahit l'Allemagne où il devait trouver le martyre et fonda l'abbaye de Fulde, centre prédestiné de travail et de lumière qui devait servir de caserne avancée à Charlemagne dans sa guerre contre les Saxons païens [2].

Auparavant, sur l'ordre de Grégoire le Grand lui-même, le moine Au-

---

1. M. Mignet, de l'Académie française. *Introduction de l'ancienne Germanie dans la société civilisée*, p. 11.
2. Mignet, *ibid.*, p. 93.

gustin (je ne leur donne plus leur titre de saint parce qu'ils l'étaient tous) avait subjugué l'Angleterre et l'Irlande, d'où un peuple entier d'apôtres devait rebondir pour évangéliser le continent : Colomban, fondateur de l'illustre Luxeuil et de Bobio, d'où sortit la conversion des Lombards si longtemps implacables au Saint-Siège ; Gall, le père des villes helvétiques, et leurs disciples dont les noms parsèment notre géographie ainsi que notre histoire, saint Valery, saint Omer, saint Riquier, saint Eloi, saint Ouen, saint Amand...

Il naquit de ceux-là presque autant de villes que de monastères : or Mabillon dénombre, dès le sixième siècle, plus de deux cents monastères sur le seul territoire des Gaules. Et il y en avait, bien entendu, dans toute l'Italie ; il y en eut en Espagne après saint Léandre, vainqueur des Wisigoths ; les îles Britanniques en contenaient par centaines, l'Allemagne de même, et ce fut bientôt ainsi jusque dans l'extrême Nord, où saint Anschaire, parti de Corbie aux bords de la Somme, fonda Corwey (la nouvelle Corbie) sur les rives du Weser et de là dispersa ses disciples à travers les contrées scandinaves jusqu'à la terre de glace *Iceland* (l'Islande) et jusqu'au Groënland [1], éteignant ainsi sous la paix chrétienne les derniers et non pas les moins terribles foyers d'où les invasions normandes avaient jailli.

Il reste à dire ce qu'étaient ces monastères, usines de civilisation, seules écoles du temps, pépinières de savants dans tous les genres, centres d'agriculture et d'industrie. Nos Parisiens, instruits comme ils le sont, se feraient difficilement une idée de la bienfaisante importance de ces établissements admirablement utiles dont leurs amuseurs attitrés font de si vilains petits tableaux. A leurs yeux, la population des couvents est « un troupeau de frocards sordides dans son étable de paresse ».

Je ne leur dirai pas le contraire par moi-même, car je me sens suspect au plus haut degré, mais j'emprunterai quelques lignes encore au membre de l'Académie française qui donnait naguère, dit-on, son éminent suffrage à M. Renan et à M. Taine, comme pour bien prouver qu'il n'est point « clérical ». Cela nous ramènera à cette abbaye de Fulde en Bavière que nous avons mentionnée déjà. M. Mignet dit, en parlant de la fondation de sain Boniface : « ... Le sol qui l'entourait se défricha et la forêt inculte dont les profondeurs n'avaient jamais retenti des coups de la hache fut sillonnée par la charrue et se changea en riches campagnes couvertes de fermes et de villages... Le fleuve fut détourné par ses soins afin qu'il passât à travers le monastère et facilitât l'exercice des divers métiers que la règle de saint

---

[1]. M. l'abbé F. Martin. *Les Moines et leur influence sociale*, p. 113 et suiv.

Benoît prescrivait aux moines. La communauté de Fulde prit successivement possession de la plaine du monastère, des champs, des bois, des eaux, des pâturages environnants. Elle y transporta des succursales de moines et de cultivateurs. Elle fonda plus tard des colonies dans toute la Thuringe, la Bavière, sur les deux rives du Rhin et du Mein. Elle éleva des forteresses sur les hauteurs et entoura de fossés et de remparts les bourgs et les villes qui lui appartinrent. Elle posséda trois mille métairies en Thuringe, trois mille en Hesse, trois mille en Saxe. Leurs revenus étaient si considérables que les hôtes et les étrangers purent être accueillis, nourris, vêtus, non seulement dans le monastère où, selon l'usage, un vaste local leur était destiné, mais encore dans les cellules répandues partout au milieu des campagnes... [1] »

Je ne me suis pas permis de souligner les mots qui *portent* dans cette remarquable page ; d'ailleurs, il y faudrait tout souligner. Voici donc les « fainéants » d'un seul couvent qui, après avoir défriché une forêt inculte et couvert autour d'eux la campagne de moissons, détournent un fleuve pour exercer leurs nombreuses industries. Les voici qui étendent de tous côtés le bienfait du travail d'une façon si heureuse et si large qu'ils arrivent à posséder (c'est-à-dire à CRÉER, puisqu'il n'y avait rien avant eux dans le pays, sinon des landes et des chênaies) QUINZE MILLE FERMES en pleine prospérité. Mesurez le carré de terre fourni par ces cinq Etats ou provinces que nous avons nommés, et calculez quel nombre de créatures humaines furent arrachées par les *inutiles* au vice, au crime, à la misère sanglante de la barbarie, pour entrer dans le travail, dans l'aisance et dans la paix !

Mais on va dire peut-être : « Ces moines étaient trop riches. »

Il est vrai, nous l'avons vu déjà pour les clercs du Mont Saint-Michel et nous le verrons plus tard pour les moines, dans la vie religieuse, le plus grand danger c'est la richesse ; mais l'impartial historien que nous venons de citer, beaucoup moins accommodant que nous, répond à l'objection d'une tout autre manière ; il montre la richesse des fils de Boniface élevant des forteresses, ceignant de murailles les villes et propageant à travers le pays entier un système d'hospitalité si large que la prudence de notre économie moderne répugne à y croire.

Ces choses étaient pourtant, non seulement à Fulde, mais dans des centaines d'abbayes ; elles furent au Mont Saint-Michel, qui acheta ses merveilles au prix d'efforts et de trésors qu'on ne saurait calculer. J'ai mieux aimé, au début, les faire dire, ces choses, par un écrivain dépourvu de

---

1. *Introduction de l'ancienne Germanie*, etc., p. 92.

toute passion religieuse que de les affirmer moi-même, mais à bien réfléchir, la précaution est peut-être excessive. L'histoire unanime a parlé. Dans la rigueur du terme, ces choses sont de l'histoire.

II

Le Mont Saint-Michel, après le départ des clercs indignes, allait entrer dans la grandeur de son rôle, porter un drapeau et devenir forteresse. Il y fallait une force. L'Archange y appela non point des soldats, mais des moines. Ce qui précède suffit à expliquer pareil choix.

Avec ses hôtes nouveaux, les moines, le Mont Saint-Michel disait adieu à l'humble passé de sa Collégiale ; il allait avoir une architecture, une histoire, un art, des sciences, une gloire, car toutes gloires en ces siècles derniers étaient sorties du cloître : les grands ministres, Éloi, Alcuin ; les grands évêques, saint Martin, saint Hilaire, saint Césaire, saint Germain ; les grands docteurs, Salvien, Paulin de Nole, Cassiodore, Sulpice Sévère, comme Bède le Vénérable, comme plus tard saint Anselme, saint Bernard et tant d'autres flambeaux de la foi.

Les fils de saint Benoît, prenant possession de la montagne angélique, apportaient avec eux ce faisceau extraordinaire d'aptitudes, apanage de leur ordre, qui savait bâtir les cathédrales, modeler les statues, sculpter les retables, tailler les colonnes, ciseler les ostensoirs, chauffer les vitraux, enluminer les manuscrits ; les fils de saint Benoît savaient tout ; ils allaient être tout ici et plus que tout, car il leur fallait vaincre l'impossible. On a dit depuis que des ouvriers ailés avaient pu seuls édifier leur merveille.

Ils étaient trente, choisis avec soin dans les plus respectés monastères ; il y avait parmi eux de très hauts dignitaires et même un abbé qui déposait ainsi la crosse pour venir, simple moine, à l'appel de l'Archange, tant la voix du sanctuaire criant à Dieu de lui « créer un cœur pur [1] », remuait

---

1. Ps. L, 12.

puissamment le monde catholique. Aussitôt que les trente furent réunis, formant ensemble ce « droit esprit » par lequel Dieu « renouvelait les entrailles ¹ » polluées de la maison de son ange, ils durent procéder au choix d'un chef, selon le privilège qui leur avait été accordé ou plutôt offert et presque infligé par la triple autorité dont relevait l'abbaye naissante : le pape, le roi, le duc. Celui-ci, que le roi appelait son marquis comme ayant la garde d'une *marque* ou frontière, le pieux Richard-sans-Peur, avait voulu asseoir son institution nouvelle sur des bases vraiment solennelles et solides. Il s'était adressé d'abord au vicaire de Jésus-Christ, à qui toute obéissance est due, et Jean XIII, alors assis dans la chaire de saint Pierre, avait répondu en cette forme :

« Que tous les fidèles sachant que moi, Jean, par la clémence du Créateur, pape indigne du Saint-Siège de Rome..., j'appuie et confirme volontiers l'établissement formé sur la montagne de Saint-Michel, à la condition qu'il reste soumis à l'ordre monastique qui le possède présentement, et *que les moines eux-mêmes élisent* l'un d'entre eux pour pasteur ². »

Après s'être adressé au pape, Richard, selon son devoir de vassal, en référa au roi, et le roi répondit par son commandement *(præceptum)* qui est resté célèbre :

« Au nom de la sainte et indivisible Trinité, Lothaire, par la grâce de Dieu, roi..., qu'il soit notoire à tous nos féaux, présents et à venir, qu'il existe un lieu nommé de Saint-Michel, situé ès régions de la mer *(in maris pelago)*, lequel, en ces temps derniers, Richard, *marquis* des Normands, a restauré dans une meilleure forme, avec l'autorité du seigneur Jean, pape du Saint-Siège de Rome, en y réunissant un couvent de moines observateurs infatigables des lois divines. Pour le corroborer et lui donner une stabilité perpétuelle, ledit seigneur pape, le marquis susnommé et Hugues, archevêque de Rouen..., ont fait parvenir à nos oreilles une pétition... qui a rendu heureuse Notre Excellence... ; aussi avons-nous résolu de faire comme ils l'ont postulé. C'est pourquoi, de notre autorité royale et de notre indulgence, nous accordons à jamais, par ce *præceptum* de notre confirmation, que ce lieu demeure inviolablement soumis à l'ordre dans lequel il brille présentement, savoir l'ordre monastique, commandant en vertu de notre royale puissance qu'aucun des rois nos successeurs, que nul marquis de nos Etats, pas plus que les évêques qui dans la suite des temps se succéderont sur le siège de Rouen, n'ose enfreindre ce que nous avons

---

1. Ps. L, 12.
2. *Neustria Pia*, p. 83.

établi par un décret inviolable, afin que ceux qui y servent Dieu... puissent le faire librement et prier pour nous et notre royaume que nous tenons de Dieu. Et voulant que ce *præceptum* obtienne... une vigueur plus stable encore,... nous l'avons signé de notre main... Donné le VII des ides de février, la douzième année du règne du seigneur Lothaire, indiction dixième. Fait à Laon heureusement [1]. »

La décision du Saint-Siège et le commandement du roi exprimaient la volonté même de Richard-sans-Peur [2].

Les trente se réunirent donc en chapitre pour exercer ce droit que tant de hautes sanctions faisaient légitime et choisir dans leurs propres rangs l'abbé, le PÈRE, pour garder la divine appellation empruntée par saint Benoît à l'Évangile même : *Abbas*, *Pater* [3], et Maynard fut élu.

« Il était de illustre famille, » dit dom Thomas Le Roy, « et nay de parents de haute condition [4] ». Le *Gallia Christiana* [5] semble lui assigner la Gaule Belgique pour patrie. C'est à lui que nous faisions allusion tout à l'heure en parlant d'un abbé redevenu simple frère pour répondre à l'appel de l'Archange. Maynard avait gouverné l'abbaye de Fontenelle ; il renonça au pouvoir « pour venir combattre plus valeureusement sur ce rocher avec les armes de l'obéissance [6] ».

Il accepta humblement la dignité qu'il n'avait point briguée et qui lui était rendue par la juste admiration de ses frères, et fut proclamé premier abbé du Mont Saint-Michel, au moment même où le duc Richard déposait sur l'autel de l'Archange la charte qui « richement estorait », selon Rob. Wace, l'abbaye dont il était le protecteur et le vrai fondateur. Dom Huynes ajoute : « Ainsy commença en ce Mont l'observance de la règle de saint Benoît, et ainsy ces belles fleurs cueillies ès cloistres bénédictins commencèrent à fleurir en ce palais des anges [7]. »

Le premier soin de Maynard fut, non pas de restaurer, mais de créer la bibliothèque du Mont, car en dehors de quatre ou cinq ouvrages, tels que la légende de l'Apparition de saint Michel conservée dans les manuscrits d'Avranches sous le n° 211, le *Speculum* de saint Augustin [8] et les

---

1. *Gall. Christ.*, t. XI, col. 105.
2. Mss. d'Avran., n° 510.
3. Marc, xiv, 36 ; — Rom., viii, 15 ; — Gal., iv, 6.
4. Les *Curieuses Recherches du Mont Saint-Michel*, édit. par M. de Beaurepaire. T. I, p. 90.
5. T. XI, col. 513.
6. Add. de dom de Camps, ap. D. Huynes, t. I, p. 241.
7. D. Huynes, t. I, p. 62.
8. Mss. d'Avran., n° 87.

œuvres de Cicéron [1], les clercs infidèles avaient tout emporté. Aidé de son neveu, qui portait son nom et devait lui succéder, Maynard parvint, soit au moyen d'achats, soit par la copie, à réunir les documents les plus rares et les plus précieux, ce qui, en ce temps, implique une vraie puissance de travail et un savoir considérable [2]. Pour donner une idée de la valeur élevée du livre en général, il suffit de mentionner l'anathème fulminé souvent contre quiconque se rendait coupable de le soustraire. Je traduis ici une formule de ce genre, inscrite à la fin d'un des volumes de Maynard [3] : « Ceci est un livre appartenant à saint Michel archange, commencé par Gonthier, homme vénérable, mais écrit en majeure partie par Martin, moine... Si quelqu'un le soustrait, qu'il soit anathème. Ainsi soit-il. Qu'il le soit, qu'il le soit, ainsi soit-il dans le Seigneur [4]. »

Sous Maynard la réputation du Mont Saint-Michel allait déjà si haut que trois de ses moines furent appelés, les deux premiers au gouvernement de deux grandes abbayes : Heriward à Gembloux [5], Guérin à Cérizy, le troisième, Roland, à l'évêché de Dol.

Cette dernière exaltation eut lieu en suite du désir exprimé par Conan, comte de Bretagne, qui vint au Mont, renouant ainsi la série des pèlerinages. C'était le premier souverain depuis Charlemagne qui *savait*, et c'était une part de son génie, la protection à lui octroyée par l'Archange, puisqu'il avait fait broder sur sa bannière cette devise : MICHEL, LE GRAND PRINCE, EST VENU A MON SECOURS: *Michael, princeps magnus, venit in adjutorium mihi* [6].

L'auteur du *Roman d'Aquin* et de la *Conquête de l'Armorique* [7], encore inédit, est beaucoup plus explicite et plus complet que Guillaume de Saint-Pair lui-même, déjà cité par nous au sujet du voyage de Charles. Il

1. Id., n° 238.
2. Nous citerons seulement quelques-uns de ces livres, conservés pour la plupart à la bibliothèque d'Avranches : une *Vie de saint Martin*, apôtre des Gaules, — des *Homélies* sur les épîtres de saint Paul, attribuées à saint Augustin, — les *Commentaires* de Pierre Lombard, sur les mêmes, — l'*Exposition* d'Origène sur les mêmes encore, — les *Exceptiones* d'Eugyppe, — une lettre d'Alcuin à Charlemagne, — le *Scintillarum liber* de Bède, — les œuvres de Boèce, etc. Tous ne sont pas parvenus jusqu'à nous, tant s'en faut.
3. Les *Livres de la morale* sur Job par saint Grégoire.
4. Hic est liber Sancti Michaelis archangeli, inchoatus a Gumterio, venerabili viro, ex maxima autem parte scriptus a Martino Monacho. Si quis eum abstulerit, anathema sit, amen. Fiat, fiat. Amen in Domino. Mss. d'Avranches, n° 98.
5. *Annal. Ord. S. Benedicti*, t. IV, p. 42.
6. *Trattato singolare della divozione di S. Michele*, de P. Eusebio Nieremberg, I. — Bologna 1667, p. 30.
7. Bibl. Nat. — F. Fr., n° 2.233 F° 1, r° et v°.

montre « le roy et ses barons issant de France, passant Normandie, et descendant au pays des ermites,

> Et descend Charlemaine en la lande enermie.

« Le roy entend à Saint-Gervese la messe de l'évêque Tioy (Thierry), « riche et de bonne vie ». Après la messe, avec l'évêque Neimon, les barons et le grand ost (armée) conduit par le duc Nesmes et Fagon, ils chevauchent jusqu'au mont où le bon roy « de saison » (comme de raison) va faire son oraison qu'il appuie de grandes oblations,

> Cinq marcs d'argent et ung riche mangon... »

Ce n'est pas sans motif que je suis revenu à ces poèmes romans dont l'ensemble forme notre seule épopée nationale. La langue de ces poèmes, vieux français énigmatique et intraduisible pour les gens de nos villes, est à un degré très remarquable la langue même qui se parle encore à Jersey, malgré l'injure de l'occupation anglaise, et sur toutes les côtes de la baie de Saint-Michel, aussi bien en Bretagne qu'en Normandie. On connaît d'une manière certaine l'origine normande de plusieurs de ces poèmes. Le *Roman d'Aquin,* quoiqu'il soit anonyme, porte en soi la marque de famille par l'accent, les mœurs et la minutieuse connaissance qu'il a de topographies toutes locales.

Les mêmes observations se peuvent appliquer à la *Chanson de Roland,* que M. Léon Gautier [1] a si brillamment popularisée et illustrée. Elle vient ici naturellement, à cause de Charlemagne, et Léon Gautier lui-même, le maître de l'Ecole des Chartes, couronné tant de fois pour ses combats savants, éloquents, victorieux, livrés en faveur du vrai Parnasse chrétien-français, serait peut-être de notre avis pour placer ce Parnasse au faîte même du Mont Saint-Michel. Il y a tout un cycle épopéique, inspiré par la montagne des miracles et par l'esprit qui en descendait pour inonder les contrées voisines.

Saint Michel est partout dans la *Chanson de Roland,* et précisément sous son nom montois d'*ange du Péril.* Quand Charlemagne y convoque ses cours plénières, c'est le seizième jour d'octobre, date de l'Apparition ; quand on y mesure la France de l'est à l'ouest, les limites en sont déterminées par *Saints* et *Saint Michel du Péril ;* enfin, à l'heure où Roland rend à Dieu sa grande âme, c'est saint Michel du Péril qui lui est envoyé [2] en consolateur :

---

1. La *Chanson de Roland,* texte critique, par Léon Gautier. — Tours, 1876, in-8°.
2. *Chanson de Roland,* p. 200.

> Deus li tramist son angle chérubin
> Et seint Michiel *de la mer* de l'Péril.

C'est saint Michel avec saint Gabriel, c'est le prince et celui qui vient le premier après le prince qui emportent à Dieu cette âme de paladin, où vivait la passion de la patrie.

Non seulement Conan de Bretagne fit pèlerinage au Mont, mais à l'heure de mourir (992) il y voulut sa sépulture. Maynard l'avait précédé d'une année dans la tombe.

Sous le second élu, Maynard II, un incendie éclata dans la *Pendula Villa*, dont les maisons étaient collées au moutier. L'incendie, arme d'enfer, devait poursuivre la maison de saint Michel à travers les âges.

Ce premier embrasement eut des proportions considérables. Le feu, ayant gagné de proche en proche, détruisit non seulement les logis monastiques, mais l'église elle-même [1]. Il n'y eut de préservé, et, comme nous le verrons, par une providence spéciale, que la retraite occupée naguère par le mauvais clerc Berneherius ou Bernier. Ce n'était certes point pour les mérites de ce malheureux homme, mais bien, au dire de dom Huynes, « pour

Aubert lui-même, « à cause que ses saintes reliques y étaient cachées [2] ».

A partir de l'incendie jusqu'à la mort de Maynard II, arrivée en l'an 1009, les légendes miraculeuses surabondent. On approchait du millénaire, marqué pour la fin du monde, selon l'opinion très enracinée dans toutes les classes de la société, et les esprits se tournaient vers les choses surnaturelles. Je mentionnerai seulement l'aventure de Norgod le Danois, évêque d'Avranches, qui entretenait avec Maynard une de ces belles amitiés chrétiennes rappelant la mutuelle tendresse de Pair et de Scubilion.

---

1. *Gall. Christ:*, t. XI, 514.
2. T. I, p. 63.

L'évêque et l'abbé avaient coutume de se rencontrer sur la grève entre Avranches et le mont pour conférer ensemble des intérêts spirituels du pays. Une nuit que Norgod ne pouvait dormir, il ouvrit une fenêtre de son palais épiscopal qui regardait le monastère de son ami et poussa un cri de terreur en voyant que le Mont était tout environné de flammes. Il se souvenait de l'incendie récent et crut que les bâtiments étaient de nouveau la proie du feu ; mais cette fois les lueurs étaient si terribles qu'il réunit tous ses chanoines à la cathédrale et récita avec eux l'office des morts pour ceux qui, déjà sans doute, avaient subi le jugement de Dieu.

Mais de même que les envoyés de Pair et de Scubilion s'étaient croisés dans l'estuaire du Thar, porteurs de dolentes nouvelles, de même, mais avec un étonnement joyeux, l'évêque croisa son vénérable ami sur la grève, vers le lieu accoutumé de leurs rendez-vous. Maynard était sain et sauf ; aux premiers rayons du jour le Mont Saint-Michel apparaissait intact. D'où venaient donc ces grandes lueurs de la nuit et cet apparent incendie ?

Alors comme plus tard, répondent les chroniqueurs, il se livrait dans l'air autour du Mont de mystérieuses escarmouches, épisodes de la bataille éternelle. « L'évêque [1], dit *l'Histoire générale de l'abbaye*, reconnut appertement que le feu qu'il avait vu ne signifiait autre chose que la présence des bienheureux esprits. » Et cela le toucha au point qu'il déposa la mitre pour embrasser la vie du cloître, où il mourut sous l'habit de saint Benoît, en odeur de sainteté.

Richard-sans-Peur, bienfaiteur constant de l'abbaye, était mort dès l'année 996. Il s'était montré durant sa vie, dit un auteur contemporain [2], « le soutien des pauvres, le défenseur des veuves, le rédempteur des captifs. Quand une discorde éclatait entre ses sujets, il l'apaisait sans retard, ou par lui-même, ou par ses envoyés, à cause des paroles de l'Ecriture : *Heureux les pieds qui portent la paix...* »

Les religieux du Mont Saint-Michel gardèrent à sa mémoire une longue et sincère reconnaissance. Dom Huynes, qui écrivait six cents ans après sa mort, dit qu'outre les prières quotidiennes, « on chante tous les ans, pour le repos de son âme et de ses amys et alliez, une messe solennelle, le 21 de novembre, jour qu'il mourut, et on distribue à chacun de ceux qui se présentent ce jour-là pour recevoir l'aumosne (qui sont ordinairement trois ou quatre mille) seize deniers [3] ».

---

1. T. I, p. 68.
2. *Coll. historiarum normannicarum*, 3.
3. *Hist. Gén.*, t. II, p. 3.

Gonnor, la veuve de Richard, ne fut pas moins généreuse que lui. Le copiste du cartulaire de Robert de Thorigny montre la duchesse repentie, tenant en main et présentant la charte de donation de la baronnie de Bretheville et de Domjean [1].

A Richard-sans-Peur succéda Richard le Bon, son fils aîné, qui eut à approuver l'élection du nouvel abbé, Hildebert, choisi par la sagesse de Maynard mourant et proposé au suffrage des moines, qui l'accueillirent avec une véritable joie. C'était un jeune homme qui venait après deux vieillards : esprit vif, mœurs graves, vertu si haute que le duc, répondant aux envoyés qui venaient lui annoncer ce choix, qualifia le nouvel élu d'homme resplendissant d'un divin privilège, *virum divino micantem privilegio* [2].

Ce ne fut pas cependant par ses actes personnels, à peu près inconnus, que le gouvernement d'Hildebert eut de l'éclat, mais bien par la série des faits providentiels qui ne cessa de se dérouler à l'intérieur du monastère. Le premier de ces faits, l'invention du corps de saint Aubert, raconté dans la vérité de ses détails, aurait l'intérêt d'une œuvre d'imagination.

Hildebert [3], à l'exemple du premier Maynard, prenait son repos dans une chambre voisine de l'église, en compagnie de quelques moines, gardiens attitrés du sanctuaire. Entre cette chambre et le moustier servant de logis à tous, était l'ancienne retraite de la *Bête fauve*, comme Bernier est appelé, où le corps d'Aubert se trouvait caché depuis l'arrivée des moines au Mont.

Une nuit, les hôtes de cette chambre séparée aussi bien que les habitants du grand monastère, furent réveillés par un fracas produit dans l'ancienne cellule de Bernier, comme si quelqu'un eût cherché à s'enfuir hors de là en forçant le toit. A ce bruit, chacun se lève ; on croit à des voleurs, on entre ; personne dans la cellule, aucune trace de violence à la muraille ni au plafond : rien.

Nul n'ignorait le crime de Bernier ; si on ne cherchait plus le saint objet volé, c'est qu'on avait perdu tout espoir de le trouver : un événement si singulier ranima le grand désir assoupi dans tous les cœurs et l'on manda un certain Foucaud, neveu de Bernier, qui demeurait en la ville, mais restait très fidèle au monastère.

Aux questions qui lui furent faites, Foucaud répondit « qu'il n'ignorait

---

1. Mss. d'Avr., n° 210, 23.
2. Mss. d'Avr., n° 210, 71.
3. Voir *Curieus. Recherch.* de D. Le Roy, t. I, p. 451 et suiv., qui cient le *Liber miraculorum* du M. S.-M.

pas que son oncle avait mis en lieu secret les restes du saint évêque, mais que ce lieu ne lui était point connu ». On insista. Foucaud fit appel à ses souvenirs et finit par dire : « *Je me souviens qu'étant tout jeune j'ai porté de nuit sur mes propres épaules, dans cette demeure-ci, les ossements sacrés que mon oncle avait renfermés en un vase.* Où les a-t-il déposés ensuite, je ne sais ; toutefois, *j'ai mémoire qu'il fit établir sous les poutres de la maison un nouveau plafond en planches très solides...* »

Ces paroles donnèrent à penser aux religieux. On pria et jeûna, puis la communauté se rendit en corps à l'ancienne retraite de Bernier, dans l'intention de la sonder et fouiller de fond en comble. Il n'en fut pas besoin : à peine eut-on dérangé quelques planches du plafond qu'on vit les poutres, entre lesquelles étaient plusieurs vases et coffrets, dont l'un contenait des ossements et portait cette inscription :

HIC. REQUESCIT. CPS. DOMNI. AUTBERTI. ABRICATENSIS. EPSI.

Tout ce récit est empreint d'une remarquable simplicité.

C'était un 18 juin, au commencement de la prélature d'Hildebert. Le fait retentit dans tout le monde chrétien, laissant derrière soi une trace profonde. Le *Gallia Christiana* [1] marque en effet que par la suite les religieux des prieurés dépendant du Mont furent tenus de se rendre à pareil jour, chaque année, à l'abbaye, pour en célébrer la commémoration, et le lendemain 19 s'ouvrait le chapitre général.

L'invention du corps saint d'Aubert et sa restitution à la piété des fidèles fut le signal d'un véritable déluge de grâces. Nous ne pourrions plus, même en les abrégeant, donner place aux merveilles dont les chroniques sont pleines. La renommée de ces prodiges, dont quelques-uns ont gardé une célébrité populaire, allait par le monde et se répandait avec une rapidité extraordinaire jusqu'aux pays les plus éloignés, d'où elle ramenait la foule des pèlerins.

On se racontait en Angleterre, en Italie, en Allemagne, l'histoire de ces deux religieux du Mont, l'un faible et vieux, l'autre robuste et puissant de jeunesse, pris ensemble de la même fièvre et couchés côte à côte à l'infirmerie. Le faible, qui agonisait déjà, fit un grand acte de foi aux reliques du saint marqué par le doigt de l'Archange, et se leva ressuscité ; le fort, le jeune, se moqua, et l'agonie de son voisin passa en lui pour ne se terminer que dans la mort.

[1]. *Gall. Christ.*, t. XI, 514.

On répétait aussi l'aventure touchante de la pauvresse d'Avranches,

A peine eut-on dérangé quelques planches du plafond...

paralytique et demandant avec larmes, un jour de beau soleil où la procession se faisait, qu'on la portât « en l'ombre jetée par le reliquaire ».

Les gens riaient de sa naïve envie ; mais elle parvint à se traîner jusqu'à cette ombre tant souhaitée, et tout aussitôt, se dressant sur ses jambes percluses, agitant ses bras inertes et plus froids que la pierre, elle cria le *Magnificat* d'une voix que nul ne connaissait, car sa gorge n'avait pas vibré depuis des années.

Ce n'est pas par fatigue, encore moins par scepticisme que je fais un choix si limité parmi les traditions surnaturelles de cette époque ; ce n'est pas non plus par la crainte que j'aurais d'être bafoué dans ce monde des « intelligences éclairées » où j'ai vécu si longtemps. Ce que ce monde pense au sujet des choses inexplicables par la raison humaine est très confus et peu fait pour trancher les difficultés réellement nombreuses en cette matière.

On y traite, il est vrai, avec un mépris cavalier la sainte foi et ce qui s'y rapporte, mais on y est indulgent et même caressant pour les plus enfantines crédulités. On y admet volontiers le spiritisme et ses gymnastiques folâtres. J'ai vu un soir des hommes d'État de première sorte rangés autour d'une table dont le pied avait l'honneur d'être Socrate et qui écoutaient, avec une solennelle gravité, les incohérences que ce grand philosophe *toquait* pour eux sur le parquet ; j'ai admiré un neveu de Molière qui collaborait avec quelqu'un de la planète de Saturne : on lui en savait un gré infini ; j'ai connu une muse de véritable mérite et tout à fait au-dessus du niveau courant des muses, dont les meilleures illustrations de ce siècle venaient voir le crayon *rédiger tout seul*. Ce crayon valait un franc ; il a été vendu cinquante louis, mais il ne marche plus.

Dans ce monde, on est excessivement friand de miracles, pourvu qu'ils ne soient faits ni par le bon Dieu, ni par ses saints. Il n'est pas rare d'y entendre des causeurs, en titre d'office, commencer leurs improvisations étudiées qui mendient la popularité de salon par ces mots toujours bien accueillis : « Moi, d'abord, je suis superstitieux... » C'est aimable ; beaucoup de dames trouvent cela charmant. Dans ce monde, le succès ne s'achète jamais très cher. Encore y fait-on crédit.

Non, je ne m'arrête pas devant ce monde non chrétien qui me regarde avec pitié parce que ma *superstition*, comme il dit, n'est pas une de ces petites crédulités mouillant à peine la plante des pieds, mais la grande foi de salut où tout entier on se plonge. Je m'arrête devant les chrétiens, d'un certain genre, il est vrai, des chrétiens de milieu et de compromis. J'ai peur d'eux et je l'avoue.

Aussi, désirant ne point scandaliser ces chrétiens tremblants et voulant cependant donner ici une des plus jolies légendes du Mont Saint-Michel, je prends ce biais adroit de la cueillir chez le poète luthérien Uhland qui lui a consacré un *lied*. Pour parler à mon aise de Jésus, de la Vierge et de l'Ange sans aucunement effaroucher personne, je vais donc me cacher derrière le protestant Uhland, comme il a *imité* lui-même, avec la plus exemplaire obéissance, le poème manuscrit de notre Bibliothèque nationale [1]. Voici le *lied* allemand :

« Il était [2] une église bien connue sous le nom de Saint-Michel-du-Mont, à l'extrémité de la Normandie, sur la crête d'un roc escarpé qu'entoure la mer de tous côtés, à l'exception d'un seul, par où, quand le flot se retire, s'ouvre un chemin praticable.

« ... Un jour de grande fête, de nombreux fidèles se hâtaient d'arriver à la sainte messe ; mais le flux les surprit, et chacun de s'enfuir à travers les sables. Seule une pauvre femme sur le point d'être mère manqua de forces, et se trouva arrêtée dans sa course par les douleurs maternelles.

« Elle tomba sur la grève et y demeura sans être aperçue de la foule, parce que chacun pensait à son propre salut. Tout le monde avait échappé au péril et avait déjà gagné le rivage, quand on aperçut enfin la pauvre femme, et aussi les vagues tout près d'elle. Il était trop tard pour la secourir, — on se mit à prier.

« Se voyant si près de mourir, et hors du secours des hommes, elle aussi invoqua tout haut Jésus, et Marie et l'Archange. Les pèlerins ne l'entendirent pas, mais au ciel son cri fut entendu.

« La douce Mère de Dieu, là-haut, se lève de son trône ; la sainte Patronne, pleine de pitié, étend un voile impénétrable sur la pauvre femme qui, protégée de la sorte, fut gardée de la fureur des flots : car au sein même de l'onde, le voile de la Vierge lui faisait un abri.

« Le temps du reflux approchait, la multitude se tenait encore sur la côte ; nul n'espérait que la pauvre femme fût sauvée. Alors la mer se retira, et hors de l'abîme on la vit sortir saine et sauve, tenant entre ses bras un bel enfant qui sous le voile de Marie était né.

« A cette vue, prêtres et peuple furent touchés d'admiration et de joie, et se montrant les uns aux autres ce doux miracle, ils remercièrent le Seigneur et sa Mère. »

Cette fois, c'est Uhland qui parle de miracle ; je ne me sens pas compromis.

1. F. Fr., n° 375, f° 346, v°.
2. *Poésies* de L. Uhland, p. 269 et 270. Traduction de MM. Demonceaux et Kaltschmid.

L'abbé Hildebert, malgré l'extrême difficulté de ce travail, fit dresser en pleins sables, au lieu même où le prodige s'était accompli, une colonne haute de cent pieds [1] qui fut célébrée sous le nom de *la Croix des grèves,* usqu'au dix-septième siècle, où elle disparut, emportée par la mer. On en revit les fondations énormes en 1632 et en 1745, selon D. Huynes et Th. Le Roy [2]. Enfin de nos jours, vers 1854, la Sée et la Selune, réunies dans un de leurs caprices, ayant dégagé encore une fois ces robustes assises, les pêcheurs de la baie s'y rendirent en procession.

Hildebert mourut le 17 janvier 1017. Hildebert II, son neveu, fut élu en convent pour lui succéder, et non seulement le duc Richard approuva ce choix excellent, mais il vint en l'abbaye célébrer ses noces avec Judith, fille de Geoffroy, premier duc de Bretagne, qui assista de sa personne au mariage. Cette union avait une importance considérable à cause des sanglantes rivalités qui existaient entre Bretons et Normands depuis Rollon et donnaient lieu à de continuelles incursions.

Celles des Bretons se renouvelaient surtout si souvent que les abbés du Mont Saint-Michel, bien placés pour les voir arriver par la voie de Dol et le gué du Couesnon, « firent fondre une cloche nommée la *Rollon*; qu'ils sonnaient pour rassembler les guerriers normands [3]... » Les deux maisons ducales espéraient en s'alliant mettre un terme à ces guerres de dévastations et donnèrent aux cérémonies du mariage une très grande solennité.

Hildebert nourrissait en lui une haute pensée. Richard la comprit et la partagea. En 1023 [4], il ouvrit son trésor ducal au vaillant abbé qui avait commencé *tout seul,* tout à la fois, sans secours, la reconstruction du monastère, incendié trente ans auparavant, et l'édification d'une basilique, grande comme le culte de l'Archange.

L'entreprise, au début, dut paraître téméraire : pour faire grand, il faut en effet une large base ; or, comment trouver une pareille base à la pointe d'un roc ? On fut obligé de la créer de toutes pièces ; on la créa, non seulement large, mais belle et si solide que ni le prodigieux fardeau qu'elle porte ni le poids de neuf siècles n'ont pu la fatiguer.

« Comme [5] l'espace manquait pour établir sur la pointe du rocher une église suffisamment vaste, on dressa de forts piliers, on éleva des murs

---

1. D. Huynes, t. I, p. 88.
2. D. Huynes, *ibid.*, et D. Le Roy, t. I, p. 107.
3. *Annal. civil. milit. et généal. du pays d'Avranches,* par Desroches, p. 50.
4. Append. ad Rob. de Torigny, t. II, p. 219 et 231.
5. *Gall. Christ.,* t. XI, 514 et 515.

robustes, on fit des voûtes puissantes formant une chapelle souterraine sur laquelle fut placée la nef du temple. »

M. Corroyer, l'habile architecte chargé de la restauration du Mont Saint-Michel, juge ainsi l'œuvre d'Hildebert, interrompue trop tôt par la mort [1] :

« C'est à l'abbé Hildebert II, écrit-il, qu'il faut attribuer les vastes substructions de l'église romane qui, principalement du côté occidental, ont des proportions gigantesques.

» Cette partie du Mont Saint-Michel est des plus intéressantes à étudier ; elle démontre la grandeur et la hardiesse de l'Œuvre de l'*Architecte* Hildebert. Au lieu de saper la crête de la montagne et surtout pour ne rien enlever à la majesté du *piédestal*, il forma un vaste plateau, dont le centre affleure l'extrémité du rocher, dont les côtés reposent sur des murs et des piles, et forment un soubassement d'une solidité parfaite.

» Cette immense construction est admirable de tous points ; d'abord par la grandeur de la conception et ensuite par les efforts qu'il a fallu faire pour la réaliser au milieu d'obstacles de toute nature, résultant de la situation même, de la difficulté d'approvisionnement des matériaux et des moyens restreints pour les mettre en œuvre. »

Comme, en même temps que l'église, Hildebert ébauchait le monastère, nous croyons que le *piédestal* conçu par lui avait un double but. M. Victor Jacques, très versé dans les traditions bénédictines, a rendu ce double but sensible dans son opuscule trop modestement intitulé [2] et qui, aux qualités usuelles d'un *Guide*, unit un véritable mérite d'érudition. Hildebert, selon M. V. Jacques, voulait, malgré les obstacles de toute espèce, obtenir un *plan ordinaire de lieux réguliers*, comme dans tous les monastères de l'ordre de Saint-Benoît.

Et ce plan régulier fut obtenu au prix d'une dépense de volonté, d'intelligence et de force vraiment extraordinaire qui produisit par surcroît une échelle de chefs-d'œuvre, grâce à des entassements de voûtes sur voûtes de salles sur salles, d'audaces sur hardiesses, on peut le dire, dont la seule pensée était faite pour effrayer la plus intrépide imagination. Si l'abbé Hildebert eut, comme le croit M. Corroyer, la préconception d'un pareil nsemble, il mérite incontestablement l'emphase du mot *architecte* qui lui est appliqué dans la citation qui précède et mérite même beaucoup davantage : c'était un MOINE ARCHITECTE.

De nos jours, voici ce qui reste des constructions d'Hildebert. En premier

---

1. *Description de l'abbaye du M. S. M.*, p. 84 et 85.
2. *Le Mont Saint-Michel*, etc., p. 51, 52 et 53.

lieu, une crypte, désignée assez improprement sous le nom de *Crypte de l'Aquilon*. On a voulu l'attribuer à Robert de Thorigny ; mais les ogives qui partent de fûts à peine ébauchés offrent un caractère plus ancien ; il y a dans l'ornementation rustique des chapiteaux, dans la puissante brièveté des colonnes monolithes, dans la profondeur des cintres qui soutiennent le mur au midi, tous les signes du onzième siècle.

Les RR. PP. missionnaires ont placé dans cette ombre une statue de la Vierge qui l'éclaire d'une mystérieuse piété.

En second lieu, la nef, ou plutôt les trois nefs souterraines connues sous le nom de *catacombes*. Au centre se trouvait le *charnier des moines*, auquel on accédait par un large escalier de granit, bouché lors du raccourcissement de la basilique en 1776. La catacombe du nord est moins large. Son aspect seul proclame l'effort qui lui est confié : des piliers épais s'y appuient contre d'autres piliers plus athlétiques encore. Une tradition dit qu'elle contenait autrefois une chapelle des Trépassés ; l'autel des morts était bien dans cet intérieur de sépulcre.

Au midi, la catacombe se rétrécit de même et davantage ; elle est divisée par un arc doubleau et présente à sa voûte une bouche destinée à laisser passer des tuyaux pour l'usage d'une citerne qui y fut établie. Avant d'être citerne, cette même substruction servait de caveau au trésor de l'Eglise. On y mettait en sûreté, aux jours de guerre, les reliques, les ornements et les vases sacrés.

Ce qui frappe dans la masse de ces édifices enfouis dont les colonnes sont des monstres, c'est une obéissance toute-puissante. Cela est captif, aveugle, patient. La forêt que forment ces arbres de pierre, trapus comme des fungus énormes et ne voyant même pas la merveille qui est leur cime, fait songer aux épaules d'un Atlas chrétien, volontairement opprimées sous le poids d'une expiation plus lourde qu'un monde.

Ne repoussez pas cette figure : ce que portent ces choses colossales, c'est la basilique de saint Michel. Or, depuis le commencement, saint Michel veille auprès du cœur de Jésus dont l'expiation est le secret éternel.

En troisième lieu vient la chapelle *des Trente Cierges*[1]. C'est une crypte beaucoup plus haute que les précédentes et très large, qui emprunte maintenant une lueur indécise à la *Salle des Chevaliers,* au moyen d'ouvertures semblables à des jours de souffrance. La voûte d'arête y est divisée en deux travées par un arc doubleau dont les portées s'appuient contre des piliers plats à simples moulures, engagés dans les murailles. Au dix-

---

1. M. V. Jacques, *loc. cit.*, 86, 87 et 88.

septième siècle, les agents du cardinal de Lorraine écornèrent le demi-cercle que cette voûte formait vers l'orient.

Enfin, et en quatrième lieu, les nefs de l'église supérieure jusqu'au dôme, qui excitent surtout aujourd'hui l'admiration des innombrables visiteurs. Nous ne pouvons décrire ici l'ensemble de la basilique, à laquelle manquaient son chœur et ses voûtes ; mais dès ce temps-là, quoique la nef eût les quatre travées qui lui ont été soustraites au dix-huitième siècle, le vice nécessaire de sa construction apparaissait : je veux parler de l'étroitesse extrême des bas-côtés, provenant de la conformation même du rocher, lequel ne présentait pas assez de largeur pour qu'on y pût appuyer des arcs à grande poussée.

Dans les murailles on remarque trois zones distinctes : la première formée par des arcades aux chapiteaux historiés, la seconde (*triforium*) présentant des cintres géminés, vitrés en losange et dont l'entre-colonnement montre le travail particulier de maçonnerie connu sous le nom d'*opus reticulatum*.

Par la dernière zone, la lumière pénètre à travers des fenêtres encadrées de moulures et ornées de colonnettes.

Tel est le bilan des œuvres encore existantes attribuées à Hildebert et qu'il dut accomplir en un laps de temps étonnamment court. Je ne surprendrai personne en disant que toute une montagne de pages aussi érudites que confuses et contradictoires a été noircie à ce sujet. Il y a eu ici à l'entour la verbeuse mêlée des cerveaux gourmands de science et qui ne la digèrent pas bien. Textes, conjectures, systèmes, se sont pris aux cheveux avec cette candeur fougueuse de la dissertation qui croit à tout, qui doute de tout, qui casse tout pour regarder dans tout et qui démolirait jusqu'aux fondements des cathédrales, si au lieu d'une plume on lui confiait un pic.

Les dissertations sont unanimes pour dire en bloc qu'Hildebert II a fait beaucoup ; mais dans le détail, une dissertation lui prend ceci, l'autre lui dérobe cela, et, en fin de compte, rien ne lui reste ou presque rien.

Je souhaite, sans l'espérer, que la décision compétente de M. Corroyer tranche définitivement la question ; son mot : l'ARCHITECTE Hildebert, sonne comme un verdict et désigne au respect reconnaissant des âges le premier des maîtres ouvriers qui, depuis saint Aubert, travaillèrent sous l'inspiration immédiate de l'Archange.

Nous allons voir au cours de notre livre la plantation monumentale de ce grand semeur croître, feuiller, fleurir selon le *plan régulier* de la pensée bénédictine, et produire enfin cette corbeille de fruits glorieux dont la beauté appelle l'admiration des peuples, parce que leur ensemble, chef-d'œuvre de l'art catholique, a reçu du MOINE, héritier du grand évêque Aubert, le piédestal commandé par saint Michel lui-même.

LIVRE DEUXIÈME

LES MOINES

SOMMAIRE DU CHAPITRE DEUXIÈME

Premiers malaises résultant des usurpations du pouvoir temporel ; Richard II, Robert le Diable et son fils Guillaume. — Robert de Tombelaine et l'évêque de Dol. — Conquête de l'Angleterre. — Les trois fils du Conquérant : premier siège du Mont Saint-Michel. — Robert en Palestine sa gloire, sa mort ; cruauté d'Henri Beauclerc. — Les abbés imposés et les caprices d'Henri. — La grande merveille qu'on n'admire pas. — Mort de Henri Ier. Henri II Plantagenet et l'élection libre.

CHAPITRE II

I

Il arrive à ces solitaires, travaillant pour l'autre royaume, de ne point recueillir ici-bas la juste part de gloire qui leur est due. Beaucoup de gens du monde ne savent pas le nom d'Hildebert, l'Homère de ce poème de granit auquel le génie monacal allait ajouter de si merveilleux chants. On doit s'en consoler en songeant à l'étrange élite de noms odieux ou seulement médiocres que les gens du monde collectionnent à l'aveuglette dans l'agenda mal habité qui leur sert de Panthéon. Heureux celui dont la mémoire périt, mais dont l'œuvre est impérissable !

Toute chose a sa force dans sa base ; nous venons de le reconnaître une fois de plus en parcourant ces substructions herculéennes sur lesquelles repose la basilique de Saint-Michel. Indépendamment de la règle de saint Benoît, base surnaturelle, la paix de la communauté reposait sur trois colonnes fondamentales : la bulle du pape, le *præceptum* du roi, la charte du duc, assurant ensemble cette autre base, temporelle, il est vrai, mais si large : la légitimité du pouvoir dans la libre élection.

Jusqu'à Hildebert, le respect de cette loi avait produit quatre prélatures aussi paisibles que fécondes. Mais les hommes ne veulent jamais le bien longtemps ni avec suite. Richard II, quoiqu'il eût été le bienfaiteur constant de l'abbaye sous le rapport matériel, porta le premier atteinte à cette mystérieuse force, la LÉGITIMITÉ, qui résidait ici dans l'accomplissement même du droit et du devoir des moines électeurs, en violant à l'étourdie le pacte souscrit par ses ancêtres.

Pour amener ce manquement à la foi promise dont les résultats devaient être si funestes, il eût suffi peut-être de la versatilité commune à tous les hommes ; mais d'autres causes encore y contribuèrent, parmi lesquelles i faut ranger une immigration assez considérable de moines lombards qui eut lieu vers cette époque. Leur introduction à la cour de Richard II, et par suite au Mont Saint-Michel, fut l'œuvre de Guillaume de Dijon, originaire de la péninsule, quoique son nom ne semble point l'indiquer. Guillaume était abbé de Fécamp et instaurateur d'une réforme que Richard voulut implanter à l'abbaye du Mont [1].

Richard ne s'adressa pas à Guillaume lui-même, mais à son neveu Suppon, et sans tenir aucun compte du droit d'élection acquis aux moines, il fit offrir à ce Suppon, abbé de Saint-Benigno de Fructuare, au diocèse de Verceil, le bâton pastoral du Mont Saint-Michel. Ici s'entame la première page de notre histoire qui soit entachée d'obscurité. Suppon accepta-t-il, demandant seulement du temps, comme l'affirme D. Thomas Le Roy [2]? Refusa-t-il, selon l'opinion la plus répandue, mais qui ne s'appuie sur rien ? Almod et Théodoric, les deux successeurs immédiats d'Hildebert, furent-ils de vrais abbés ou de simples administrateurs ? Je ne trouve nulle part une réponse précise à ces questions.

Ce qui est certain, c'est que Richard II décéda sous la prélature ou l'administration d'Almod, le 23 août 1026. Après lui, Richard III, son fils, régna deux ans seulement, et finit, on le croit, d'une façon tragique, laissant la couronne à son frère Robert le Diable, soupçonné d'un crime odieux. A celui-là les légendes et le théâtre ont fait une infernale renommée. C'était un vrai Normand d'avant Rollon, hardi, avide, n'ayant ni loi ni foi, mais sachant prodiguer l'or, qui ne lui coûtait rien. Il méprisait le mariage ; son fils illégitime fut Guillaume le Conquérant.

Le Mont Saint-Michel n'eut pas d'abord à se plaindre de ce turbulent soldat qui confirma en 1029 toutes les libéralités de ses devanciers ; mais Alain III de Bretagne, autre et plus généreux bienfaiteur de l'abbaye, ayant, l'année suivante, pris parti pour Canut contre Edouard, en Angleterre, une guerre furieuse s'alluma entre la Bretagne et la Normandie.

---

1. *Essai sur l'Abbaye de Fécamp*, par Le Roux de Lincy, p. 15, 16, 259 et suiv. *Curieuses Rech.*, t. I, p. 111.

Robert, que nul scrupule n'arrêtait, attaqua son voisin en pleine paix, surprit Dol, où il tua l'archevêque sous le portail de l'église, et ravagea tout le plat pays. En même temps, sa flotte menaçait Saint-Malo. Alain se vit perdu et négocia, par l'entremise de l'archevêque de Rouen, dont il était neveu aussi bien que Robert lui-même, une paix très dure [1], qui fut signée au Mont Saint-Michel.

Il semble que l'abbé ou administrateur Almod révolté par la déloyale victoire de Robert, prit trop ouvertement le parti d'Alain au cours des négociations ; car, aussitôt après la paix faite, il fut expulsé du Mont sans autre forme et remplacé par le pieux abbé de Jumièges, Théodoric, frère de Suppon. Le passage de ce saint homme au Mont fut malheureusement très court, et il mourut, dit dom Huynes, le même jour qu'Almod décédait au monastère de Cerisy (1033). Alors reparaît l'autre Lombard, Suppon, qui travaille pour reprendre son propre droit ou recueillir l'héritage fraternel. Il quitte son abbaye de Fruttuaria, il vient à la cour de Rouen. C'est un religieux de mœurs mondaines et de brillante vie ; il plaît à Robert, et le voilà définitivement installé au Mont, où il amène avec lui toute une colonie italienne de parents, de clients et de serviteurs.

On accusa bientôt ce Suppon de dépenses excessives qui n'avaient pour objet ni l'achèvement des travaux, ni le bien spirituel de la communauté. Dom Huynes lui reproche *ses libéralités envers les seigneurs* [2] et surtout envers ses parents, qu'il faisait venir de Lombardie. Dom L. de Camps, allant plus loin, dit qu'il fut une pierre d'achoppement [3] pour ses religieux.

Est-il besoin de faire remarquer combien toutes ces choses manquaient déjà de régularité et même de dignité ? Là où n'est pas le droit légitime, tout déchoit avec une rapidité qui étonne. On n'a pas dit que Suppon fut un intrus à cause de quelque semblant d'élection qui avait eu lieu ; il n'en est pas moins certain qu'il s'asseyait dans la chaire, jusqu'alors si bien occupée, des abbés de Saint-Michel par le bon plaisir seul de l'autorité temporelle. Comme il alla enfin jusqu'à vendre des terres conventuelles pour subvenir à ses prodigalités, on le mit en demeure de résigner ses fonctions.

Sous le gouvernement de Suppon, Edouard d'Angleterre donna à l'abbaye le Mont Saint-Michel de Cornouailles, qui existe encore dans un état parfait de conservation et présente, dit-on, avec le sanctuaire français de remarquables ressemblances archéologiques.

1. Krantz, lib. III, v.
2. T. I, p. 156.
3. Mss. d'Avranches, n° 209.

II

Robert le Diable avait laissé ses os depuis longtemps (1035) à Nicée en Bithynie, empoisonné comme son frère, si l'on en croit Robert Wace. Il avait désigné pour son successeur Guillaume, son fils naturel, très grand dans l'histoire, mais qui n'était pas sans ressembler à son père sous plus d'un rapport. Guillaume eut l'adresse de se créer un droit quasi-légitime en épousant Mathilde, qui, par sa mère, descendait de Richard III et à qui il fit une si malheureuse existence.

Entre autres mauvais procédés qu'il eut d'abord vis-à-vis de l'abbaye, il en faut citer deux : une spoliation, un abus d'autorité. Guillaume reprit, en effet, aux moines la portion de l'île de Guernesey que son père [1] leur avait léguée, et en second lieu, après la retraite de Suppon, il leur imposa pour abbé, par la force, Raoul de Beaumont, bon gentilhomme qui fit édifier les quatre gros piliers de la basilique encore existants, quoiqu'ils menacent ruine depuis 1647, au dire de D. Le Roy. Sous Raoul fut composé *le Livre des Miracles du Mont Saint-Michel*, auquel nous avons déjà fait des emprunts.

Dans ce *Livre des Miracles* se trouve une observation très frappante, relative aux abbés *illégitimes* ou non librement élus ; elle a presque la valeur d'une prophétie. Raoul de Beaumont, parti pour Jérusalem, venait de mourir en route. A propos de cette fin, l'auteur anonyme dit que « saint Michel, gardien de ce lieu, ne permet point qu'il soit *souillé* par la sépulture d'aucun supérieur de ce genre, quoique la puissance séculière y ait précipité *comme à travers une haie*, certains, plutôt loups ravisseurs qu'abbés... Aucun étranger n'a pu prendre violemment pour soi ce monastère sans le perdre avec honte [2]... »

Dans ses *notes* conservées à la Bibliothèque nationale, D. Huynes prouve que le même fait providentiel s'était continué jusqu'au dix-septième siècle, et nous savons aujourd'hui qu'*aucun* des abbés commendataires, dont plusieurs furent plutôt « loups ravissants » que pasteurs, n'eut l'honneur d'avoir sa sépulture au Mont Saint-Michel.

Après la mort de Raoul, arrivée en 1068 [3], la terreur inspirée par le duc fut si grande que les moines, n'osant user de leur droit, restèrent trois ans sans supérieur.

1. Mss. de D. Le Roy, p. 34 et 35.
2. Mss. d'Avr., n° 211.
3. *Robert de Thorigny*, publ. par Léop. Delisle, t. II, p. 220 et 221.

Enfin Dieu eut pitié de ses serviteurs et fit que Guillaume ne s'opposa plus à une élection régulière, d'où sortit aussitôt une prélature heureuse. Ranulphe, l'abbé choisi librement par ses frères, jouissait d'une estime si haute que Guillaume lui-même, selon D. de Camps, le révérait comme un père et comme un saint.

Il y avait une liberté dans ces austères obéissances du cloître, parce qu'il y avait une admirable mesure dans l'autorité. Sous le gouvernement de Ranulphe on vit deux religieux éminents, dont l'un est honoré comme saint par l'Église, Anastase et Robert de Tombelaine, se retirer sur l'îlot de ce nom, du consentement de l'abbé. Voici à quelle occasion. Il s'était formé, tant à l'abbaye que dans la ville d'Avranches, une école composée de personnages illustres par leur éloquent savoir et leur piété, dont les noms, pour la plupart, sont restés historiques. C'étaient, entre autres, au Mont, Anastase et Robert, à Avranches, les deux grands orateurs Lanfranc et celui qui devait être saint Anselme de Cantorbéry, plus l'évêque Jean, l'évêque Michel et le comte Hugues le Loup. Anastase, Grec de naissance [1], était venu de Venise, peut-être avec les Lombards de Suppon, ou les avait suivis de près. Il fut bien vite attiré vers Robert par une complète parité de goûts simples, de mœurs pures, de ferveur et de savoir. Quand la charité, peut-être trop généreuse, de l'abbé Ranulphe recueillit au Mont l'évêque de Dol, Juhel, qui avait été chassé de son diocèse pour fait de simonie, Robert et Anastase se sentirent inquiets de vivre auprès d'un si grand coupable et se retirèrent à Tombelaine, d'où Robert prit son nom [2]. Ce fut là que Robert de Tombelaine écrivit son *Commentaire du Cantique des Cantiques*, tant admiré au moyen âge. Anastase partageait sa solitude ; Lanfranc et Anselme, dont l'enseignement jetait sur Avranches un si grand éclat, les venaient visiter souvent, et Anselme, devenu abbé du Bec, avant de prendre la crosse d'archevêque, écrivait à Robert :

« Je te supplie de me recommander au saint homme Anastase, avec lequel tu as le bonheur de vivre [3]. »

Il n'est parlé d'aucun blâme par rapport à la pitié mal placée de Ranulphe à l'égard de ce Juhel ; d'un autre côté, la retraite d'Anastase et de son compagnon ne fut point censurée : ces temps, taxés de tyrannie, respectaient la conscience. Robert alla gouverner l'abbaye de Saint-Vigor en qualité de prieur, et Anastase, avide de combats, porta l'évangile aux Sarrasins d'Espagne.

---

1. Bolland, *Acta SS.*, t. VII, octob., p. 1136, et suiv.
2. *Étude sur la vie et les écrits de Rob. de Tombelaine*, par Lebreton, p. 8.
3. S. Ansel., *Epist.*, lib. I, p. 3.

Cependant il se préparait quelque chose d'à la fois très grand et très maculé de ces taches qui souillent toute grandeur humaine : le fils de Robert le Diable, Guillaume, allait passer en Angleterre et *brûler ses vaisseaux*, créant ainsi le plus fameux des proverbes d'aventure et enseignant aux spéculateurs politiques de l'avenir tout l'industrieux parti qui se peut tirer du désespoir. Guillaume connaissait son peuple normand, qui était déjà le peuple anglais à peu de chose près, avant même de pos-

séder la terre anglaise ; il savait que ce peuple, adouci, mais non transformé, avait toujours la passion, non point du tout de la vaine gloire que rapportent les batailles, cela est français, mais du riche commerce qui se peut faire avec l'épée ; il n'entama pas la guerre tout de suite ; il y préluda par la diplomatie, adroite jusqu'à être perfide. La célèbre *tapisserie de la reine Mathilde*, conservée au musée de Bayeux, raconte à la fois les petites ruses préliminaires de Guillaume et le douloureux abandon où languissait sa femme. On y voit Harold, le futur compétiteur de Guillaume au trône d'Angleterre, venir à son secours dans sa lutte contre les Bretons ; Harold est un géant de force et de vaillance. Guillaume, par une gratitude qui contient de la trahison, veut l'armer lui-même chevalier, et l'imprudent Harold jure foi et hommage entre ses mains, sans songer qu'il renonce ainsi à la couronne d'Angleterre.

Guillaume, ami trop habile et mari sans cœur, s'était concilié le suffrage d'Édouard le Confesseur, qui l'avait choisi pour son héritier. Ce n'était pas un instrument pur, mais c'était un outil puissant, et comme il continuait à son insu les actes de Dieu par les Francs, il eut le secours de l'Archange, ministre de Jésus-Christ « qui aime les Francs ».

A la mort d'Édouard, les préparatifs de Guillaume, terminés dans le silence, étaient formidables et contenaient déjà la conquête. On peut dire que la Normandie entière s'arma avec cette furieuse allégresse des ancêtres pirates partant pour la curée de l'or et du sang. Entre tous, les pays de Coutances, d'Avranches et de Mortain fournirent les plus nombreux soldats et les plus nobles chefs : on retrouve encore leurs noms au *peerage* d'Angleterre, Avenel, Grosvenor, Montgomery, Montaigu et vingt autres. Le comte de Mortain, suivi de l'épique Taillefer, portait la bannière de saint Michel². On s'embarqua à Dives par une rude marée d'octobre, en l'an 1066, et l'on toucha la côte d'Angleterre dans la nuit qui précède la fête de l'Apparition de l'Archange. Pendant que les vaisseaux

1. Mss. d'Avr., n° 210.

flambaient, « les gens d'église disoyent litanies et psautiers[1] », que répétaient soldats et capitaines. Les Anglais, au contraire, vidaient dans leur camp, autour de grands feux, leurs cornes de bière ou de vin.

La bataille d'Hastings commença avec le jour, à l'heure où se disaient, au Mont, les matines de la fête du 14 octobre. Ce fut une sauvage mêlée, et Robert Wace y montre le héros Taillefer à cheval, battant, taillant, chantant les exploits

> De Karlemaigne et de Roland
> Et d'Olivier et des Vassals
> Qui moururent à Rainschevals.

Ainsi, l'Angleterre fut conquise un jour de saint Michel, par ceux qui portaient l'étendard de saint Michel en chantant les exploits du paladin français à qui Dieu avait envoyé sur le champ de bataille le suprême baiser de saint Michel.

Ranulphe équipa aussitôt six forts navires, pour ramener son duc, ce qui ne l'empêcha point d'achever la nef de la basilique, selon le plan d'Hildebert. « Il fit travailler aussi, dit D. Le Roy[2], au cymetière des religieux, aux galleries et haultes murailles du château ; mais je n'estime point que rien nous en reste à présent, si ce n'est les commencements des murailles sur quoy les suivants abbez ont fait eslever nouvelle maçonne. »

Guillaume se servit des six vaisseaux de Ranulphe et témoigna largement sa reconnaissance à l'abbaye. Nous ne ferons plus le compte de ces libéralités : le Mont Saint-Michel voyait un horizon immense et possédait dès lors, à peu de chose près, tout ce qu'il voyait.

1. Chroniq. de Normand. mss. de la *Bibl. de Coulances.*
   Cur. Rech., t. I, p. 126, 127.

III

Mais Guillaume, pour avoir coiffé la couronne fermée par-dessus son cimier ducal, n'en était pas devenu plus obéissant à la loi d'honneur. Il méprisa, quand Ranulphe mourut, en 1085, les promesses de ses pères et l'ordre du Pape ; Roger, son propre chapelain, fut institué abbé au préjudice du droit des moines. Ranulphe eut sépulture au Mont, comme tous les abbés légitimes ; Roger, non. Ce Roger n'était ni un mauvais homme, ni un mauvais abbé, à part le vice de son intronisation opérée par la violence terrestre [1].

Nous avons déjà vu le Mont Saint-Michel protéger le faible à ses risques et périls dans la querelle de Robert le Diable contre Alain de Bretagne ; il en va être encore de même dans cette guerre, si caractéristique et si bourgeoisement étroite, qui divisa les trois fils du Conquérant.

Il y a une malédiction mystérieuse dans le péché qui viole la sainteté du mariage. Les bâtards, par eux-mêmes, ont souvent une vie heureuse et glorieuse : presque jamais leur œuvre n'est sans contenir un élément très funeste. Les fils légitimes de Rollon firent le Mont Saint-Michel ; les fils du bâtard de Robert le Diable furent bien près de l'anéantir. Pour ceux qui, ne voulant point voir la main de Dieu, estiment que le sort de ce rocher est en définitive peu de chose, nous ajouterons qu'avant Guillaume l'Angleterre était l'île des Saints. L'illégitime y sema, sans même le savoir, cette herbe de convoitise qui fut, trois siècles et demi plus tard, la litière d'Henri VIII, la moisson de Calvin, le poison de l'Église, le grand pâturage du troupeau matérialiste marchand et la première cause de glissement dans l'immense culbute sociale qui menace aujourd'hui le monde.

Les gens qui s'emparent des royaumes n'emportent pas bien loin le prix du sang ; l'heure de la mort les humilie et les raille ; ce tout-puissant bâtard, roi et duc, eut un enterrement plus triste que celui d'un mendiant. Un homme dont il avait volé le champ arrêta son cercueil qui descendait en terre, et ce *veto* du pauvre, possesseur légitime, fut respecté : le royal cercueil resta suspendu au-dessus de la fosse. Je ne sais pas si nos temps, qui portent les mots liberté et égalité sur l'oreille comme des panaches, offriraient beaucoup d'exemples d'un pareil excès d'égalité et de liberté.

Pendant qu'on se disputait ainsi auprès de la fosse ouverte où le vain-

---

[1]. *Rob. de Thorigny*, t. II, p. 222.

queur d'un grand peuple ne pouvait obtenir la petite place de tout le monde, son second fils, Guillaume le Roux, se faisait couronner roi au préjudice de son frère aîné, Robert Courte-Heuse, qui se faisait couronner duc. Le troisième frère, Henri Beau-Clerc, en fut réduit à acheter un apanage au comptant et Robert Courte-Heuse lui vendit pour trois mille marcs d'or l'Avranchin avec le Cotentin.

Ne dirait-on pas des fils de trafiquants? Ce n'est pas tout: le frère roi voulut encore la part du frère duc; ils se battirent, et pour finir leur querelle, ils tombèrent ensemble sur le petit domaine acheté et payé par le frère qui n'était ni duc ni roi. Celui-ci demanda asile au Mont.

La lignée de Robert le Diable semble avoir été notablement en avance sur son siècle, au point de vue des *affaires*, et la foi punique, morte jadis avec Carthage, renaissait du mariage anglo-normand. Ces trônes devenaient et pratiquaient le génie du comptoir. Ils vinrent deux contre un, deux torts contre un droit, deux forts contre un faible, et les chroniqueurs anglais, tout pleins des récits de ce siège, penchent à le regarder comme glorieux pour les assaillants, puisqu'ils étaient cinq ou six fois supérieurs en nombre.

Guillaume était à Genêts [1]; Robert campait près d'Ardevon; Henri descendait du Mont et l'on bataillait sur la grève. Cela dura quarante jours. Knighton [2] et Polydore Virgile, en racontant ces escarmouches, songent manifestement au siège de Troie.

Au bout de quarante jours, Henri l'assiégé eut soif et demanda de l'eau; le duc Robert, le meilleur des trois frères, lui en donna. A cette nouvelle, le roi d'Angleterre ne se tint pas de fureur. — « Que ne lui fournis-tu aussi des miches? » demanda-t-il.

Puis, dépité, comme Achille il se retira sous sa tente et leva le siège. Nous n'avons point parlé de saint Michel dans cette sanglante chicane où l'ange de la patrie n'avait que faire, puisque chacun de ces trois Normands ne songeait qu'à soi.

Il y a longtemps que nos chroniqueurs ne nous ont fait mention de miracles, mais la croix en accomplit toujours. Des trois héritiers de Guillaume le Conquérant, celui qui avait donné le verre d'eau à son frère altéré, selon le précepte de Jésus et la loi de la nature, le duc Robert Courte-Heuse, mit un jour la croix sur sa poitrine et fut aussitôt un héros. C'était à l'instant où le cri de Pierre l'Hermite, éloquence irrésistible, entraînait vers les

---

1. Une rue de ce bourg porte encore le nom d'*Avant-garde*.
2. Voir le *Recueil des historiens d'Angleterre*, t. I, et même Guill. de Malmesbury dans le *Rec. des Historiens de France*.

lieux sanctifiés par la mort du Sauveur la fleur des chevaleries européennes. Robert engagea ses domaines à son frère anglais et partit à la tête de ses plus braves barons.

Nous n'avons point trop dit : sa valeur le mit au-dessus de tous ces autres héros dont les prouesses ont ébloui le monde jusqu'au siècle où il s'est trouvé des difformités assez basses sur jambes pour cracher l'écume de leur envie à la beauté de ces géants. Les historiens de la première guerre sainte célèbrent les prodiges de Robert aux batailles de Dorylée, d'Antioche et de Jérusalem, où il fut la gloire et le salut de l'armée chrétienne. Orderic Vital mentionne sa dévotion au prince des anges et, comme Roland, Robert appelait dans les mêlées l'aide de saint Michel du Péril. Ce fut lui qui suspendit l'étendard et l'épée opimes du Soudan à la voûte du Saint-Sépulcre et il refusa la couronne royale de Jérusalem.

Dieu aimait ces croisés, libérateurs de son tombeau et dont beaucoup furent récompensés au retour par d'amères souffrances. Pendant l'absence de Robert, Guillaume le Roux était mort dans son lit, et Henri Beau-Clerc, le frère qui avait reçu le verre d'eau, s'était emparé du trône d'Angleterre. Quand Robert revint en Normandie, Henri Beau-Clerc, qui lui avait pris déjà le royaume anglais, eut envie aussi du duché normand et l'envahit. Les deux frères se rencontrèrent à Tinchebray et le héros fut vaincu par l'autre, qui lui creva les deux yeux. Robert mourut comme martyr au fond d'un cachot. Il s'était agenouillé au mont des Oliviers, à la place même où Jésus avait souffert Dieu l'aimait. Sa part valut mieux que celle de son frère.

Rien n'est si peu rancunier que l'histoire. L'histoire emploie à l'égard d'Henri Beau-Clerc la fameuse formule : « Il fit oublier ses crimes par ses talents, » et tout est dit. Il n'eut point, comme Robert que Dieu aimait, sa pénitence en ce monde. Son règne fut long et heureux ; il passa pour l'inventeur de ce chaoteux ensemble de costumes, de lois, de franchises, de privilèges et d'effrontées inégalités que beaucoup de gens admirent sous le nom de « libertés anglicanes ».

Henri, roi et duc, eut à s'occuper des moines du Mont Saint-Michel, ses bienfaiteurs d'autrefois, fort peu de temps après la cruelle tragédie qui suivit sa victoire de Tinchebray. Les religieux se plaignaient hautement de Roger, l'ancien chapelain du Conquérant, qui, loin de courber la tête, montrait beaucoup d'arrogance. Créature de Guillaume, il se croyait certain de la faveur de son fils et en vint bientôt jusqu'à reléguer dans divers monastères tous ceux qui désapprouvaient sa conduite.

Quelques-uns furent exilés ainsi à l'abbaye de Saint-Vigor, dont le saint homme Robert de Tombelaine était prieur. Celui-ci, ayant appris ce qui se passait au Mont où il avait gardé beaucoup d'admirateurs et d'amis, écrivit une lettre [1] dans laquelle lui, l'ami d'Anastase, d'Anselme et de Lanfranc, racontait la vision extraordinaire d'un de ses religieux. « Une nuit, dit cette lettre, il (le religieux) me pria de rassembler auprès de son lit tous les moines du Mont (exilés à Saint-Vigor). — De la part de Dieu, leur cria-t-il, de la part de saint Michel, ne retournez point au Mont tant que cet homme en est l'abbé. Si vous désobéissiez, vous auriez une mauvaise fin. Le Seigneur vous prouvera la vérité de mes paroles. »

Robert de Tombelaine était entouré de la vénération universelle. Sa lettre courut de monastère en monastère et parvint jusqu'aux oreilles du roi-duc, dont la conscience inquiète prêtait par moments grande attention aux choses surnaturelles; il avait reçu les plaintes de l'abbaye et n'y avait point répondu, mais cette fois il appela Roger à son tribunal en la ville de Caen. Le *Gallia Christiana* dit simplement de Roger : « Comme il n'avait de quoi se défendre [2] », il résigna son pouvoir et ne fut point enterré au Mont Saint-Michel.

On est bien obligé de remarquer que le *Livre des Miracles* continue d'être prophète : saint Michel ne veut pas donner chez lui sépulture à ces intrus. Mais, d'un autre côté, il y a quelque chose de diabolique dans la longue obstination que mettent les fils de Robert le Diable à violer sans prétexte aucun le droit d'élection conféré par leurs aïeux aux serviteurs de l'Archange. En sortant de son tribunal où il venait de condamner Roger Ier, créature de son père, Henri imposa à l'abbaye sa créature à lui, Roger II. Les moines ne furent même pas consultés par ce fondateur des « libertés anglicanes », qui paraît avoir compris la liberté un peu capricieusement et comme le font nos libres-penseurs, dans toutes les libres questions où ils se mettent à l'aise en confisquant le droit d'autrui à leur profit.

Cependant le choix du roi d'Angleterre, inique en son principe, fut ici le meilleur possible. Roger II, le nouvel abbé, était un homme « docte, de grande religion et en tout capable de gouverner un monastère, au spirituel comme au temporel ». Le bien peut naître du mal pour peu que cela plaise à Dieu. Dans la déroute morale de nos dernières années, nous avons vu avec émerveillement un ministre, partisan de la bénédiction nuptiale donnée par M. le maire et des enterrements à la fleur jaune, mériter une réputation proverbiale pour le bonheur de ses choix en fait d'évêques. Ce sont les jeux de la clémence divine.

1. *Annal. Ord. S. Bened.*, t. V, p. 657 et suiv.
2. *Cum non haberet unde se purgaret.*

IV

Roger II, à peine installé, demanda le concours de ses moines pour le resserrement de la discipline que les guerres et le passage des abbés « du bon plaisir royal » avaient tristement relâchée. Une autre tâche lui incombait. La mauvaise gestion de Roger Ier, qui, par malheur, avait duré vingt et un ans, laissait le temporel de l'abbaye dans une situation très menaçante. Il y avait eu des ventes indûment et mal faites ; des revendications se produisaient, soit devant les tribunaux, soit même à main armée. Roger II, homme de patience et d'intelligence, frayait laborieusement son chemin à travers mille difficultés presque inextricables, lorsqu'il se trouva tout à coup arrêté par un obstacle plus violent et plus puissant que les autres.

Un baron de la contrée, Thomas de Saint-Jean, lui déclara la guerre dans toute la force du mot, et ne la fit pas de main morte. Il avait de nombreux vassaux qu'il tenait toujours en armes et partait chaque matin pour ravager les biens du monastère, tantôt ici, tantôt là, depuis Saint-Meloir de Bretagne jusqu'au lieu où Granville fut bâtie depuis, de l'autre côté de Saint-Pair.

Roger II ne voulut point opposer la force à la force. Il l'aurait pu. Il aima mieux garder au sanctuaire sa paix et ne rien tenir que du pouvoir de Dieu, délégué à son Ange. Cette pensée, belle en soi, emprunta une grandeur plus frappante à la simplicité pieuse que Roger mit à la traduire en fait. Sa CLAMEUR, comme on appela cette prière d'espèce inusitée et solennellement pressante dont il usa, émut le ciel, étonna la terre et a laissé une trace très marquée dans l'histoire. La parole doit rester ici aux chroniqueurs de l'époque : ce sont des témoins. Ils disent [1] :

« Les religieux résolurent de célébrer *une clameur très pieuse*, sans l'omettre un seul jour, devant l'autel de saint Michel, pendant que l'on chantait messe, en présence du très saint et très véritable corps de Notre-Seigneur Jésus-Christ... chantant avec larmes *Miserere mei* et clamant *Kyrie eleison.* »

Thomas de Saint-Jean commença par faire comme beaucoup de gens qui, en lisant ceci, seront tentés de sourire. Il haussa même les épaules, une fois, deux fois peut-être, mais la troisième fois qu'on lui apporta l'écho du grand cri que ces persécutés élevaient contre lui jusqu'à Dieu, il songea. La clameur du sanctuaire continuait. Le persécuteur s'étonna,

---

1. Mss. d'Avranches, n°s 209 et 210.

puis il s'épouvanta, Exhorruit, dit le texte. Et le voilà un jour qui sort en armes de son castel, car la fureur le transporte. Il est suivi de ses frères et de toute une troupe de barons. On traverse les grèves en bon ordre comme s'il s'agissait d'un siège, on sonne du cor sous les murailles et l'abbé se présente aux portes grandes ouvertes.

Ce n'est qu'un vieil homme ; il est désarmé. Il ne demande même pas : « Qui êtes-vous et que voulez-vous ? » car la maison de l'Archange n'a pas besoin de s'informer ; son hospitalité appartient à tous. Ce sont les assaillants qui interrogent : « Moine, s'écrie Thomas de Saint-Jean, est-il vrai que tu as eu l'audace de crier jusqu'à Dieu contre moi et contre mes frères ? » Roger répond : « C'est vrai » ; et quand Thomas furibond demande pourquoi, Roger répond encore avec sa fermeté tranquille : « *Parce que tu as dépouillé et volé mon maître saint Michel.* »

A ce nom tous reculent, comme si à la place du vieillard sans défense, l'immortelle jeunesse de l'Archange apparaissait soudain, brandissant l'épée de flamme qui « nous défend dans le combat ».

Thomas et les siens tombent à genoux, et chacun d'eux s'écrie, en cherchant les mains de ces moines naguère abhorrés et méprisés : « Je serai votre soldat et votre serviteur [1]. »

Malgré les soins de toute sorte qui remplirent sa prélature, Roger peut être mis dans une certaine mesure au nombre des abbés constructeurs : on lui doit la chambre rectangulaire, placée entre la salle des Chevaliers et l'église, où se voit cette curieuse colonne monocylindrique [2] dont les nervures épanouies s'entrelacent et retombent en chevelure comme la cime d'un saule pleureur. Du temps de la maison centrale, cette pièce, alors très obscure, était connue sous le nom de *Cachot du Diable*. Il agrandit aussi les bâtiments vers l'est et éleva l'ancien cloître ou *promenoir des moines*, malheureusement mutilé depuis un siècle. De ses autres constructions il ne reste presque plus rien, et c'est à tort que divers écrivains lui ont attribué la Merveille.

Ses travaux avaient été entrepris à la suite du grand incendie de 1112, dont Thomas Le Roy parle ainsi [3] : « Le feu du ciel tomba sur le monastère et réduisit en cendres tant l'église que les lieux réguliers, ne laissant que les voultes, pilliers et murailles... »

---

1. « Et ego servicia vobis faciam. » *Loc. cit.* — V. aussi *S. Jean le Thomas*, par Ch. Lebreton, passim.
2. *Le Mont Saint-Michel*, par V. Jacques, p. 85 et 88.
3. *Curieus. Rech.*, t. I, p. 142, 143.

Roger II forme une pieuse exception parmi les supérieurs non réguliè-

A ce nom tous reculent.

rement élus; mais cela ne prouve rien à la décharge du pouvoir temporel, puisque cet abbé excellent fut arrêté au milieu de sa carrière par un caprice du roi-duc lui-même. Henri Ier, qui l'avait fait, le défit. D. Huynes raconte avec une singulière tristesse qu'un des officiers de ce prince voulut s'approprier un bien du digne abbé. Henri, attaché à cet officier, prit son parti contre Roger, qu'il relégua à son ancien monastère de Jumièges. « Roger [1] mit son baston pastoral sur le grand autel de son église, l'an 1120, le jour dédié à saint Michel, se déposant par cette cérémonie de sa charge abbatiale, et en remettant du tout le soin à l'Archange, puis après, disant adieu à tous les religieux grandement marrys, s'en alla. »

Les dictionnaires à l'usage d'une certaine jeunesse appellent Henri Ier, un prince *libéral*. Il faut se défier de tous les despotes, mais deux fois de ceux qu'on couronne de libéralisme dans les mauvais livres.

Henri Ier imposa le successeur de Roger comme il avait imposé Roger lui-même, mais cette fois son choix fut lamentable. Richard de Mère, qui appartenait pourtant à l'ordre de Cluny, était « un presque laïque [2] », au dire du *Gallia Christiana*, et il pensa tout de suite que les ressources de la communauté ne pouvaient avoir un meilleur emploi que la satisfaction de ses appétis personnels. Il agit en véritable précurseur des abbés commendataires qui devaient déshonorer plus tard l'institution monastique et la pousser vers sa ruine. Insatiable comme tous les prodigues, il en vint bientôt à ne plus se contenter des revenus qui ne lui appartenaient pas et dévora jusqu'aux biens-fonds.

Les moines portèrent plainte à la fois au roi et au B. Mathieu, cardinal-légat du Saint-Siège en France. Le scandale était si patent qu'Henri ne put se dispenser de faire comparaître devant lui Richard de Mère, qui ne prit pas même souci de se justifier. Encore un qui n'eut point de tombe au Mont Saint-Michel.

Cependant l'indignité des choix du roi retombait sur lui-même et ne diminuait point la haute réputation de l'abbaye, qui était toujours aux yeux du monde catholique un centre de lumières et de vertus. Ce mauvais supérieur dont il vient d'être question fut regardé comme un vivant outrage, infligé par la force, accepté par l'obéissance résignée, une gangrène introduite méchamment à l'intérieur d'un corps sain et saint : aussi, même sous cette misérable prélature, on continua de s'adresser de près et de loin au Mont Saint-Michel pour obtenir de vertueux abbés ou de

---

1. *Hist. gén. de l'Abbaye*, t. I, p. 165.
2. T. XI, col. 517.

grands évêques : témoin le clergé de Saint-Malo, qui demanda le simple moine Donoald pour gouverner cet illustre diocèse d'Aleth, noble entre tous les évêchés de Bretagne, pendant que deux autres religieux du Mont, Guillaume et Gosselin, étaient choisis comme abbés de Saint-Florent de Saumur et de Saint-Benoît de Fleury.

Le roi devenait vieux, mais il ne se corrigeait pas. Il hésita pourtant après le passage désastreux de ce Richard de Mère qui avait traité l'abbaye en pays conquis, et s'il ne rendit pas franchement aux moines l'intégralité de leur droit, du moins peut-on penser qu'un accord quelconque intervint, car on ne trouve aucune trace de protestation lors de l'arrivée du nouvel abbé, Bernard du Bec, qui fut consacré par Turgis, évêque d'Avranches, et que le *Gallia Christiana* appelle « un homme très sage [1], très droit et d'éloquence supérieure ». Il était en effet tout cela et d'une piété angélique.

Étienne de Rouen a chanté la vie de Bernard du Bec, en vers latins qui ne sont pas bons, mais qui présentent un curieux programme des études du savant catholique (il n'y en avait pas d'autres) au douzième siècle. « Paris, dit le poème, l'arracha aux aveugles ténèbres de l'ignorance ; il y apprit le cours des astres, les retraites de la lune et du soleil, toutes les sciences de la philosophie et la sagesse de Socrate. Son langage y devint abondant, habile, prompt à combattre pour l'amour du Christ [2]... »

Il n'est pas besoin de dire que Bernard, venant après un ravageur comme Richard de Mère, se trouva en face d'un terrible travail d'assainissement et de restauration. Désirant avant tout purifier les consciences il établit sur l'îlot voisin, au lieu même, déjà consacré, où saint Anastase et Robert de Tombelaine s'étaient élevés vers Dieu dans la solitude, un petit prieuré de retraite, capable d'abriter quelques moines. « Il y en tenait toujours trois, dit D. Le Roy [3], comme les voulant refondre dans la vie spirituelle. » Le personnel entier du monastère passa ainsi tour à tour par cette maison de guérison et Bernard y venait très fréquemment lui-même.

Il fallait aussi reprendre les travaux d'architecture, systématiquement abandonnés. Bernard y consacra des soins très courageux et souvent heureux. On lui dut la belle tour romane placée sur les quatre piliers élevés par Raoul de Beaumont. Depuis, cette tour a été brûlée et remplacée par une autre sans mérite ni style. C'était sur la tour de Bernard que brillait

---

1. T. XI, *ibid*.
2. Bibl. nat. F. Lat., n° 14.146, p. 186.
3. *Cur. Rech.*, t. I, p. 151.

la statue « tournante » de l'Archange, tenant sous ses pieds le dragon. Elle semblait veiller, cette sentinelle d'or, et inspecter l'un après l'autre les divers points de la France, menacés par l'esprit du mal.

Mais le travail vraiment ardu auquel l'obligeait sa charge, c'était de recouvrer les nombreux biens dérobés au monastère ou frauduleusement aliénés. Le désordre, à cet égard, était au comble. Les efforts de Bernard, qui alliait une extrême douceur à beaucoup de fermeté, furent d'abord couronnés de succès; mais il devait, en définitive, succomber à sa tâche trop lourde : Henri Ier, funeste à la maison de Saint-Michel par sa mort comme par sa vie, alla rendre à Dieu ses comptes aussi longs qu'embrouillés, et les barons, ne sentant plus rien sur le trône, s'enhardirent Un fils de donateur, nommé Roger [1], sûr de l'impunité, ameuta contre les religieux la populace d'Avranches, qui vint en armes avec des torches et mit le feu aux bâtiments. Tout brûla [2], sauf l'église et les officines des moines. Bernard fut frappé au cœur par un pareil désastre que vinrent accroître les guerres de succession dont l'Avranchin fut le malheureux théâtre entre Mathilde, mère de Henri II, et Étienne, comte de Mortain. Il succomba au mortel chagrin que lui causait la ruine de l'abbaye, le 8 mai 1149, *et fut enterré au Mont,* dans l'église même, ce qui donne à penser aux partisans du *Liber Miraculorum* que son élection n'avait pas été de tout point irrégulière.

V

La phase que nous traversons semble mentir au titre de notre livre: *Merveilles du Mont Saint-Michel,* et plus d'un lecteur aura cherché en vain une merveille quelconque dans ce chapitre qui contient pourtant la plus grande de toutes.

---

1. Mss. d'Avranches, n° 210.
2. *Gall. Christ.,* citation d'une chronique du temps, t. XI, col. 518.

Nul arbre en effet ne peut vivre séparé de sa racine. Dans ce chapitre nous avons vu l'arbre de saint Michel, planté par Richard sans Peur et qui avait jeté en terre des racines profondes sous les quatre premiers abbés librement élus, coupé au ras du sol, en quelque sorte, par le caprice des succsseurs de ce même Richard qui, tout en comblant l'abbaye de richesses matérielles, l'ont privée de sa racine même en la spoliant de son droit d'élection.

Nous l'avons vue, cette communauté magnifique, frustrée de sa sève naturelle, condamnée à l'inertie, livrée sans défense possible aux alternatives des bons et des mauvais abbés, de telle sorte qu'elle ne peut extirper les mauvais et qu'on peut, au contraire, lui arracher les bons.

Nous l'avons vue attaquée dans ses biens, dans sa piété même, qui est la vie des familles cénobitiques; nous l'avons vue chanceler, nous ne l'avons pas vue tomber : voilà la merveille !

L'arbre sans racine est là toujours debout et toujours vert. Il souffre, c'est manifeste, mais ce n'est pas assez, il devrait mourir, et il reste en vie : voilà le miracle !

Le grand miracle ; car il est miraculeux sans nul doute qu'une plante blessée et ne trouvant plus sa nourriture à son pied, où est la nourriture de toutes plantes, puisse retrouver sa tige et lancer d'autres racines qui vont lui chercher sa sève dans le ciel.

Les moines opprimés avaient « célébré », certes, dans leurs cœurs plus d'une « clameur très pieuse » comme celle que le bon abbé Roger II élevait à Dieu naguère contre Thomas de Saint-Jean, et l'Archange propice avait écouté leur prière ; ils vivaient orphelins de la liberté qui était leur mère ; ils vivaient destitués du droit de choisir leur pasteur et de rejeter loin d'eux le loup, introduit de force au sein de la bergerie ; ils vivaient d'obéissance, de résignation, de pieuses larmes, mais enfin ils vivaient, à l'heure même où mourait leur étrange « bienfaiteur » Henri Ier, l'autocrate libéral et lettré. Dieu fasse paix à son âme !

Ceci est le chapitre de l'épreuve terre à terre qui n'a même pas l'intérêt ni l'émoi d'une vraie persécution; Satan y combat petitement et sourdement ; il cache ses coups, il poignarde et protège de la même main déloyale : à ce jeu où il excelle, s'il n'a pas tué, c'est merveille.

Dès que nous allons tourner cette page pour entamer un autre chapitre, l'horizon changera et nous ne manquerons pas de trouver en quantité des merveilles plus sensibles, plus éclatantes, plus indéniables : nous n'en trouverons pas de plus *merveilleuses*.

VI

Avant d'entrer dans le jour nouveau, cependant, faisons encore quelques pas nécessaires sur ce terrain embarrassé de broussailles par le bon plaisir temporel. Le long empiètement d'Henri Ier avait semé des difficultés qui s'épanouirent après sa mort en une véritable forêt d'intrigues; nous ne resterons pas longtemps dans ce labyrinthe où Dieu, par son ange, ouvrit brusquement sa voie.

Les institutions comme les hommes ont l'instinct de la conservation. Les moines de Saint-Michel soupiraient après l'élection libre, comme ceux qui se noient cherchent l'air respirable. Au bruit du décès du roi-duc, ils se réunirent en convent pour élire un très digne religieux du Mont, nommé Geffroy, qui comprit tout de suite le danger de sa situation, car il dépêcha des envoyés à Rome pour prendre les devants et obtenir la confirmation papale. Eugène III, content d'affirmer le droit de l'Eglise si longtemps et si souvent méconnu, approuva le choix de nos religieux, et pour que nul n'en ignorât, adressa à l'élu lui-même une bulle qui disposait ainsi [1] :

« ... Nous ordonnons qu'à ta mort, à toi abbé comme à celle de tes successeurs, personne ne soit mis à la tête de la communauté soit par astuce, soit par violence, sinon celui que les moines, d'un accord unanime,... auront choisi pour leur élu selon la crainte de Dieu et la règle de saint Benoît. »

Mais partout où s'administre le pouvoir humain, les faits d'usurpation, en se répétant, établissent un droit contre le droit. C'est admis. Les abus d'autorité d'Henri Ier firent loi. Henri II Plantagenet, qui lui succédait, commençant une nouvelle dynastie, s'irrita de l'acte légitime et méritoire des moines, qu'il appela une « levée de cuculles ». C'est une justice à rendre à nos temps révolutionnaires : ils n'ont rien inventé en fait d'insolentes aigreurs contre les choses de Dieu.

Pour apaiser le nouveau *protecteur* de l'abbaye, il fallut, comme l'avoue mélancoliquement le *Gallia Christiana*, « payer une lourde rançon [2] » Geffroy mourut comme était mort Bernard, navré de voir la ruine de son monastère consommée par les exactions royales.

Ici commence une page vraiment triste et qui ressemble au bulletin d'une agonie : les moines, à bout de forces, s'engourdirent dans leur désespoir et restèrent une année sans nommer aucun remplaçant à Geffroy. Au bout

---

1. Mss. de D. Le Roy, p. 59.
2. « ... Nisi ære placari potuit. »

de ce temps, ils élurent l'un d'entre eux, Richard de la Mouche. Henri les guettait, et ce n'est pas sans motif que nous avons parlé tout à l'heure de nos temps révolutionnaires; le douzième siècle eut au Mont Saint-Michel un avant-goût de leurs mauvais jours.

Le Plantagenet fit envahir l'abbaye par des estafiers à lui qui mirent tout au pillage et à la profanation. Croix, calices, ornements sacrés disparurent

Ils s'appelaient des « commissaires ».

de l'église saccagée ; et comme si le hasard eût voulu parfaire une ressemblance entre cette orgie royale et la grande débauche de 93, les coquins, âmes damnées du Plantagenet, qui accomplirent ces stupides dévastations portaient déjà un titre républicain : ils s'appelaient des « commissaires [1] ».

La relation, je ne dirai pas la plus claire, mais la moins obscure de la débandade qui suivit, se trouve dans un manuscrit montois peu connu [2], où nous puiserons notre résumé très rapide. On est ici, en effet, comme dans un guet-apens ; on a hâte d'en sortir.

1. D. Thomas Le Roy et M. l'abbé Deschamps du Manoi, *Hist. du M. S.-M. du Péril de la mer*, p. 67.
2. Mss. d'Avr., n° 82.

Les malheureux moines, sous la pression des « commissaires » du roi, abandonnèrent Richard de la Mouche assez honteusement et procédèrent à l'élection tout illégale de Robert Hardy, cellerier de Fécamp, qui n'était, au dire des contemporains, « ni moine ni laïque ». Richard de la Mouche, seul fidèle à son devoir, était allé jusqu'à Rome déposer sa juste plainte aux pieds du souverain pontife Eugène III, qui excommunia l'intrus Robert Hardy.

Mais l'intrus résista, soutenu comme de raison par le roi-duc ; une relation faussée des événements fut adressée à Eugène III qui, ne sachant plus que croire, manda l'évêque d'Avranches, et comme si Dieu eût voulu mettre le comble à toutes ces confusions, Eugène III étant mort, son successeur Anastase fut obligé de reprendre l'affaire depuis le commencement.

Anastase maintint la condamnation de Robert Hardy et menaça le roi des foudres de l'Église, lui disant : « Si vous ne voulez pas nous entendre [1], « nous ne pouvons le souffrir plus longtemps sans tirer contre vous et « contre votre terre, sous l'autorité du Seigneur, le propre glaive du « Prince des apôtres... »

Le roi s'émut cette fois, d'autant qu'Eléonore et Mathilde, sa femme et sa mère, voulaient qu'on obéît au Pape. Des députés furent expédiés à Rome, où couraient en même temps Robert Hardy, Richard de la Mouche, l'autre Richard, évêque d'Avranches, les avocats du roi et ceux des moines.

Saint Michel, qui est toujours debout en la présence de Dieu, abaissa un regard vers la misère de ses serviteurs ; un souffle descendit des hauteurs, écartant ces nuages noirs dont aucun n'eut le temps d'éclater. Trois hommes moururent à point nommé : l'intrus, l'abbé légitime, l'évêque d'Avranches. La paix entre le Saint-Siège et Henri II se trouva ainsi faite d'elle-même ; ni l'un ni l'autre n'avait cédé, mais le Souverain Pontife gardait le bénéfice de sa ferme attitude et Henri restait sous le coup de la frayeur qu'il avait ressentie.

Il fut prudent par suite de cette frayeur, au moins pour un jour, et provoqua lui-même en l'abbaye, purgée de *commissaires*, la réunion du convent où eut lieu l'élection du successeur de Richard.

De cette élection enfin libre, faite selon le droit légitime, selon la règle de saint Benoît et selon le cœur de Dieu, sortit une des plus belles entre toutes les prélatures qui devaient illustrer le Mont des Miracles. L'élu avait nom Robert de Thorigny, et avec ce grand administrateur, nous montons tout d'un coup au faîte même de la gloire de Saint-Michel.

---

1. Se trouve transcrit au 1ᵉʳ feuillet de garde du même mss., n° 82.

LIVRE DEUXIÈME

LES MOINES

SOMMAIRE DU CHAPITRE TROISIÈME

Robert de Thorigny, sa piété et ses talents; faveur dont l'entoure Henri II. — Cruautés de ce prince, assassinat de saint Thomas Becket et pénitence publique d'Henri. — Jourdain le Calomnié; incendie du Mont Saint-Michel par les Bretons; l'aumône de Philippe-Auguste et le Mont Saint-Michel redevenu Français, la veille de Bouvines; achèvement de la Merveille. — Description de la Merveille : les Montgomeries, la salle des Chevaliers, le Cloître.

CHAPITRE III

I

Robert de Thorigny, selon l'orthographe commune, ou de Torigny, *Robertus a Torigneio*[1], comme il se désigne lui-même dans ses écrits, était né à Torigny-sur-Vire en l'année 1106, ainsi qu'il appert d'une inscription funéraire découverte par M. E. Corroyer. D'après D. Huynes[2], son père se nommait Téduin, sa mère Agnès. Son règne en ce domaine de saint Michel, entouré par le péril de

mer, espace étroit, mais plein de gloire, nous apparaît comme un petit

1. *Chronique de Rob. de Torigni*, publ. par M. Léopold Delisle, t. I, p. 284; t. II, p. 227.
2. T. I, p. 17.

siècle d'Auguste. Il fut personnellement un historien éloquent et savant, un écrivain fécond, un abbé très pieux et très puissant, un administrateur de premier ordre, un négociateur habile, un personnage public de haute valeur dont le rôle politique eut sa réelle importance dans les événements qui remplirent la seconde moitié du douzième siècle.

Ce fut en 1128 qu'il revêtit l'habit de saint Benoît dans cette noble abbaye du Bec qui retentissait encore des leçons d'Anselme et de Lanfranc. Onze ans plus tard, Henri, archidiacre de Huntingdon, le très célèbre historiographe anglais, admirait le zèle que Robert dépensait à réunir des livres religieux et profanes [1]. Dès cette époque, selon l'apparence, notre jeune moine, commençant sa carrière d'historien, reprenait les travaux de Guillaume de Jumièges. Il occupait à l'abbaye du Bec la dignité de prieur claustral, quand les moines du Mont Saint-Michel, voyant jour à guérir enfin ce mal d'anarchie dont nous avons raconté les phases désolantes, s'assemblèrent pour élire un supérieur légitime. Robert fut choisi comme abbé par le convent à l'unanimité des voix, le 27 mai 1154. Il n'est pas prouvé que le pouvoir royal ait été pour quelque chose dans la réunion de ce libre convent, mais il paraît certain que l'impératrice Mathilde et le roi-duc Henri II l'approuvèrent, car nous voyons, le 22 juillet suivant, Robert de Thorigny recevoir sans opposition, dans l'église de Saint-Philbert-sur-Risle, l'investiture des évêques Herbert d'Avranches et Gérard de Séez.

Il prit aussitôt le chemin du Mont Saint-Michel et s'attaqua à son œuvre, dont nos lecteurs peuvent mesurer les difficultés, puisqu'il arrivait là après les incendies, les désordres et les dévastations de toute sorte, au milieu d'un véritable amas de ruines. Lui-même nous a rendu compte des cinq premières années de son administration [2], dans les *Acta regiminis sui*. Nous avons déjà vu d'autres abbés aux prises avec ce dur travail de restauration, car la maison de saint Michel a un ennemi infatigable et connu qui sempiternellement en sape la base.

Le nouveau supérieur récupéra, il consolida, il acquit. L'Archange eut en lui un intendant incomparable. Disons néanmoins tout de suite que l'intérêt matériel du monastère ne prit que la moindre part de son effort.

Ce qu'il restaura surtout, ce fut la sainteté. Il avait un grand empire sur les âmes, et sans opérer aucune réforme nominale, il sut relever au plus haut le niveau des pratiques pieuses. En 1156, quand il visita Jersey et

---

1. *Epistola Henrici Archidiaconi ad Warinum* ap. *Chron. de Rob. de Torigni*, t. I, p. 98.
2. *Chron. de Rob. de Tor.*, t. II, p. 237-260.

Guernesey, la noblesse des Iles se pressa autour de sa parole et un grand nombre de gentilshommes voulurent embrasser la vie monastique pour se rapprocher de lui, pour lui ressembler. La liste de ces conversions est longue dans les *Acta regiminis*.

C'est un véritable prestige qui s'attachait à sa vie si pure, à ses vertus, à la ferveur de sa foi, au charme de son éloquence, et le nombre de ses religieux, en quelque sorte malgré lui, monta de quarante à soixante [1].

L'abbaye possédait en Angleterre de nombreux prieurés dont les ressources avaient été détruites pendant les guerres de famille et Robert passa le détroit comme un souverain qui visite ses provinces après avoir rendu la paix à sa capitale. Sa chronique parle peu des efforts qu'il dépensa ; on dirait que sa présence seule suffit à tout remettre en bon point. Ce qu'il ne passe pas sous silence, c'est la justice à lui rendue par Henri Plantagenet, à qui il s'était plaint du fiscal de Southampton. Les temps avaient bien changé. Le même Henri II, qui avait ravagé autrefois la basilique, répondit par ce rescrit :

« Henri, roi des Anglais, duc des Normands et des Aquitains, comte des Angevins, aux justiciers, vicomtes, prévôts et tous ses ministres d'Angleterre, de Normandie et des ports de mer, salut.

« J'ordonne que toutes les choses des moines du Mont Saint-Michel, lesquelles les hommes de l'abbaye pourront certifier leur être propres, soient libres d'impôts, de droits de passage et de pontage, de toute coutume par toute ma terre d'Angleterre et de Normandie et dans les ports de mer. Et je défends que personne les moleste à l'avenir [2]... »

La vie entière de Robert de Thorigny prouve qu'il n'avait point d'ambition personnelle ; mais il était ambitieux pour la maison de Saint-Michel. En faveur de son abbaye bien-aimée, il usait volontiers du don que Dieu lui avait conféré de plaire à tous, même aux grands de ce monde. Il saisit l'occasion du voyage qu'Henri II, marchant contre la Bretagne, fit à Avranches en 1158 pour lui porter l'hommage de sa gratitude. Le roi d'Angleterre, duc de Normandie, colosse de puissance, allait, avec sa grosse armée, écraser en passant le pauvre petit duc Conan IV de Bretagne, pour effrayer d'autant le roi de France Louis VII et paraître à ses yeux comme un foudre de guerre dans leur entrevue prochaine.

L'évêque d'Avranches, Herbert, fut chargé par Conan IV de conjurer la tempête et y parvint dans une certaine mesure. Robert ne dit point qu'il

---

1. Rob. Cenau, *Hierarchia Neustriæ*, ms. lat. de la Bibl. nat., n. 5201, f° 145 v°.
2. *Chron. Rob. de Tor.*, t. II, p. 247.

fut mêlé lui-même à cette négociation, mais la suite des événements le fait grandement supposer. Il obtint du moins, et ce ne dut point être chose aisée, que le Plantagenet viendrait s'humilier dans le sanctuaire de l'Archange, dépouillé et outragé par lui. « Il (Henri II) entendit la messe à l'autel majeur, et mangea dans le réfectoire des moines avec ses barons [1]. »

La glace était rompue : après le repas, Henri II passa dans le nouveau logis dit « la chambre de l'abbé », et le charme aidant de cette éloquente et haute charité, le Plantagenet, devenu tout à coup ami, plaça de son propre mouvement sous la dépendance des moines les églises royales du château de Pontorson, dont il venait d'ordonner la reconstruction. C'était là une faveur si imprévue et si grande que l'évêque d'Avranches protesta et que le roi-duc dut convoquer à Rouen (1160) une assemblée solennelle pour y faire reconnaître les droits nouveaux de l'abbaye du Mont Saint-Michel.

Henri II continua sa route pour prendre possession de la ville de Nantes, concédée par l'arrangement d'Avranches, puis, entrant dans le Poitou, il prit en trois jours la forte ville de Thouars, puis encore, se trouvant suffisamment couronné de triomphes faciles, il marcha en grande pompe à la rencontre de Louis VII, son suzerain. Dès le mois d'août précédent il y avait eu entre les deux rois, près de Gisors, une entrevue où l'on avait parlé d'un mariage entre le fils de Henri II et la fille de Louis VII, Marguerite de France. Les deux futurs beaux-pères devaient cette fois s'accorder tout à fait et placer l'union projetée sous la protection de l'Archange, esprit tutélaire de la commune patrie : car ces princes normands, anglais dans l'âme, se disaient encore français, chaque fois que leur intérêt le voulait.

Le jour de saint Clément, qui était un dimanche, les deux souverains entrèrent ensemble au monastère de Saint-Michel, où ils reçurent un magnifique accueil. Parmi les personnages illustres à divers degrés qui avaient accompagné les rois de France et d'Angleterre dans ce pèlerinage, nous avons à citer trois prêtres dont l'histoire s'est occupée beaucoup et que nous retrouverons. Le premier était Roland Rainuce, chancelier de l'Église romaine, qui, dès l'année suivante, prit la tiare sous le nom d'Alexandre III ; le second était le cardinal Octavian, dont Frédéric Barberousse fit l'antipape Victor IV ; le troisième et le plus célèbre était le grand chancelier de Henri II et le précepteur de son fils, Thomas Becket (ou A Becket, selon la forme anglaise), saint et martyr. Nous aurons à dire un mot des luttes de

1. *Chron. Rob. de Tor.*, t. I, p. 312-313.

ce grand prélat contre Henri II, ainsi que du sacrilège assassinat qui mit à son front l'auréole.

Il est peu parlé de Louis VII dans les manuscrits montois. C'était pourtant un vaillant chrétien et qui eut Suger pour ministre ; mais la France était sous le boisseau en attendant son heure. Il y est au contraire amplement question du Plantagenet, qui fut si frappé des mérites de l'abbé pendant son court séjour au Mont Saint-Michel que, peu de temps après, la reine Aliénor, sa femme, ayant mis au monde une fille à Domfront, Henri le choisit pour parrain. Robert de Thorigny fut touché plus profondément peut-être qu'il ne l'eût fallu par cette marque de la faveur royale, car vingt ans plus tard, enregistrant dans sa *Chronique* le mariage de la jeune princesse (Aliénor, comme sa mère), il rappelle avec complaisance les liens de parenté spirituelle qui le rattachent à sa « très chère dame et filleule [1] ». Chaque homme a sa mission, il fallait que Robert, pour être propre à l'accomplissement de la sienne, joignît à sa sincère piété cet esprit liant, presque mondain, et cette bienveillance polie qui le firent aimer des puissants de la terre. D'ailleurs il lui était permis d'être fier de celle qu'il avait tenue sur les fonts du baptême : Aliénor fut la mère de Blanche de Castille et par conséquent l'aïeule de notre saint Louis.

La confiance d'Henri II devait se manifester d'une façon plus frappante encore. Le lieutenant du roi du château reconstruit de Pontorson ayant forfait aux devoirs de sa charge, Henri, qui avait déjà donné (1158) le gouvernement des églises de ce lieu à l'abbé de Saint-Michel, y joignit le gouvernement tout militaire de la forteresse.

Robert fut convoqué au concile de Tours [2], réuni pour combattre les schismes qui divisaient l'Église (1163). On y déclara anathèmes l'antipape Victor IV (Octavian) et ses complices. A propos du souverain pontife Alexandre III, alors régnant, la *Chronique* de Robert de Thorigny remarque que trois papes seulement avaient occupé si longtemps la chaire romaine (vingt-deux ans). De nos jours, notre très saint Père Pie IX a dépassé les années de Pierre.

Cependant Henri Plantagenet avait repris ses projets de conquête sur le malheureux patrimoine de Conan [3]. Jamais guerre plus inégale n'ajouta page moins honorable aux annales d'un grand peuple. Contre ce vaillant petit pays de Bretagne, malade de ses querelles intestines, le Plantagenet

---

1. *Chron. Rob. de Tor.*, t. II, p. 116.
2. *Chron. de Rob. de Tor.*, p. 109 et 228
3. Dom Morice, p. 104.

ameutait un monde : « Il tenait de son père l'Anjou, le Maine et la Touraine, de sa mère Mathilde l'Angleterre et la Normandie, de sa femme Aliénor l'Aquitaine, la Gascogne et le Poitou [1]. Conan eut la sagesse de demander la paix. Les conditions de cette paix désastreuse furent que Constance, héritière de Bretagne, épouserait Geoffroy, troisième fils d'Henri, encore au berceau, et qu'elle aurait pour dot le duché tout entier, Conan ne se réservant que le comté de Guingamp. Ce fut à Rennes que les barons bretons furent obligés d'accepter cette convention inique et la *Chronique* de Robert dit : « Par cette ville qui est la tête de la Bretagne, il (Henri) prit livraison de tout le duché [2]. »

Henri aimait les ovations, et dans tout pays vaincu il se trouve bien quelque misérable pour tresser des couronnes au vainqueur. Henri *triompha* à Dol, à Combourg, etc., et revint pour la troisième fois au Mont Saint-Michel, dont le pieux abbé, prévenu par son affection reconnaissante, ne le jugeait peut-être pas avec impartialité. On s'étonne parfois de ne pas trouver dans la *Chronique* de Robert de Thorigny quelques paroles sévères au sujet de la longue série de crimes que fut la vie d'Henri Plantagenet. L'odieux assassinat qui eut, peu de temps après, le grand archevêque de Cantorbéry pour victime était bien loin d'être son coup d'essai, et déjà dans le pays de Galles, où il voulait réduire par la terreur les descendants d'Uter Pendragon, il avait fait « arracher les yeux à tous les enfants mâles et couper aux jeunes filles le nez et les oreilles [3] ».

Puisque je me suis déterminé à prononcer des paroles qui semblent jeter une ombre sur cette prélature si brillante et si belle, mon devoir est au moins de placer la défense en regard de l'accusation. Le Mont Saint-Michel sortait à peine de cette mauvaise période où il avait failli périr esclave. L'homme qui était ici-bas le représentant de l'Archange et le gardien de la maison sainte avait de redoutables ménagements à garder. Outre la loi d'obéissance aux princes de la terre dont un religieux ne se doit jamais départir à moins d'un conflit entre l'autorité temporelle et l'autorité supérieure de l'Église, outre la reconnaissance sympathique et personnelle que Robert devait au roi-duc, il y avait ce grand intérêt de la maison angélique qu'il ne fallait point mettre en danger.

Ceux qui portent sur eux les choses sacrées ne doivent pas subir à l'étourdie les entraînements de la générosité humaine, mais passer leur

---

1. De Roujoux, *Hist. des rois et ducs de Bretagne.*
2. ...*Totum ducatum saisivit*, t. I, p. 361.
3. Lingard, t. II, p. 367 et Guill. de Newbridge, 11, 17. Voir aussi Hoveden.

chemin en silence, pour ne point provoquer l'attaque des méchants qu'ils braveraient de bon cœur s'il ne s'agissait que d'eux-mêmes. Nous l'avons dit déjà et nous ne saurions trop le répéter : depuis que les fils illégitimes de Rollon s'étaient faits Anglais par la conquête, saint Michel n'était plus chez lui ; par un dessein de Dieu que l'avenir révélera et dont la lumière commence à poindre, puisque nous assistons au grand mouvement catholique qui soulève à cette heure même l'ancienne île des saints, le sanctuaire de l'Archange, prisonnier des Anglo-Normands, n'appartenait plus à la France.

Ses possesseurs et ses gardiens, ses *maîtres*, sont des princes dépaysés et dégradés qui tombent, emportés par une destinée : Satan est là, travaillant son œuvre de mensonge et de mort qu'il va farder de fausse jeunesse dans une couple de siècles et appeler pompeusement *la Renaissance*, comme pour annoncer que l'Europe renaît aux ombres de la terre après avoir lâché la proie du ciel. La grandeur du rôle de Robert est surtout dans sa difficulté ; son œuvre ressemble en petit à celle de l'Église, qui patiente et ménage tant qu'il est possible de ménager et de patienter, parce que la volonté de Jésus est qu'elle vive, là où toute autre chose mourrait.

En 1169, l'enfant-duc Geoffroy vint à Rennes prendre possession de son domaine et Henri ne tarda pas à l'y joindre. Il y eut encore des fêtes et des triomphes au milieu d'une population accablée de douleur et toute frémissante de colère. Robert de Thorigny fut du voyage. Avec Autbert, évêque d'Aleth, et Étienne, évêque de Rennes, il essaya de faire prévaloir chez Henri des idées de clémence. Il fit beaucoup ; il ne fit pas assez. En vieillissant, le caractère du Plantagenet, naturellement cruel, s'aigrissait et devenait impitoyable. Il parcourut une grande partie de la Bretagne pour forcer les seigneurs qui n'avaient pas assisté aux cérémonies de Rennes à prêter entre ses mains le serment de féauté [1] et répandit partout la terreur en ravageant les héritages de ceux qui hésitaient à courber la tête sous le joug de l'étranger.

Nous abrégerons cette page, parce que nous voici arrivé au fait historique le plus considérable parmi ceux qui marquèrent le temps de Robert de Thorigny et au plus grand crime d'Henri II : le meurtre de saint Thomas de Cantorbéry. Nous vîmes un jour ce grand chrétien, jeune encore, lors du premier pèlerinage du Plantagenet, avec ceux qui devaient être le pape Alexandre III et l'antipape Victor IV. De cette rencontre, une belle amitié était née entre Robert de Thorigny et Thomas Becket, malgré la

1. John Brompton, cité par M. de Roujoux, t. II, p. 195.

différence de leurs natures ; car autant Robert était conciliant et prudent à cause de sa charge, autant Thomas, à cause de la sienne, était entier et absolu. L'un avait à faire vivre une communauté opprimée, l'autre avait à porter le drapeau même de l'Eglise souveraine.

Aussitôt que Thomas fut assis sur le siège de Cantorbéry avec le titre de primat d'Angleterre, son amitié pour son roi céda le pas à sa fidélité en Dieu. Henri ayant voulu mettre son talon sur les libertés de l'Église comme il foulait tout aux pieds, Thomas Becket l'arrêta au premier pas avec une énergie inflexible. Henri, étonné d'abord, puis furieux, essaya de

briser cette résistance ; il se trouva qu'elle était de fer. Henri fit condamner Thomas à la prison par les magistrats-valets de son parlement. Thomas se réfugia en France. En 1170, Henri le rappela avec de belles promesses. Thomas appartenait au service de Dieu ; il revint et fit bien, puisqu'il avait le cœur pur et qu'il était préparé au martyre.

A peine avait-il repris possession de son siège que de nouveaux empiètements du roi amenèrent une résistance nouvelle de la part du primat, si bien que la querelle se ranima plus violente et qu'un jour Henri II, dans un de ces fauves accès où sa cautèle l'abandonnait, s'écria devant sa cour : « Honte et malheur aux lâches valets qui me laissent si longtemps exposé à l'insolence d'un prêtre ! » Cela valait juste un coup de hache.

Quelques jours après, le 29 décembre, dans l'après-midi, quatre chevaliers : Renauld, Guillaume de Tracy, Hugues de Morville et Richard le Breton, s'introduisirent au palais archiépiscopal, où ils sommèrent Thomas de lever les suspenses prononcées contre les violateurs des lois de l'Eglise et de reprendre le chemin de l'exil. Thomas refusa l'un et l'autre. « C'est déjà trop d'avoir quitté mon église une fois, dit-il. Je reste ici, et quiconque frappera l'Eglise sera frappé par les armes que l'Eglise m'a confiées. »

Les quatre gentilshommes voulurent l'entraîner de vive force. On dit qu'ils étaient armés de toutes pièces pour livrer cette lâche et sacrilège bataille. Les clercs du primat le dégagèrent et le firent entrer dans la basilique, où les quatre chevaliers pénétrèrent presque en même temps que lui, criant : « Où est Thomas a Becket, traître au roi et au royaume ? — Me voici, répondit le pontife, qui aurait pu fuir et ne le voulut ; je ne suis point traître au roi, mais prêtre du Seigneur. »

On lui dit qu'il allait mourir. Il répondit : « Je suis prêt ; puisse mon sang donner à l'Eglise paix et liberté ! » Aussitôt, les quatre chevaliers se jetèrent sur lui, cherchant à l'entraîner ; il saisit une colonne, et en ce moment Renauld lui asséna un premier coup sur la tête ; Guillaume de Tracy lui en porta deux autres à la même place, et le coup de grâce fut donné par Richard le Breton. Ainsi le Plantagenet n'eut plus motif d'accuser ses valets de fainéantise.

La chrétienté tout entière accueillit par un cri d'horreur la nouvelle de cet effroyable attentat. Henri fut épouvanté : les historiens le représentent tremblant au fond de son palais. Ce métier de tigre a de mauvaises heures. Le roi de France écrivit au pape pour lui rappeler qu'il était armé du glaive de Pierre et que toute l'Eglise attendait l'arrêt de sa justice.

La justice du Saint-Père ne fut pas lente à venir. Alexandre III envoya deux légats, chargés d'instruire cette cause d'autant plus funeste que le coupable portait sceptre et couronne : Théodvin, cardinal du titre de Saint-Vital, et Albert, cardinal du titre de Saint-Laurent. Dès que le roi-duc apprit leur arrivée sur ses terres, il quitta l'Irlande, où il avait d'abord réfugié son inquiétude, et entra en Normandie. Il avait de l'effroi, mais non point encore de repentir. Il rompit brusquement une première entrevue à Goron, une autre à Savigny, où il congédia les légats avec insolence, disant : « Allez où il vous plaira. » Tout crime contient un germe de schisme et la grande trahison du huitième Henri couvait dans le mauvais cœur de ce roi.

Les évêques de Lisieux, de Poitiers, de Salisbury et sans doute l'abbé du Mont Saint-Michel s'interposèrent alors. Robert ne parle point de lui-même en cette occasion, mais il avait le don des négociateurs-nés, qui est de s'effacer, et il fut très étroitement mêlé à tous ces événements, conseillant d'un côté la soumission, de l'autre la miséricorde. A la troisième entrevue, qui eut lieu à Avranches, toute la morgue d'Henri tomba. Il parla enfin en chrétien repentant et demanda seulement que l'acte solennel de sa pénitence fût remis au dimanche suivant pour que son fils y pût assister.

Ainsi en fut-il : le dimanche 22 mai 1172, sur la place de la cathédrale Saint-André d'Avranches, le vieux roi criminel se présenta pour faire amende honorable, et le peuple vit la juste grandeur de l'Eglise : les légats présentèrent le livre des Evangiles à Henri pour qu'il y étendit la main et il dit ce qui devait être la vérité, tout chrétien le souhaite : « Je jure que je n'ai ni ordonné ni voulu le meurtre de l'archevêque, mais j'accomplirai la satisfaction qui me sera imposée par l'Eglise, parce que mes paroles ont pu donner à croire que ce meurtre serait selon mon plaisir. »

Ayant été mené au seuil de la cathédrale, il s'y agenouilla sur une pierre que l'on montre encore, *sans néanmoins dépouiller ses vêtements ni être frappé de verges* [1]. Cela fait, on lui ouvrit l'accès du temple : l'Eglise avait ressuscité ce mort. Une autre cérémonie pareille, mais plus solennelle encore, eut lieu quatre mois plus tard au même lieu, en présence de l'archevêque de Rouen, de tous les évêques et de tous les abbés de la province, entourés d'une foule immense venue de tous les pays. Henri renouvela ses déclarations et ses serments sur les reliques des saints. L'héritier de la couronne d'Angleterre était là qui se soumit comme lui et comme lui jura.

Saint Michel, du haut de sa maison, à travers les grèves, vit cette dure pénitence qui écrasa un terrible orgueil ; les chroniques du temps souhaitent qu'elle ait été sincère et l'une d'elles en exprime l'espérance par cette raison que le Plantagenet fut puni dès ce monde par les rébellions de ses sujets et de ses propres enfants. « Les peines de cette vie, dit-elle, sont la clémence de Dieu. »

Nous avons expliqué déjà la réserve excessive de Robert par rapport à ces choses qu'il suivit de si près et où il fut même partie très heureusement active. M. L. Delisle, après avoir remarqué ce silence du pieux abbé (qui s'étend à tous les méfaits du roi-duc), l'attribue à « la respectueuse affection qu'il avait vouée » à son souverain et ajoute qu' « autrement ce silence serait d'autant plus étonnant qu'il avait particulièrement connu Thomas Becket [2] ». Dans son œuvre, Robert n'accorda à saint Thomas qu'un paragraphe de quatre lignes [3] et quatre vers latins pleins de jeux de mots intraduisibles [4] ; ce n'est en vérité pas assez.

---

1. *Non tamen exutis vestibus, neque verberibus appositis.*
2. T. II, préf., p. xii.
3. *Chron. Rob. de Tor.* ; t. II, p. 229.
4. *Annus millenus centenus septuagenus.*
   Primus erat, primas quo ruit ense Tomas,
   Quinta dies natalis erat, flos orbis ab orbe
   Vellitur et fructus incipit esse poli.
   (*Ibid.*, p. 25.)

II

A dater de ce moment, Robert de Thorigny se donna tout entier à sa piété, à son goût pour les lettres et aux soins de son administration très habile. Les biens qu'il rendit, conserva ou donna sont énumérés dans ce monument paléographique très célèbre, *le cartulaire du Mont Saint Michel,* qui est un des plus précieux trésors de la Bibliothèque d'Avranches [1]. C'est un volume grand in-folio en parchemin de choix. La partie composée sous la direction de Robert est écrite avec un soin extrême. Au commencement du cartulaire et remplissant une page entière, se trouve un dessin au trait rehaussé de dorures : l'apparition de saint Michel à saint Aubert. A la suite vient le récit de la vision angélique, puis un travail historique sur la Normandie. C'est au folio 13 que commencent les chartes ; çà et là l'enlumineur a voulu conserver le souvenir des illustres bienfaiteurs de la communauté : c'est ainsi que nous voyons tour à tour les ducs et les duchesses de Normandie, les Richard et les Gonnor, dérouler le *volumen* sur lequel sont inscrites leurs générosités à l'autel de l'Archange. Jusqu'au treizième siècle on a ajouté des pièces aux documents enregistrés pendant la prélature de Robert de Thorigny [2].

Nous ne plaçons pourtant pas ce chef-d'œuvre de l'art graphique du treizième siècle au nombre des cent vingt volumes [3] dont Robert est l'auteur et parmi lesquels plusieurs nous sont heureusement parvenus, entre autres *la Chronique générale, destinée à servir de complément à la Chronique de Sigebert* [4], que nous avons citée tant de fois. M. L. Delisle estime que Robert en donna trois éditions de son vivant [5]. Après sa mort les éditions s'en multiplièrent à l'infini, en France et à l'étranger.

Nous avons de lui en outre : 1° le *Traité sur les ordres monastiques et les abbayes normandes* ; 2° les *Catalogues des archevêques, des évêques et des abbés de diverses églises de France et d'Angleterre* ; 3° les *Annales du Mont Saint-Michel* ; 4° la *Rubrique abrégée des abbés du Mont Saint-Michel;* il y a, dans cette chronique, des renseignements précis que l'on ne pourrait trouver ailleurs ; 5° enfin des préfaces et un précieux recueil des documents qui devaient faciliter ses travaux.

1. Mss. d'Avr., n° 210.
2. Pertz, *Archiv.* VIII. 381 ; Ravaisson, *Rapports.*
3. Rob. Cenau, *Hierarchia Neustriæ,* f° 145 v°.
4. Mss. d'Avranches, n. 159.
5. *Préface*, p. xiii.

Outre son œuvre propre, dont une si faible portion nous est restée, il favorisa très puissamment les études d'autrui et, sous son autorité, le Mont Saint-Michel devint un centre littéraire. La belle prose de saint Michel semble être de son temps [1], ainsi que les poèmes latins *sur les anges* et *sur les deux Monts*, dont parle D. Montfaucon [2] ; et le *Romanz du Mont Saint-Michel* du moine trouvère Guillaume de Saint-Pair appartient certainement à son règne [3]. Ce poème si charmant, et qui est une des œuvres du siècle, n'a été mentionné ni par D. Huynes, ni par D. Thomas Le Roy : nous citons le fait comme étant inexplicable.

Il paraît certain que la plupart des manuscrits du douzième siècle, au nombre de soixante-sept, ayant appartenu au Mont et déposés à la bibliothèque d'Avranches furent réunis par les soins de Robert de Thorigny, car plusieurs de ces vénérables ouvrages portent à la fin la note suivante : « Ce livre est de la bibliothèque de Saint-Michel au Péril de la mer que Dom Robert abbé fit faire [4].

Il nous reste à caractériser brièvement l'œuvre architecturale de ce très éminent supérieur. La ruine s'est attachée à ses constructions comme à ses livres et la plupart ont violemment disparu. On doit dire d'abord que, selon l'apparence, il fut porté à ces travaux non point tout à fait par le souvenir de la grande conception d'Hildebert II, que Jourdain reprit un peu plus tard, mais par les besoins du moment qu'il fallait satisfaire. Les bâtiments construits par les précédents abbés étaient devenus notoirement insuffisants. Robert semble avoir songé surtout à les agrandir. D. Le Roy [5] dit qu' « en l'année 1163 furent construits les bastiments qui sont dessus et dessoubs la chapelle Saint-Étienne, qui est joignant la chapelle de Notre-Dame soubs terre ». Ces bâtiments, dont la destination n'est point spécifiée, étaient séparés complètement de la partie cloîtrée et par conséquent semblent avoir été affectés à une *hôtellerie*. Tout auprès, en 1164, Robert édifia une infirmerie. Je dois dire qu'il y a précisément procès entre les écrivains modernes sur la question de savoir lequel de ces deux derniers bâtiments était l'infirmerie, lequel l'hôtellerie.

D. Le Roy prête encore à Robert une construction au nord « entre le chapitre commencé et le vieil dortoir [6] » ; il n'en reste plus que les murs.

---

1. *Annal. relig. de l'Avranchin*, pag. 14 et suiv.
2. *Nova Bibliotheca bibliothecarum*, t. II, p. 1353.
3. M. E. de Beaurepaire a publié sur G. de Saint-Pair une très belle étude.
4. *Recherches sur le M.S.-M.*, par M. de Gerville, p. 28.
5. *Cur. Rech.*, t. I, p. 170.
6. *Cur. Rech.*, t. I, p. 179, 180.

Ce qui a bien survécu de l'œuvre de cette prélature, c'est l'énorme enveloppe partant, à l'ouest, du pied du rocher et montant jusqu'à la plate-forme de la basilique. On désigne généralement cet ensemble de constructions sous le nom de *Plomb-du-Four* [1]. Dans la pensée vraiment grande de Robert de Thorigny, ce n'était qu'un piédestal destiné à soutenir la gloire nouvelle de la basilique : deux tours, dressant à l'occident du Mont leurs flèches hardies, reliées en avant par un porche et qui complétaient avec une admirable élégance l'harmonie monumentale de l'aspect. C'était là une belle œuvre ; mais, nous l'avons dit en commençant, elle n'était point destinée à vivre. Les mesures de l'architecte avaient été mal prises au point de vue de la solidité. Après quelques années seulement une des tours croula ; c'était celle précisément qui renfermait la bibliothèque du savant abbé, de sorte que la ruine de son œuvre architecturale entraîna, selon les probabilités, la perte de ses travaux de lettré qui nous manquent. Pour soutenir la seconde flèche, qui avait résisté jusque-là, il fallut, en 1618, dresser un massif contrefort qui n'en put retarder la chute au delà d'un siècle. Les infirmeries ont croulé en 1817. Il est impossible de ne pas rappeler le titre et le nom de *l'architecte* [2] Hildebert, en admirant la robuste santé de son œuvre qui vit périr ainsi ses cadettes et resta debout.

Nous ne dirons qu'un mot de la puissance de l'abbaye comme fief. Quand Robert se rendit, en 1172, à Caen, où le roi-duc tenait ses assises, on fit le compte des hommes d'armes de Saint-Michel qui étaient vraiment la fleur de la noblesse des diocèses d'Avranches et de Coutances : nous donnons en note la liste de ceux qui lui rendirent hommage au jour de sa prise de possession [3], et nous ajoutons que l'abbé de Saint-Michel devait *sept chevaliers* armés avec leur suite pour le service du duc. Lui-même ne sortait de l'enceinte du monastère qu'accompagné de ses libres vavasseurs, *cum scuto et lancea,* tandis que d'autres avaient la garde des murailles et recevaient même leurs habits des religieux.

La sépulture de Robert de Thorigny a été retrouvée en 1875 [4] par M. E.

---

1. L'intérieur de cette masse de pierres renferme les fameuses prisons.
2. Expression citée de M. E. Corroyer.
3. Le comte de Chester, Guillaume de Saint-Jean, Foulques Poisnel, Asculphe de Soligny et son fils Gillebert, Jourdain Tesson, Guillaume Avenel, Guillaume d'Avranches, Robert de Briencourt, Geoffroy de Venuiz, Guillaume Chamberlenc, Guillaume de Bras, Eudes de Tanis, Robert de Saint-Jean, Jean de Combourg, Hugues, Renault Grimbault, Guillaume de Orival, Robert de Tot, Regnault, du Mesnil, Jean de Soligny, Hugues Male Herbe, Gellin de Mondeville, Robert de Missé, Raoul de Clecy, Raoul Taillebois, Raoul Tesson. *Chron. Rob. de Thor.*, t. II, p. 296-303.
4. Mort le 24 juin 1186. — *Les découvertes au M. S.-M. en* 1875, par M. de Beaurepaire, p. 6 et suiv.

Corroyer, au moment où il dirigeait les travaux de la grande terrasse qui portait autrefois les deux tours et le porche, à l'ouest de la basilique. Le corps, revêtu de l'habit bénédictin, reposait dans un cercueil de pierre de Sainteny ; au côté droit était la crosse à la hampe de bois, à la volute en plomb. Sur le crâne avait été placé un disque orné d'une croix au centre de laquelle se trouve une main bénissante accostée de l'A et de l'Ω. Alentour on lit la légende suivante :

† Hic reqviescit Robertvs de Torigneio abbas hvivs loci ;

au revers la légende continue :

† Qvi prefvit hvic monasterio XXXII annis, vixit vero LXXX annis.

III

Malgré l'âge si avancé de leur supérieur, les moines du Mont ressentirent sa perte très profondément et restèrent treize mois sans procéder à une élection nouvelle. Peut-être était-ce aussi frayeur du vieux roi Henri, devant qui tout tremblait. Enfin, pressés par les dilapidations des seigneurs voisins qui profitaient toujours des interrègnes pour mal faire, ils se réunirent et nommèrent l'un d'entre eux, Martin. Le disque de sa sépulture, découverte aussi en 1875, l'appelle Martin de *Furmendeio*. Les manuscrits disent de lui peu de chose, mais ce peu de chose est bon.

L'abbé Desroches rapporte à propos de lui ce fait curieux que « Raoul de Fougères *devait* venir au Mont (c'était un très grand seigneur) sonner le premier coup de vêpres et de matines, le jour de Saint-Michel, et passer ensuite la corde aux servants de l'abbaye auxquels il donnait un tonneau de vin. Le sire de Macey était tenu de l'éveiller pour matines et de le conduire au monastère avec une lanterne [1]. » Ces coutumes féodales, qui se présentent à nous comme des énigmes, souvent bizarres, ont presque tou-

1. *Hist. du M. S.-M.*, t. I, p. 370.

jours de graves origines. Ce sont, la plupart du temps, des commémorations et quelquefois des expiations qui racontent encore, après des siècles, une histoire funeste, héroïque ou touchante.

A Martin succéda un autre moine du Mont, Jourdain (12 mars 1191), dont l'œuvre fut des plus considérables et dont la vie semble se poser en problème historique. Les grands chroniqueurs de Saint-Michel, D. Huynes et D. Le Roy, le traitent on ne peut plus favorablement ; des écrivains plus modernes célèbrent non seulement ses talents, qui ne sont pas douteux, mais encore ses vertus. A cet égard nous allons entendre une voix inconnue, mais sonore, protester avec une singulière violence. Le *Gallia Christiana*, qui aurait pu éclairer le différend, se borne à rapporter les actes de Jourdain sans commentaires, et semble avoir ignoré les accusations graves auxquelles nous faisons allusion, quoiqu'elles émanent des religieux mêmes de l'abbaye, et qu'elles se trouvent reproduites en un manuscrit montois où D. Bessin les copia pour les publier dans les *Concilia Provinciæ Normanæ* [1]. Ces accusations furent portées jusqu'au trône du Souverain Pontife, qui était alors Innocent III.

Voici ce que les moines, ou tout au moins certains moines du Mont Saint-Michel reprochaient à leur abbé : ils l'accusaient « de ne prendre jamais
« conseil de ses frères ; — de trouver insuffisante pour lui la moitié des
« revenus du monastère ; — de faire son habituelle société de personnes irré-
« ligieuses ; — de ne point corriger les gens malhonnêtes pillant les
« biens de la communauté ; — de ne point assister aux exercices religieux
« ni à l'office divin ;

« *D'avoir vendu chapes précieuses, manuscrits, ornements, croix et*
« *calices* ; d'avoir détruit les bois, d'avoir anéanti les ressources du prieur,
« du chantre, du sacristain, de l'infirmier, de l'aumônier... » Et l'accusateur ajoutait : « *Le pain manque aux frères de notre congrégation.* »

Cependant Jourdain eut une longue prélature et fut maintenu en la possession de son siège abbatial jusqu'à sa mort. Son œuvre d'abbé constructeur fut considérable, la plus grande peut-être après celle d'Hildebert, et il faut chercher sans doute dans les sacrifices trop lourds imposés à la communauté par l'importance même de cette œuvre, l'origine principale des mécontentements qui se traduisirent par la calomnie : on a le droit de prononcer ce mot, puisque Jourdain fut maintenu en possession de la crosse, ce qui nécessairement implique une décision du Souverain Pontife en sa faveur.

1. P. 9.

Nous allons dire pourtant une autre cause de la haine qu'il pouvait inspirer à quelques religieux : l'astre de la race anglo-normande se couchait dans un nuage tout noir de hontes et de crimes. Saint Michel ne voulait plus de ces gardiens tant de fois déshonorés, et il fallait que son sanctuaire français revînt à la France. Il y avait deux partis dans le couvent : les amis de la France qui venait et ceux de l'Angleterre qui s'en allait, emportant avec elle les prieurés d'outre-Manche et leurs très opulents revenus. Je ne sais si quelqu'un a déjà considéré les choses à ce point de vue, mais c'est le vrai en ce qui concerne la lutte de certains moines contre Jourdain, qui tint la crosse à cette époque où notre gloire nationale, si longtemps assombrie, reprend soudain tous ses rayons.

Henri II était mort misérablement à Chinon en 1189. Il avait coutume de jurer *par les yeux de Dieu*[1] ; Dieu le vit. Richard Cœur-de-Lion, après lui, avait passé, éclatant mais turbulent, comme une lueur de tempête ; et Jean sans Terre était venu, dernier et plus bas terme de cette étonnante décadence où les successeurs du Conquérant se laissaient fatalement précipiter. « Mal, sois mon bien ! » dit en parlant d'eux Michelet qui se souvenait de Milton. Ils étaient abandonnés de Dieu, ils étaient près de renier Dieu et se ruaient déjà vers l'abîme suprême où l'apostasie d'Henri Tudor devait plus tard les pousser. Mais par-dessus ces belles campagnes de Normandie, esclaves de la race condamnée, le regard de saint Michel archange se tournait vers la patrie adoptée, la France, et là il voyait l'homme des jours nouveaux, Philippe-Auguste, destiné à délivrer la basilique captive en rendant à la couronne de Charlemagne ses joyaux les plus précieux : sept provinces opulentes et illustres.

En avril 1203, Jean-sans-Terre, que M. Guizot trop clément appelle un prince « poltron et insolent, fourbe et étourdi, colère, débauché, paresseux », assassina de sa propre main Arthur de Bretagne, son neveu, fils de Geoffroy et de Constance. Jean jurait *par les dents de Dieu*[2] ; Dieu le mordit.

Philippe-Auguste, dont le règne ne fut pas sans reproche, mais qui avait en lui déjà cette grande pensée de rétablir à tout prix l'unité française, saisit l'occasion avec une habileté qui était en même temps de la justice. La victime et l'assassin étaient pareillement ses vassaux, l'un comme duc de Bretagne, l'autre comme duc de Normandie. Il appela Jean-sans-Terre devant la cour des barons pour y rendre compte de sa conduite.

1. Michelet, *Hist. de Fr.*, t. III, p. 95.
2. Michelet, *Hist. de Fr.*, p. 96.

L'assassin, bien entendu, fit défaut, et la cour ayant déclaré forfaites ses terres de France : Vexin, Normandie, Anjou, Maine, Touraine, Poitou, Auvergne, la guerre commença aussitôt.

Philippe-Auguste y eut pour allié Guy de Thouars, beau-père d'Arthur, « qui régissait alors le duché de Bretagne [1] », et qui entra en campagne avec une animosité peut-être concevable, mais dont les suites devaient être funestes. Deux écrivains contemporains nous ont laissé le récit du grand incendie du Mont Saint-Michel allumé par les Bretons. Nous venons de citer le premier Guillaume d'Armorique : l'autre, dont l'œuvre est un poème intitulé *la Philippéide,* avait nom Guillaume le Breton d'Armorique, et cette presque similitude de noms les fait souvent prendre l'un pour l'autre. Nous traduisons celui qui a écrit en prose et nous l'abrégeons : « L'an [2] de l'Incarnation, etc. (1203), Philippe le Magnanime, aussitôt après l'octave de Pâques, entra en Neustrie avec une grande multitude de soldats et vint jusqu'au château nommé Falaise... Cependant Guy de Thouars pénétrait aussi en Normandie par la frontière du bas, à la tête de quatre cents chevaliers et d'une armée immense de Bretons, pour mettre le siège devant la montagne du B. S. Michel... qu'on estimait inexpugnable. En ces parages, le flot croît ou décroît plus ou moins selon les quartiers de la lune ; on était alors au septième jour du troisième quartier (la morte eau) et pendant quatre jours entiers la plus grande partie du littoral, vers la côte de l'occident, resta à sec jusqu'à l'entrée de la ville.

« Les Bretons, qui connaissaient bien les marées, profitèrent de ce temps pour assiéger le Mont, brisèrent la seule porte par où l'on accédât à la ville et mirent le feu aux maisons. La flamme, s'élevant en haut d'après sa nature, consuma logis des habitants, forteresse, officine des moines et jusqu'à l'église... »

On remarquera que le Mont Saint-Michel fut incendié, mais non pas pris. Les Bretons se jetèrent en effet sur Avranches, qu'ils saccagèrent, vengeant ainsi sur des innocents le lâche crime du roi anglais. A la nouvelle de ce grand désastre, le roi de France, qui était à Caen, ressentit un profond chagrin : l'auteur de *la Philippéide* s'écrie :

Compatitur prius ecclesiæ rerumque ruin.s.

Et la douleur de Philippe-Auguste ne fut pas inféconde. Avec lui commence véritablement le rôle de nos rois vis-à-vis du Mont Saint-Michel

---

1. Guillaume d'Armorique, chapelain du roi, au *Recueil des Historiens de Fr.*, t. XVII, p. 79.
2. *Loco cit.*, p. 79, 80.

rapatrié et redevenu français. Philippe ouvrit la main largement et aida les moines à *renouveler* la beauté du sanctuaire.

Largifluaque manu monachos juvat in renovando.

Un manuscrit de la Bibliothèque nationale [1] dit à ce propos : « Au temps (de Jourdain) l'église fut brûlée par les Bretons et lui-même la réédifia : toiture, tour et réfectoire, AVEC LES LIBÉRALITÉS DE PHILIPPE, ROI DES FRANCS. »

D. Huynes [2] et D. Le Roy [3] se bornent à dire que les deniers royaux servirent à remettre les édifices brûlés en état, mais il est des choses qu'il faut regarder à distance pour en bien mesurer la grandeur. Ce nom maintenant si populaire de l'œuvre accomplie par Jourdain fut lent à venir ; c'est, croyons-nous, le P. Feuardent qui a caractérisé le premier et baptisé l'usage auquel furent employées les largesses de Philippe-Auguste, dont la royale aumône paya [4] la construction de LA MERVEILLE :

« C'est une muraille, dit M. V. Jacques [5], d'une hardiesse étonnante (soixante-cinq mètres de long), d'un essor prodigieux (trente-trois mètres de haut), appuyée par quinze contreforts dont l'art cache si bien les combinaisons savantes qu'un enlacement de lignes calculées pour la solidité de l'édifice se transforme en ornement véritable. L'œil s'emplit de vertige à regarder ces fauves assises qui montent jusqu'aux nues, avec leur végétation de mousse, de lichens, d'arbustes épineux, d'œillets purpurins et où les tiercelets, quelquefois même l'aigle marin, trompés par la hauteur et la solitude, ne craignent pas d'établir leur nid. »

C'est cela, sauf ces terribles chiffres en mètres qui rapetissent tout. C'est cela, mais c'est bien plus encore que cela : c'est le niveau même du monastère, élevé à la hauteur qu'il faut pour être digne de porter la gloire de l'Archange et c'est l'austère parure assez grande, assez pure aussi pour avoir mérité cet incomparable honneur d'être *l'ex-voto* royal, suspendu par la France aux flancs du palais de saint Michel !

Plusieurs abbés sont désignés par les auteurs comme ayant été les architectes de cette œuvre splendide. Il y a doute. On a nommé Ranulphe, Robert II et d'autres. Sans avoir la prétention de trancher le différend, je vais dire les motifs qui me portent, après le P. Feuardent, ce vieux familier du mont, à mettre au compte de Jourdain *le Calomnié*, la construction de la Merveille. C'est d'abord la calomnie même qui toujours dénonce

---

1. Mss. n. 18147.
2. T. I, p. 188 et 189.
3. T. I, p. 179 et 180.
4. P. 14.
5. *Le Mont Saint-Michel*, p. 111.

une valeur cachée, c'est ensuite la qualité des griefs portés contre Jourdain jusques en cour de Rome par ses persécuteurs anonymes, griefs qui dénoncent chez cet abbé un si implacable besoin d'argent : « les religieux manquaient de pain! » et qui, d'autre part, n'étant sanctionnés par aucun châtiment connu, donnent à penser que ce passionné besoin d'épargne s'appliquait à un but louable.

Faut-il ajouter que la pensée de la France est pour beaucoup dans mon choix et qu'il m'est précieux de croire que ce colossal bijou de granit fut le cadeau de Philippe-Auguste reprenant possession de la France de l'ouest, le don du joyeux avènement national?

Quelle portion en fut construite au temps même de Jourdain? Sans doute, comme Hildebert, il conçut, commença et n'acheva pas. M. Corroyer, jugeant sa science et son expérience, croit que le plan d'ensemble du monastère nouveau[1] fut *complètement arrêté*, et malgré les difficultés d'un travail « presque aérien », le calomnié ne s'arrêta jamais. Quand il mourut (1212), les travaux devaient avoir dépassé le premier étage : les *celliers* ou *Montgomeries* existaient, ainsi que la salle dite des *Aumônes* et peut-être même partie du vaisseau qu'on appelle *Salle des chevaliers*.

Avec la prélature de Raoul des Iles, successeur de Jourdain, les prétentions des évêques d'Avranches, nouvelle forme de l'empiètement séculier, apparaissent. L'évêque d'alors, Guillaume d'Otteillé, mit en avant son prétendu droit de présider à l'élection, chose tout intérieure et de sa nature même indépendante. A cet égard, les bulles des souverains pontifes étaient formelles, et Guillaume d'Otteillé fut évincé; mais le premier pas était fait.

Raoul des Iles eut un règne pieux et profitable. L'abbaye avait besoin de toutes ses ressources après l'effort héroïque de Jourdain et les pertes si considérables subies en conséquence des derniers conflits politiques, car il va sans dire que Jean-sans-Terre, chassé du Mont, avait séquestré ou confisqué la totalité des biens de Saint-Michel en ses Etats anglais. Ces biens avaient une valeur incalculable. Heureusement, les seigneurs de France, à l'exemple de leur roi, tinrent à l'honneur de récompenser l'abbaye, dont le patriotisme, foulant aux pieds son intérêt, avait renoncé à des domaines qui auraient suffi à former plusieurs apanages de princes. La France faisait bien d'honorer et de dorer la montagne sur laquelle le labarum flottait, car la cloche de Saint-Michel, redevenue française, allait sonner une de ces heures de grande gloire qui étonnent et conjurent si souvent nos plus extrêmes périls. La fille aînée de l'Eglise est habituée au

1. P. 138 et suiv.

secours des miracles, et tant qu'elle a une voix pour bénir le nom de Dieu,

La poterne.

il ne lui est pas permis de désespérer. Crions vers Dieu et que l'espoir soit au plein de nos âmes !

Tout assassin persécute l'Eglise, c'est dans l'ordre. L'assassin Jean-sans-Terre avait persécuté l'Eglise avec une telle impudeur, que le pape Innocent III le frappa enfin d'excommunication. Philippe-Auguste se souvint alors qu'il était le champion du Saint-Siège et prit les armes. Dans sa panique, Jean Plantagenet non seulement fit soumission au Pape, mais poussa l'hypocrisie jusqu'à offrir son royaume « aux apôtres Pierre et Paul, à Innocent et ses successeurs [1] ». En même temps, il formait secrètement contre Philippe une ligue composée du comte de Flandre, de l'empereur Othon IV et de plusieurs princes du Nord, mécontents de voir l'autorité royale s'asseoir chez nous et y grandir. A son tour, le trône de France chancela, mais saint Michel restauré se souvint de Clovis et de Charlemagne ; la bataille de Bouvines consterna l'Europe ennemie et Philippe-Auguste est grand dans l'histoire, presque malgré lui-même, parce qu'il fut docile un jour et se fit l'ouvrier du dessein de Dieu.

Raoul construisit, en 1217, selon D. Le Roy [2], la magnifique salle de la Merveille connue sous le nom de *Réfectoire*. Le *Gallia Christiana* lui attribue [3] également les murs du cloître. Frappé de paralysie en 1219, il fut remplacé par Thomas des Chambres, excellent abbé, dont on parle peu, auquel succéda Raoul de Villedieu, qui eut l'honneur insigne d'achever la Merveille.

Sous ce gouvernement, prospère d'ailleurs, la querelle commencée entre Guillaume d'Otteillé et le monastère, ou, pour parler plus exactement, entre le clergé séculier et les réguliers, eut sa solution qui ne fut pas favorable aux moines [4]. L'archidiacre, fait observer D. Le Roy, esprit très gaulois, « ayant sceu que son évesque avait obtenu *trente*, crut à tout le moins pouvoir obtenir *quinte* [5] ». Et il ne se trompa point. Raoul, qui « était homme paisible, passa accord avec ledit archidiacre ». Et ainsi commencèrent à dépérir, dit encore D. Le Roy, « ces beaux privilèges du fameux monastère du Mont Saint-Michel, » concédés autrefois par la piété des Aubert et des Norgod. A ces saints noms il faudrait ajouter, il est vrai, le nom beaucoup moins vénérable d'Henri II.

En 1236, Guillaume d'Otteillé obtint définitivement « la faculté de juridiction ordinaire et perpétuelle » sur la communauté [6], et D. Le Roy cons-

---

1. Rymer, t. I, p. 111.
2. *Cur. Rech.*, t. I, p. 194, 195.
3. T. XI, col. 522.
4. *Etude biographique sur Raoul de Villedieu*, par M. Loyer.
5. *Cur. Recher.*, t. I, p. 206-208.
6. *Gall. christ.*, t. XI. *Instrumenta*, col. 116, 117.

tate qu'il y fît désormais la visite, non plus comme ami, mais comme maître [1]. Cette même année 1236, Raoul de Villedieu mourut comme il venait de mettre la dernière main à l'ornementation du *Cloître*, ce digne et délicieux couronnement de la Merveille, dont nous allons maintenant détailler les parties intérieures.

IV

La Merveille, appendice monumental et de la plus rare beauté, mais simple appendice, est à trois étages et n'a que deux pièces à chaque étage. Cela fait six pièces en tout, dont trois au moins ont des destinations très contestées, malgré leur splendeur, de telle sorte qu'une opinion à la fois singulière et assez vraisemblable (en ce lieu où tout espace doit être *créé*) a pu se faire jour : on a dit que cet immense travail avait été entrepris pour *créer* une aire où pût s'étendre le cloître qui en est la très précieuse couronne.

A l'étage inférieur se trouvent les *celliers* et la vaste salle *des aumônes*, qui occupe la partie orientale. Dans la prochaine division de notre récit : « *les sièges* », nous verrons pour quel dramatique motif l'ensemble de ces deux pièces a reçu le nom de Montgomeries. Je crois que c'est D. Mabillon qui a fait usage pour la première fois de cette désignation : *Salle des aumônes*. Ce savant homme vivait loin du Mont Saint-Michel. Les écrivains de l'abbaye même [2] affirment que cette pièce *ne renfermait rien*. Voici quel en est l'état actuel : deux fenêtres en partie mutilées l'éclairent à l'orient. Jadis, il y en avait six au nord, mais du temps de la « Maison centrale » on en a transformé la moitié pour des usages pratiques. La pièce est double : les voûtes d'arête portent, au milieu, sur des colonnes cylindriques avec bases et chapiteaux carrés dont l'ornement se compose

---

1. *Non tanquam amicus, sed tanquam magister.* Ibid.
2. V. les mss. de la Bib. nat., F. franc. 18950, et F. lat. 13818.

d'une simple moulure ; des consoles imitant les chapiteaux appuient les retombées autour des murailles. On y fondit des cloches en 1633 [1] et en 1711 ; M. Corroyer [2] y a découvert « un fourneau et quelques morceaux d'une coulée de métal ».

Les *celliers* proprement dits forment une pièce moins longue, mais plus large, à trois galeries. Les voûtes d'arête reposent sur des piliers carrés. La galerie centrale est fort vaste, celle du septentrion diffère de celle du

La cheminée du réfectoire.

midi en ce que les arcs, au lieu de se noyer dans la muraille, sont appuyés par des contreforts qui pénètrent dans la salle afin de soutenir les autres étages dont la poussée devait se produire au nord. Les fenêtres du cellier ont subi des mutilations. La cinquième, vers le couchant, offre une disposition particulière : là se trouvait l'appareil des *poulains*, dont la corde longue de quatre-vingts brasses montait les choses nécessaires à la vie des religieux comme à la défense de la place [3].

M. Corroyer a vu dans les *poulains* une simple roue destinée à monter « l'eau provenant de la fontaine de Saint-Aubert [4] ». Mais les documents anciens parlent d'une tour élevée au bas du rocher et destinée à défendre *l'endroit du guindage*. En outre, le récit contemporain de la tentative hu-

1. D. Le Roy, t. II, p. 194.
2. *Descript. de l'Abbaye*, etc., p. 153, 154.
3. M. V. Jacques, p. 66.
4. *Description de l'Abbaye*, etc., p. 156.

guenote du sieur de Sourdeval, dont il sera parlé plus tard, indique clairement la roue et les cordages comme servant « d'ordinaire pour monter les grosses provisions » que les moines renfermaient dans ce cellier. En temps de guerre les poulains offraient un moyen de ravitaillement.

Les pièces du second étage s'appellent le *Réfectoire des Moines* et la *Salle des Chevaliers*. Elles sont particulièrement célèbres. Sans nous inscrire en faux solennellement contre ces dénominations qu'on leur a prêtées, nous remarquerons que *pas un seul* auteur du Mont ne donne ce réfectoire, dit *des moines*, comme ayant servi de salle à manger avant l'introduction à l'abbaye des religieux de la congrégation de Saint-Maur, c'est-à-dire quand il y avait déjà plusieurs centaines d'années que la Merveille était construite. Tous disent au contraire que cette salle, très bien désignée comme étant au-dessus *des Aumônes*, restait *sans emploi,* sauf pourtant D. Le Roy qui affirme [1] qu'elle servait d'atelier aux plombeurs, et qui raconte que quand on en fit, au dix-septième siècle, le réfectoire de la congrégation de Saint-Maur, *on fut obligé de crever une voûte* pour pratiquer un escalier.

M. V. Jacques, qui suit toujours son idée d'un *plan de lieux réguliers*, le mot « plan » exprimant ici la nécessité du « plain-pied », place l'ancien réfectoire des moines à l'étage supérieur et au lieu où se trouve ce qu'on nomme le *dortoir*, lequel est en effet de plain-pied avec le cloître, avec l'église et avec tous les logis claustraux. Cette idée me semble logique et c'est pour cela que j'indique la source où je l'ai puisée [2], mais mon livre n'a pas à s'en occuper autrement : l'habile architecte chargé des restaurations de l'abbaye n'a aucun besoin de mes conseils pour mener à bien son œuvre.

Cela dit, admirons sans réserve cette belle salle du deuxième étage mal appelée le *Réfectoire* et qui ne le cède qu'à son illustre voisine la *Salle des Chevaliers*. Que doivent penser, quand ils sont forcés de contempler ces grandeurs, les gens qui nous bâtissent nos « choses » d'aujourd'hui ? Ce n'est pas moi qui nierai leur talent, mais le talent ne suffit pas : il faut une pensée. Quelle pensée ont-ils ? J'en sais qui sont chargés de garder les autels de Dieu et qui ne croient pas en Dieu.

Ici, dans notre Réfectoire magnifique, il n'y a que le nom qui ne soit pas

---

1. *Cur. Rech.*, t. I, p. 51 ; t. II, p. 151.

2. Je saisis cette nouvelle occasion de remercier ici M. V. Jacques qui m'a fourni de nombreux renseignements au cours de mon travail, en mettant à ma disposition son incomparable collection Michélienne. Je le citerai encore plus d'une fois dans ce paragraphe sur la Merveille dont il connaît toutes les pierres, comme il connaît chaque ligne des mss. du Mont.

sincère, tout le reste y est vrai, sain, et un robuste souffle y circule. Neuf grandes fenêtres l'éclairent, hautes, étroites et barrées de meneaux. Les voûtes sont portées sur des colonnes sveltes, formant une seule ligne ; de leurs chapiteaux en fleurs s'élancent les courbes des nervures qui vont chercher trois à trois l'appui des pilastres pris dans les murs latéraux. Il n'y a que cela. C'est d'un effet superbe.

A l'aspect de l'autre salle du second étage, dite *des Chevaliers*, M. Oscar Havard poussait ce cri d'admiration : « C'est le plus beau vaisseau gothique qui existe au monde ! » Mais laissons encore parler M. Jacques [1] et son

La Salle des Chevaliers.

exacte mesure : « C'est, dit-il, une salle de près de quatre-vingts pieds de long sur soixante de large. Trois rangs de colonnes à chapiteaux ornés de trèfles, de feuilles d'artichaut, de palmettes, d'acanthes, traités avec un goût parfait, soutiennent ces voûtes de largeur inégale, dont les arceaux présentent à leur intersection des roses curieusement fouillées. Douze croisées jumellées, arrondies ou complètement circulaires, occupent le côté septentrional, tandis que des portes basses à cintre conduisent à une double galerie *discrète*, quoique éclairée par vingt fenêtres à fines arcatures trilobées. » Deux vastes cheminées à manteau pyramidal occupent le pan nord, près de la galerie.

Il est impossible de ne pas regarder ce très noble vaisseau comme ayant été destiné à tenir des assises solennelles. Il n'est pas du tout isolé comme la salle voisine, dite le *Réfectoire des moines* ; il communique au contraire avec l'ancien cloître ou *promenoir* et par suite avec les lieux réguliers ; il touche au *chartrier*. M. Viollet-le-Duc [2] dit que c'était probable-

---

1. *Le M. S.-M.*, p. 71 et suiv.
2. *Dict. rais. d'architecture française*, t. I.

ment, au treizième siècle, le « dortoir de la garnison », mais il n'y eut que plus tard au Mont une garnison proprement dite et nous indiquerons, en temps, ses logis.

D'un autre côté, si ces voûtes superbes ont abrité, comme on l'a répété si souvent, les assemblées de *l'ordre de Saint-Michel,* institué par Louis XI, ce ne put être que par occasion, une fois, deux fois peut-être (en 1469 et 72), puisque, de 1476 et *statuairement* ¹ les chevaliers tinrent leurs assemblées à Paris, dans l'enclos du Palais. Il faut donc juger comme fantaisiste au premier degré la description de l'aimable écrivain qui a composé les *Souvenirs de Mᵐᵉ de Créquy* ², quand il voit « la pompe féodale de notre vieille France, réfugiée dans cette galerie ». Nous ne demandons pas mieux qu'on y mette des écussons et des armures, cela fait bien partout, mais il n'y en avait point du temps de D. Thomas Le Roy et de D. Huynes, qui font toujours foi pour quiconque veut le vrai. La salle des Chevaliers était digne de ce nom, seulement elle ne l'eut pas : les grands annalistes du Mont Saint-Michel l'appellent tout uniment la SALLE DES PILIERS.

M. V. Jacques ³ y place le *scriptorium* de l'abbaye et y voit ces longues tables où les moines peignirent tant de parchemins admirables, orgueil de nos bibliothèques ; M. l'abbé Pigeon ⁴, serrant de plus près le problème, y met les assemblées générales des prieurs : aux jours de puissance, alors que des deux côtés de la mer un si grand nombre de prieurés étaient placés sous la crosse de saint Michel, la réunion de ces hauts dignitaires et des profès du couvent pouvait assurément remplir la magnifique étendue de cette salle.

Reste l'étage supérieur, pour le support duquel toute la Merveille fut construite, puisque sa construction élevait le *vrai* réfectoire des moines et le cloître au plan de la basilique et des lieux réguliers. Ce réfectoire est ce qui s'appelle aujourd'hui le *dortoir* ; le lecteur doit se fatiguer de ce jeu de raquettes qui renvoie les noms comme des volants, mais ici nous n'avons plus à discuter : nous savons positivement par D. Huynes et D. Le Roy que la congrégation de Saint-Maur opéra ce changement au dix-septième siècle. D. Huynes dit : « Pierre Béraud fit faire dans le réfectoire les deux dortoirs qu'on y voit ⁵ » ; et D. Le Roy : « ... Les dortoirs hauts et bas furent cons-

---

1. *Statuts de l'ordre de Saint-Michel*, p. 87 et 91, Paris, 1725.
2. *Souvenirs de Mᵐᵉ de Créquy*, t. I, p. 81.
3. P. 75.
4. *Descript. du M. S.-M.*, p. 18, 19.
5. T. II, p. 207-208.

truits (1629) dans le *lieu qui servait de réfectoire à MM. les anciens* [1]. »
Et pour que la topographie soit bien précise, le même D. le Roy ajoute
ailleurs : « Ce grand (ancien) réfectoire [2] estoit au plus hault endroit... »
La cause est, cette fois, jugée. Je ne demande pas qu'on corrige ces malheureuses erreurs de nom qui sont tombées en usage, mais il est bon que
ceux qui tiennent à savoir sachent : le réfectoire ainsi nommé n'a jamais été
réfectoire, et MM. LES ANCIENS (les moines avant 1629) prenaient leurs repas dans ce qui est nommé le *dortoir*.

Ce dortoir, où l'on mangeait mais où l'on ne couchait pas, est une salle
très vaste qu'éclairent au nord et au midi de petites fenêtres longues, couronnées en nid d'abeilles. A l'est, deux larges croisées donnaient la lumière
abondamment. Au sud, une sorte de galerie désigne très bien l'emplacement
de *l'analogium* ou chaire du lecteur. Les bénédictins de Saint-Maur qui
venaient remplacer MM. *les anciens* étaient de leur siècle, c'est-à-dire
fanatiques du grec et du romain. A l'exemple de Fénelon, ils méprisaient
l'art gothique ; en faisant du réfectoire leur dortoir double, ils y prodiguèrent plus de mutilations que les prisonniers du temps moderne eux-mêmes,
sur le compte de qui toutes les mutilations sont mises.

Mais nous voici à la merveille de la Merveille, au *cloître*, qui, Dieu merci,
n'a été ni débaptisé, ni métamorphosé. Il porte sur la salle dite des Chevaliers, et paraît plus large qu'elle parce qu'il mord sur l'épaisseur du revêtement. Ici, ce qui domine, c'est l'élégance riante et charmante. Comme le
dit M. Le Héricher : les Montgomeries sont les racines de la Merveille, les
deux salles du deuxième étage en sont le tronc, « le cloître en est la
fleur [3] ».

Le promenoir (*deambulatorium*) se compose d'une triple rangée de colonnettes régnantes sur lesquelles s'appuyaient, selon D. Le Roy [4], de gracieuses arcatures supportant une terrasse plombée. Ces arcatures sont une
des premières choses qui seront rétablies [5]. La colonnade appuyée contre
les murs est en granit de l'île de Chausey ; les arcades n'y sont séparées
les unes des autres que par un simple trèfle évidé ; mais les colonnettes
qui entourent le promenoir, alternées à l'œil par suite d'un léger et très
heureux défaut de symétrie, offrent une riche variété de matières : stucs,
calcaires et granitelles ; des rosaces d'une exquise fantaisie s'épanouissent

---

1. T. I, p. 51.
2. *Descript. du M. S.-M.*, p. 195.
3. *Itinér. du voyage dans le M. S.-M.*, p. 36.
4. T. II, p. 208.
5. *Annales du M. S.-M.*, publiées par les PP. Missionnaires, 5ᵉ année, 6ᵉ livraison.

sous la frise brodée à jour qui règne au-dessus des ogives. Quelques colonnes manquent; M. E. Corroyer a eu, dit-on, le très habile bonheur de retrouver à la bourgade de la Luzerne la carrière même d'où furent extraits ces fûts délicieux et pourra remplir les vides.

Je ne puis résister au plaisir de citer quelques lignes de la description

Intérieur de l'église du Mont Saint-Michel.

si technique et à la fois si pittoresque de M. de Montaiglon. « Les colonnettes, dit-il [1], forment deux rangs distincts et sont plantées en herse, simplement pour n'avoir pas de massif dans les angles ; elles partent du coin des deux carrés, dont la dimension est différente, puisque le premier est renfermé dans le second. Chaque colonnette du plus grand carré se trouve couper par le milieu l'arcade du moins grand. Rien de plus charmant que ce chevauchement en diagonale, qui fait que les fûts forment une série de trépieds et les voûtes du couloir intérieur une suite de triangles... »

1. Le M. S.-M., Paris, 1877.

Les visiteurs du Mont Saint-Michel remarquent souvent que « la figure » y fait généralement défaut dans l'ornementation. Ici, sans parler des rosaces, dont les motifs, variés à l'infini, sont rendus avec un art qui étonne, à ce point qu'il faudrait des jours entiers pour en admirer les exubérants détails, on trouve quelques sujets : ainsi, un Christ en croix fait face au réfectoire-dortoir et a pour pendant un homme enveloppé de fleurs et de fruits. La colonnade du nord nous montre l'Agneau de Dieu sous un édicule à tourelles. Dans la galerie du sud paraît un groupe, malheureusement très mutilé, où l'on distingue encore deux personnages qui semblent debout pendant qu'un autre, assis au milieu d'eux, porte la cuculle monastique. Autour des têtes, on lit, en capitales gothiques : Mag Roge, Das Garin, Mag Iohan, c'est-à-dire : *Maître Roger, Dans (ou Dom) Guérin, Maître Jean.*

La galerie de l'ouest était naguère la plus riche. On y remarquait une curieuse représentation de saint François d'Assise, avec cette inscription (en latin) : « Saint François fut canonisé l'an du Seigneur 1628, en laquelle la construction de ce cloître fut achevée. » Le dessin de cette statue se trouve à la Bibliothèque nationale. Vers l'église on reconnaît encore un saint Benoît à la tête nimbée, tandis qu'au nord une image du Sauveur du monde assis sur une *exedra* donne la bénédiction entre deux anges qui tiennent un phylactère. A côté, nous reconnaissons le bienheureux évêque d'Avranches, Aubert, le front ceint d'une auréole, puis quatre têtes couronnées.

Ainsi était le cloître, fleur de l'arbre claustral épanouie comme un sourire au milieu de « ces lieux réguliers » dont nous avons tant parlé : l'église, le chapitre, le réfectoire et le dortoir, où le moine vit, prie et meurt, pendant que la cloche, voix d'en haut parlant au-dessus du tabernacle, mesure sa tâche et sonne les instants qui le mènent en paix à sa dernière heure.

Cette cloche, dit la naïve poésie de D. Huynes, appelait sur les pieux voyageurs, égarés dans les sables mouvants, le regard de la souveraine clémence et tintait :

> Toy qui commande à ces flux
> Et reflux,
> Fais qu'aucun mal ne *les* grève,
> Et deffend ton Pelerin
> En chemin,
> Quand il passera la grève...

Tandis que le religieux lui-même, le MOINE, les mains jointes sur sa poitrine, entre les immensités du ciel et de la mer, poursuivait sa méditation sans fin et soufflait vers Jésus ce baiser de son ardente foi :

> Je chanteray du Seigneur
>   La grandeur.
> En la présence des anges,
> Son sainct nom je béniray
>   Et diray
> Tous jours ses sainctes louanges[1]...

---

1. D. Huynes, t. I, Introduction, p. xxi et suiv.

LIVRE DEUXIÈME

LES MOINES

SOMMAIRE DU CHAPITRE QUATRIÈME

Richard Turstin, premier abbé mitré. Belle-Chaire Saint-Louis au Mont Saint-Michel. — Les abbés qui n'ont point d'histoire. — Philippe le Bel et le grand incendie. Les fortifications son commencées. Jean de la Porte, son influence extraordinaire. — La fièvre d'orage, les Pastoureaux. — Le Vœu national au quatorzième siècle.

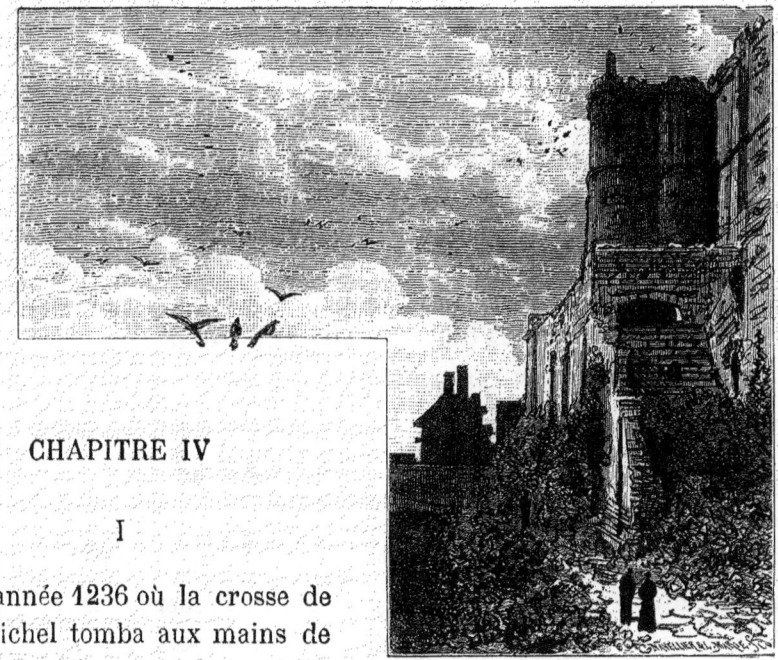

CHAPITRE IV

I

En l'année 1236 où la crosse de saint Michel tomba aux mains de Richard Turstin, après la mort de Raoul de Villedieu, saint Louis, qui régnait déjà depuis dix ans sous l'aile de Blanche de Castille, sa mère, devint majeur et prit le gouvernement de la France. Deux générations avaient donc passé depuis la fête du baptême royal où Robert de Thorigny avait tenu sur les fonts cette fille d'Henri II qui eut l'honneur de mettre au monde la noble mère de Louis IX.

Richard fut un abbé de mœurs régulières, mais ami du faste et peu soucieux de l'observance ; il avait un chapelain et ce chapelain faisait des vers [1]. On le voit courir après le droit de porter la mitre ; dès qu'il en a une sur la tête, tout éblouissante de perles, il va [2] « dans les villes et dans les chasteaux » jouant au pontife, si bien que les évêques se plaignent et que Rome est obligée [3] de remettre à sa place ce glorieux qui semble être un personnage de comédie.

Richard Turstin accomplit néanmoins une très belle œuvre. Quand le visiteur du Mont Saint-Michel a gravi le raide escalier qui monte entre les tours jumelles du Châtelet, il se trouve en présence d'une porte massive encastrée dans un porche aux gracieuses moulures, surmonté de trois niches vides : c'est *Belle-Chaire* ou Belle-Chèze (*Belancadra*), l'entrée du Mont Saint-Michel au treizième siècle. Belle-Chaire, comme la Merveille, a trois étages. Dans la salle haute, nommée *Salle du gouvernement*,

---

1. *Annal. relig. de l'Avranchin*, II⁰ part., p. 41.
2. *Cur. Recherches*, t. I, p. 224.
3. *Gall. Christ.*, t. XI, col. 523.

vivaient les officiers de la garnison ; au-dessous, les simples soldats. Dans la pièce inférieure veillaient les gardes et les portiers. Voici un extrait de l'horaire ou ordre de service de ce temps : « Le chantre [1] dira, au chapitre, les frères qui seront de garde pendant la nuit pour faire le tour du monastère et des murailles. Il y en aura deux avec deux des clercs de l'église, savoir un frère et un clerc jusqu'à la douzième heure, un autre frère et un autre clerc jusqu'au matin. Personne ne sera exempté du service, si ce n'est l'abbé, le prieur, le capitaine, et ceux qui, le lendemain, diront les quatre messes conventuelles et celle de la Vierge Marie... »

C'est à l'extérieur surtout que Belle-Chaire offre de grandes beautés. Les fenêtres supérieures rappellent les croisées à nids d'abeilles du réfectoire de *Messieurs les anciens*. Huit arcades à colonnettes avec chapiteaux tréflés ornent le mur du sud, qu'on aperçoit très bien de la grande rue de la ville. Les fastueuses faiblesses de Richard Turstin lui avaient aliéné son troupeau, qui fut injuste à son égard et l'empêcha de continuer ses travaux d'architecture. On voit encore les amorces de ses projets qui étaient aussi utiles que grands : entre autres celles du *Chapitre* et du palais abbatial.

Comme administrateur temporel, Richard fit en somme de son mieux ; il n'en fut pas toujours de même au spirituel. Peu de temps après son élection, il avait reçu du souverain pontife Grégoire IX des *statuta*, destinés à renouveler la discipline. « Ni supérieur [2], ni moines n'en voulurent. » Nous sommes déjà loin des grands jours, mais ils reviendront.

En l'année 1250 se présenta à la porte du monastère l'archevêque de Rouen, Eudes Rigault, prélat à la vertu antique. Le registre de ses visites pastorales a été conservé heureusement et publié [3]. Une querelle avait éclaté entre Richard et ses moines : le prélat ne les put mettre d'accord. Un manuscrit [4] nous a conservé les *Constitutions* données en ce temps à l'abbaye par Guillaume de la Haye et Jean de Saint-Léonard, religieux appartenant à ces deux ordres naissants, mais déjà si illustres, les Franciscains et les Dominicains, qui furent pris pour arbitres sous l'autorité du Saint-Siège et firent défense aux moines « de boire dans des verres au pied cerclé d'argent ou d'or », de porter à la ceinture « couteaux à manches richement ciselés », de sortir sur « chevaux caparaçonnés, avec des selles couvertes d'arabesques précieuses, et d'avoir au poing des oiseaux de haut vol ». C'est avec ces faits, malheureusement vrais, mais toujours iso-

1. Mss. d'Avr., n° 214.
2. *Gall. Christ.*, t. XI, col. 523.
3. Par Bonnin, Rouen, 1847.
4. Mss. d'Avr., n° 214.

lés et surtout transitoires, que la calomnie a écrit l'histoire des moines.

Saint Louis au sanctuaire du Mont Saint-Michel.

Richard Turstin et ses religieux, réconciliés souscrivirent aux *Constitutions* et en exécutèrent les commandements de bonne foi, à partir de l'accord conclu, « le lundi après la fête de saint Luc de l'an du Seigneur 1258 ».

A cette époque eut lieu le premier pèlerinage de Louis IX au Mont Saint-Michel. Le roi revenait de la croisade « et se croyait coupable parce qu'il avait été malheureux[1] » ; il voulut mettre la pénitence des crimes qu'il n'avait pas commis sous la protection de saint Michel, envers qui sa mère, filleule d'un gardien « du bouclier et de l'épée », lui avait inspiré une profonde dévotion. Ce roi qui « portait en son âme un pur idéal de paix, de justice et de charité[2] », cet esprit si haut, ce cœur si près de Dieu devait pressentir mieux et plus tôt que tous les autres le dessein de Dieu sur la France.

De ceci peut-être faut-il voir une preuve dans la destination que saint Louis donna à son aumône, quand il vint s'agenouiller au sanctuaire du Mont. Il était bien pauvre, et pourtant il déposa une somme d'argent au pied de l'autel POUR LES FORTIFICATIONS DE LA PLACE [3]. Nous allons arriver si vite désormais au moment où la France aura besoin de saint Michel comme bouclier et comme épée, que ce soin de fortifier en pleine paix européenne la maison de l'Archange paraîtra providentiel.

Lors du second pèlerinage de saint Louis sous le successeur de Richard Turstin, Nicolas Alexandre, on avait acheté déjà des pierres de taille avec l'aumône royale, car l'enceinte crénelée qui couvre la Merveille au nord et la tour Morillon offrent tous les caractères de cette époque. On était en 1264 ; la splendeur de ce règne traversé par de si dures épreuves était à son apogée ; les lettres et les arts, développés comme par enchantement, fleurissaient la couronne que le saint roi eût voulu être d'épines.

Il est bon de remarquer, après Michelet, que ce dévot, affolé d'amour pour le Cœur de Jésus, ce pieux enfant, tout éperdu de divine tendresse, fit fleurir en notre terre de France la richesse des moissons de l'esprit avec une abondance jusqu'à lui inconnue. Il eut Villehardouin, un des pères de notre belle langue ; Joinville, qui en avait deviné la finesse et le génie ; Guillaume de Lorris, l'épique troubadour ; il eut surtout les moines mendiants, si grands dans leur guerre sainte contre l'Université, à peine née et déjà païenne. « Depuis Abélard et saint Bernard, dit M. Henri Martin[4], on n'avait rien vu de comparable au mouvement intellectuel qui jaillit de ces ardents foyers... Deux hommes de génie,

1. *Hist. de Fr.*, Henri Martin, t. IV, p. 512.
2. *Id. ibid.*
3. Collect. d'André Duchesne, p. 1.009.
4. P. 518 et 525.

le dominicain Thomas d'Aquin et le franciscain Bonaventure, semblèrent se partager les deux grands éléments de l'âme humaine, le sentiment et l'intelligence... »

Quant à saint Louis lui-même, l'historien libre-penseur ajoute, après avoir cité quelques chères bonnes lignes de Joinville : « Il fut [1], dans sa vie publique, le roi juste de l'Ecriture, dans sa vie privée, le chevalier ascète, le héros chrétien, tel que l'avaient rêvé les romanciers du Saint-Graal... »

Peu après avoir quitté le Mont Saint-Michel où il laissa des marques de sa munificence, saint Louis partit pour le voyage d'où il ne devait pas revenir. Dans sa première croisade, il avait failli périr sur les plages de l'Egypte, dans la seconde il trouva la mort près des ruines de Carthage. Au dernier moment, il appela ses enfants et dit à sa fille en la baisant : « *Chère fille, la mesure par laquelle nous devons Dieu aimer, est aimer-le sans mesure*[2]. » Puis il se tourna vers Philippe, héritier de la couronne de France, et lui dit : « Beau fils... aie le cœur doux aux pauvres. Garde-toi de trop grand convoitise, et ne boute pas trop grands tailles sur ton peuple, si ce n'est pas nécessité, pour ton royaume défendre... Garde-toi d'émouvoir guerre contre homme chrétien, sans grand conseil et nécessité... Et te supplie, mon enfant, que tu aies de moi souvenance, ainsi que de ma pauvre âme;... et je te donne toute bénédiction que jamais père puisse donner à son enfant... »

« Voilà de belles et touchantes paroles, ajoute Michelet. Il est difficile de les lire sans être ému ! » Louis XVI aussi, mourant au milieu de douleurs bien plus profondes, prononça des paroles touchantes et belles en se séparant de sa famille qui restait en proie aux bourreaux, et il lui fut dit : « Fils de saint Louis, montez au ciel. »

La France a souvent et cruellement tenté Dieu ; le plateau de la balance où sont nos crimes est lourd jusqu'à épouvanter l'espérance même, mais le *Credo* proclame la communion des saints parmi ses articles qui sont la base certaine de la foi catholique, et saint Michel, notre défenseur, qui tient justement la balance des âmes, a pu placer dans l'autre plateau, dans celui où est la réparation, un riche trésor de suffrages : nous vivons encore du martyre de nos saints rois, quoique d'autres rois aient écrasé le trône sous la pesanteur de leur indignité.

---

1. P. 530.
2. *Hist. de France*, par Henri Martin, t. IV, p. 532-583, et *Hist. de France*, par Michelet, t. III, p. 195.

II

La dernière parole de Louis IX fut sans doute le nom de saint Michel, car le nom de saint Michel fut la première parole de son fils prenant la couronne royale. Philippe le Hardi promit un pèlerinage à saint Michel s'il échappait à la peste; il y échappa et accomplit son vœu en 1271 [1], c'est-à-dire presque aussitôt après son retour quasi miraculeux.

Et le bon abbé régnant, Nicolas Alexandre, « qui n'a point d'histoire, » dit un manuscrit, sembla choisir ce moment pour rendre l'âme. La Providence illustre ainsi parfois par de grandes dates la vie des très humbles : Nicolas Alexandre avait eu saint Louis à sa naissance comme abbé; il eut le fils de saint Louis à ses funérailles. Sa prélature fut une ère de piété pour l'abbaye; son successeur, Nicolas Fanegot [2], et non Famigot, comme beaucoup l'écrivent, continua ce saint temps où les moines de Saint-Michel semblent n'avoir eu d'autre œuvre que le *laus perennis*, le cantique perpétuel qui est leur vrai travail d'ordre, puisqu'ils prient ainsi pour le monde qui ne prie pas, et labourent dans leur solitude féconde le champ d'expiation et de bénédiction.

Ranulphe du Bourgey [3], successeur de Fanegot, eut lui-même pour héritier élu Jean Le Faë. Ces trois abbés, qui régnèrent de 1271 à 1298, n'ont pas plus d'histoire que Nicolas Alexandre. Ils furent pieux et firent prospérer la piété : c'est tout ce que saint Michel demande à ses serviteurs. Il garde pour lui-même l'histoire, celle qui apparaît aux yeux des hommes et celle qui se poursuit en dehors de la portée de nos regards dans le secret de Dieu. D'ailleurs chaque jour nous rapproche de plus en plus du moment où l'histoire du sanctuaire de l'Archange devient l'histoire même de la France.

Sous Guillaume du Château, élu en 1299, eut lieu le cinquième grand incendie et peut-être le plus considérable, si l'on s'en rapporte à D. Le Roy qui dit [4] : « L'an 1300, le treizième jour de juillet, la fouldre tomba du ciel sur le clocher de l'église de ce Mont et le ruina entièrement. Toutes les cloches furent fondues et le métail découla de part et d'autre. Les toicts de l'église, du dortoir et de plusieurs autres logis furent bruslés, les

---

1. Collect. d'André Duchesne, p. 1.004.
2. Mss. Bib. d'Av., n° 159.
3. *Gall. Christ.*, t. XI, 523.
4. *Cur. Rech.*, t. II, p. 247-248.

tisons ardents, tombant dans la ville, réduisirent pareillement une grande partie des maisons en cendres... »

D. De Camps, déplorant cette nouvelle victoire de l'enfer, ajoute avec quelque découragement[1] : « Il sembloit qu'on ne devoit plus penser à rebastir si magnifiquement le monastère... et que c'étoit un signe manifeste que Dieu n'agréoit pas ces superbes édifices... » Mais Guillaume pensa tout autrement. Véritable serviteur de saint Michel, il comprit que son premier devoir était de ne point laisser à terre les murs de la maison angélique et recommença vaillamment l'œuvre de ses devanciers ; il y a une touchante grandeur dans ce travail de Pénélope continué avec une si étonnante patience qui nous a conservé en définitive le plus beau monument de l'art catholique.

Guillaume eut une aide puissante et, on peut le dire, inespérée, eu égard au caractère avide et avare du roi régnant. Philippe le Bel qui souffleta le pape Boniface VIII sur la joue par son légat Colonna, Philippe le Bel qui mania la richesse nationale avec si peu d'honnêteté que le nom de *faux monnayeur* lui est resté dans un coin de l'histoire, fut affecté profondément par le désastre du sanctuaire de la France. C'est ici comme une répétition de l'émoi inattendu ressenti par Philippe-Auguste dans une conjoncture pareille, et l'on peut dire qu'à dater de la victoire de Bouvines il y eut au Louvre un vent prophétique, puisque nos rois, ceux-là même qui regimbaient sous la juste main de l'Église, semblaient comprendre qu'un intérêt supérieur rattachait leur couronne au diadème de saint Michel. Ce vent venait de la montagne angélique et parlait du dessein de Dieu.

« L'an 1311, dit Thomas Le Roy, Philippe le Bel[2] vint icy... Il fit une offrande sur l'autel du saint Archange de douze cents ducats d'or... » Des manuscrits du Mont, aujourd'hui perdus[3], racontaient qu'avec une partie de cette offrande vraiment royale les religieux firent faire une statue de saint Michel en bois lamée *d'or ducat*, mais elle servit encore à autre chose.

Guillaume du Château, saint religieux, entendait comme Philippe le Bel, et plus clairement que lui peut-être, les menaces, les promesses qui étaient dans l'air. Il ne se borna pas en effet à refaire les logis de l'abbaye détruits par le feu, M. E. Corroyer lui attribue une partie des remparts vers le sud,

---

1. Mss. d'Avr., n° 209.
2. *Cur. Rech.*, t. I, p. 253.
3. D. Huynes, t. II, p. 14, note.

travail tout nouveau et qu'il activa avec un grand zèle, comme si la terrible « guerre de Cent Ans » lui eût été annoncée avant tous autres, au fond de sa paisible retraite.

Le monastère n'en jouissait pas moins d'une tranquillité complète; on en pourra juger par ce fait que la porte de la place n'avait qu'un seul gardien, Pierre de Toufou[1], qui recevait par jour « deux pains et une quarte de vin de Brion ». A la fin de l'année, il touchait vingt-cinq sols en monnaie courante. Cette tranquillité continua sous Jean de la Porte, qui succéda à Guillaume en 1314 et dont la prélature eut de l'importance à tous les points de vue. Le procès verbal (encore inédit) de son élection[2] fera revivre pour le lecteur les usages de ces temps; nous en traduisons les principaux passages : « L'an du Seigneur MCCCXIV, le lundi qui suivait la fête de saint Luc, les moines se réunirent en chapitre, et il fut décidé que la voie du *compromis* serait adoptée. Deux religieux désignés en choisirent donc à leur tour cinq autres, et ces sept devaient désigner le plus convenable[3] d'entre eux ou des autres. Deux chandelles avaient été allumées, dont l'une fut portée au réfectoire par les sept, tandis que l'autre restait au chapitre avec le convent. Alors on invoqua les lumières de l'Esprit-Saint. Bientôt Jean de la Porte, prieur du défunt abbé, fut engagé à se retirer : c'était lui que d'un accord unanime on voulait nommer pasteur... »

Jusqu'ici, du dixième au quatorzième siècle nous avons trois figures d'abbés sortant au-dessus du commun niveau : saint Michel ne les prodigue pas. C'est Hildebert, l'abbé des ducs franco-normands, un créateur : il sème; c'est Robert de Thorigny, l'abbé des rois normands-anglais, un diplomate : il conserve; c'est Jourdain le calomnié, l'abbé des rois de France, un acheveur : il a trouvé le sauvageon de granit tout venu, il le greffe et le fait fleurir. La quatrième figure, Jean de la Porte, est plus difficile à caractériser, parce qu'elle vaut surtout par la gravité même de sa fonction qui sied exactement à la piété de sa vie; sa vertu propre, c'est qu'il ne fut l'homme d'aucun duc ni d'aucun roi, mais l'homme de saint Michel même, et l'énorme crédit que le quatorzième siècle lui accorda vient de là.

Aussi passerons-nous rapidement sur son administration très habile qui ressuscita les prieurés micheliens d'outre-Manche; ce qu'il nous est intéressant de dire, c'est que Jean de la Porte, sans écrire aucun livre retentis-

---

1. P. 241 et suiv.
2. Mss. d'Avr., n° 211.
3. *Utiliorem de ipsis vel de aliis*

sant, sans se mêler à aucune négociation publique, sans ajouter rien de notable aux constructions, sans sortir en un mot de sa très pieuse cellule, attira d'une façon extraordinaire l'attention des têtes couronnées qui voulurent avoir près de lui des avocats permanents, presque des ambassadeurs.

Les rois anglais, les rois et les reines de France luttaient envers lui de caresses. Ils flairaient l'odeur du grand péril qui approchait et ils se disputaient L'ÉPÉE DE SAINT MICHEL. C'est Louis X le Hutin, qui comble de bienfaits le monastère (1315) ; c'est Edouard III, plus adroit, qui donne aussi, mais qui introduit au Mont *un de ses propres clercs* ; c'est, en 1318, la reine Jeanne, femme de Philippe le Long, qui suit ce bon exemple et supplie qu'on admette comme religieux son serviteur Guillemin de Govez. Et comme on lui accorde sa demande, la reine se rend au Mont pour témoigner sa reconnaissance et laisse sur l'autel à son départ *huit draps d'or de Turquie*[1]. Il n'y eut pas jusqu'au duc de Bretagne qui, trop petit pour avoir un profès, ne demanda un humble coin pour un novice[2]. Chacun voulait avoir une voix le plus près possible de l'oreille de l'Archange. Toute créature vivante cherche un abri aux approches de la tempête. C'était l'approche de la guerre de Cent Ans.

III

Il est impossible ici de ne pas toucher autrement qu'en passant à ce débordement de pèlerinages que toutes les provinces de la France déversèrent sur nos grèves pendant la prélature de Jean de la Porte. A aucune époque, rien de comparable ne s'était produit; il y eut des famines sur les côtes normandes et bretonnes où ces nuées de vivantes inquiétudes, d'aspirations et de ferveurs se renouvelaient incessamment. C'était bien la

---

1. *Nouveau recueil des comptes de l'argenterie*. — Paris, 1874, in-8°, p. 18.
2. Mss. de Thomas Le Roy, p. 131.

fièvre de la guerre imminente et les peuples venaient à l'épée de Dieu comme les rois, mais c'était aussi la fièvre du renouveau, parce qu'une saison de l'histoire avait pris fin et qu'une autre commençait.

Michelet, que Dieu a tant appelé, a dit de saint Louis [1] « que le moyen âge ayant donné en lui sa fleur et son fruit », avec lui le moyen âge devait mourir. « En Philippe le Bel, ajoute-t-il, commencent les temps modernes. » C'est la vérité même, mais la routine continue de pousser le moyen âge

Les pèlerins au Mont Saint-Michel.

jusqu'à la fin de la guerre de Cent Ans, pour prêter quelque apparence à cet ambitieux nom de Renaissance dont on a affublé la saison du doute philosophique, de l'étouffement des originalités nationales et du retour à l'imitation servile de l'antiquité. Selon ce calcul entêté, Jeanne d'Arc vint en hiver, à l'agonie de l'année, et volontiers la libre-pensée montre-t-elle ce titubant apostat, Luther, comme la plus belle fleur de son printemps prolongé.

Le quatorzième siècle apparaît avec tous les caractères douloureux de la naissance. Il souffrait mais il croyait, ce qui est la jeunesse, et « il levait ses yeux vers la Montagne d'où vient le secours [2] ». Une dévotion immense pressait le sanctuaire de saint Michel, et la France surtout, qui était le peuple

---

1. T. III, p. 122.
2. Ps. xx, v. 1.

de Dieu et qui se sentait sous la garde de l'Archange, tendait vers son autel des millions de bras en le suppliant de ne point « sommeiller ni dormir[1] ».

On ne sait comment qualifier les essais de comparaison ou même de confusion que les écrivains du scepticisme ont essayé d'établir entre la paisible multitude des pèlerins montois et la cohue sanglante des *Pastoureaux:* s'il y a une ressemblance, c'est celle que saint Augustin prête à l'enfer vis-à-vis du ciel, quand il nomme Satan *simius Dei :* le « singe de Dieu » ; et Victor Hugo, qualifiant avec tant de juste indignation Voltaire « ce singe de génie », avait bien lu saint Augustin. Le *singe de Dieu* et ceux qui le servent savent malheureusement, depuis le premier jour, que l'homme est friand de mensonge autant qu'il répugne à la vérité.

Il n'y a aucune espèce de rapport entre les pèlerins, soit enfants, soit adultes, du Mont Saint-Michel et les premiers *Pastoureaux* sur lesquels M. Henri Martin a écrit une page d'allure assez romanesque, que j'analyse, ne pouvant la citer en entier[2]. Cet historien, peu suspect de partialité en faveur du catholicisme, nous montre un vieil homme, *dont le but est resté un mystère*, errant dans les campagnes, où il prêche, « sans l'autorisation du pape ni le patronage d'aucun prélat ». Que prêche-t-il ? Une prétendue mission qu'il a reçue directement de la Vierge pour assembler les pasteurs de brebis et délivrer avec leur aide la terre sainte, ce que n'a pu faire le roi Louis. Ce vieil homme n'ouvrait jamais sa main droite, dans laquelle, selon son affirmation, était un vélin contenant les instructions *autographes* de la sainte Vierge. Il s'appelait lui-même le MAÎTRE. Les gens de la campagne, séduits par le mystère qui l'entourait, le suivirent au nombre de plus de cent mille et commirent bientôt, comme toute multitude qui n'a ni pain ni frein, d'épouvantables atrocités. Leur principal étendard portait l'agneau; sur d'autres était figurée l'apparition de la Vierge au *Maître*, qui fit de l'eau bénite à Paris avant d'y « tuer tous les clercs » (un clérical d'étrange espèce !).

Enfin, à Bourges, on aposta parmi le peuple un « bourreau » qui frappa de sa hache la tête du Maître et « lui fit sauter la cervelle », ce qui fut la fin. Où est dans tout cela saint Michel? M. Henri Martin ne l'y voit certes pas, il dit au contraire que « cet homme venu de Hongrie » était peut-être « un chef de Manichéens, un *Bulgare* qui avait tenté de venger ses frères et sa religion en soulevant le peuple contre le clergé catholique[3] »..

---

1. *Ibid.*, v. IV : *Ecce non dormitabit neque dormiet qui custodit Israel.*
2. T. IV, p. 401 et suiv.
3. T. IV, p. 491 et suiv.

Mathieu Paris, au dix-septième siècle, avait cherché un rapprochement entre nos jeunes pèlerins du Mont et ces armées d'enfants qui périrent sous Philippe-Auguste, en marchant à la délivrance du saint Tombeau. « En 1213[1], dit-il, un enfant, suscité par l'ennemi du genre humain, se donna pour envoyé du Seigneur. » Et il raconte les malheurs de la dérisoire croisade ; mais qu'y a-t-il de commun entre ce rêve impossible et les heureux voyages des petits qui arrivèrent sains et saufs dans la basilique pour forcer l'intervention de l'Archange?

C'était une éloquence irrésistible assurément, et c'était une chose de ferveur suprême que la France chrétienne, envoyant « à la grande heure », non seulement ses hommes robustes et ses femmes dans la force de l'âge, mais encore ses infirmes, ses pauvres, ses vieillards et jusqu'à ses *parvuli* implorer la ressource d'en haut.

Voici comment parle à ce sujet D. Huynes[2], qui prononce aussi le nom de *Pastoureaux :* « Une innombrable multitude de petits enfants vinrent en cette église de divers pays lointains. Plusieurs assuroient qu'ils avoient entendu des voix célestes disant : Va au *Mont Saint-Michel*. Un prestre voyant tous ses parroissiens espris de ce désir si subit, tascha de les faire attendre quelque peu, mais perdant sa peine, il s'achemina vers son logis, où il n'estoit encore arrivé, qu'il rebroussa chemin et vint visiter cette église avec eux... » Ainsi firent tous ceux qui essayèrent d'endiguer la violence de ce flux dont aucune autre manifestation humaine ne saurait donner une idée : ne pouvant arrêter le courant, ils le suivirent.

L'année 1333 fut la plus féconde en pèlerinages et en miracles et la date en resta si célèbre qu'on la consacra au moyen de ces rimes qui ont gardé aux enfants pèlerins leur innocent nom de pastoureaux :

> Une M seule, comme semble,
> Trois C, trois X, trois I ensemble,
> Le temps que ces pastoreaus vindrent
> Au Mont Saint-Michiel nous aprindrent
> En l'an MCCCXXXIII...
> De pastoreaus grant habundance
> En saint Michiel avoient fiance[3]...

Un des manuscrits que nous avons cités, après le détail donné de très grandes et nombreuses grâces, laisse voir que son auteur n'ignorait ni

---

1. *Historia major.*, p. 168-169.
2. T. I, p. 102-103.
3. Vers cités par M. Léop. Delisle dans son travail sur les *Pèlerinages d'enfants au Mont Saint-Michel*, *Mémoires de la Soc. des Antiq. de Normandie*, t. XVII, p. 388 et suiv.

les motifs ni la signification de ces immenses mouvements populaires : c'était, dit-il, le « vœu de la France ».

En effet les puissants étaient venus et n'avaient point suffi ; les petits à leur tour se précipitaient, offrant la réparation inestimable qui, selon le Psalmiste, monte de la bouche des enfants à la mamelle[1].

Jean de la Porte disait de lui-même qu'il n'était rien, sinon un reflet, mais ce reflet valait une gloire. A sa mort, arrivée le 14 avril 1335, des honneurs exceptionnels lui furent rendus et son mausolée, le plus beau de ceux qu'on ait trouvés au Mont, fut élevé dans la chapelle de Saint-Jean-l'Évangéliste. Son écusson abbatial singulièrement expressif : *d'azur à l'agneau d'argent, tenant un labarum de gueules à la croix d'argent*, brillait aux vitraux comme il pendait aux voûtes.

Les petits pastoureaux de l'Agneau ne savaient pas ce que c'était que le Labarum, cette oriflamme dont la France allait avoir un si grand besoin, mais ils venaient la chercher de confiance, et Jean de la Porte mourait grand, rien que pour avoir été l'hôte de ces dévotions providentielles et le gardien du sanctuaire qui était véritablement en ces jours la BASILIQUE DE NOTRE VŒU NATIONAL.

1. Ex ore infantium et lactentium perfecisti laudem, ps. VIII, v. 3.

LIVRE TROISIÈME

LES SIÈGES

SOMMAIRE DU CHAPITRE PREMIER

La guerre de Cent Ans. La lutte supérieure à nous; les rois et les peuples se précipitent vers saint Michel. Les monnaies. L'abbé-capitaine et Duguesclin. Tiphaine la Fée. Pierre Le Roy. L'enceinte achevée attend les Anglais.

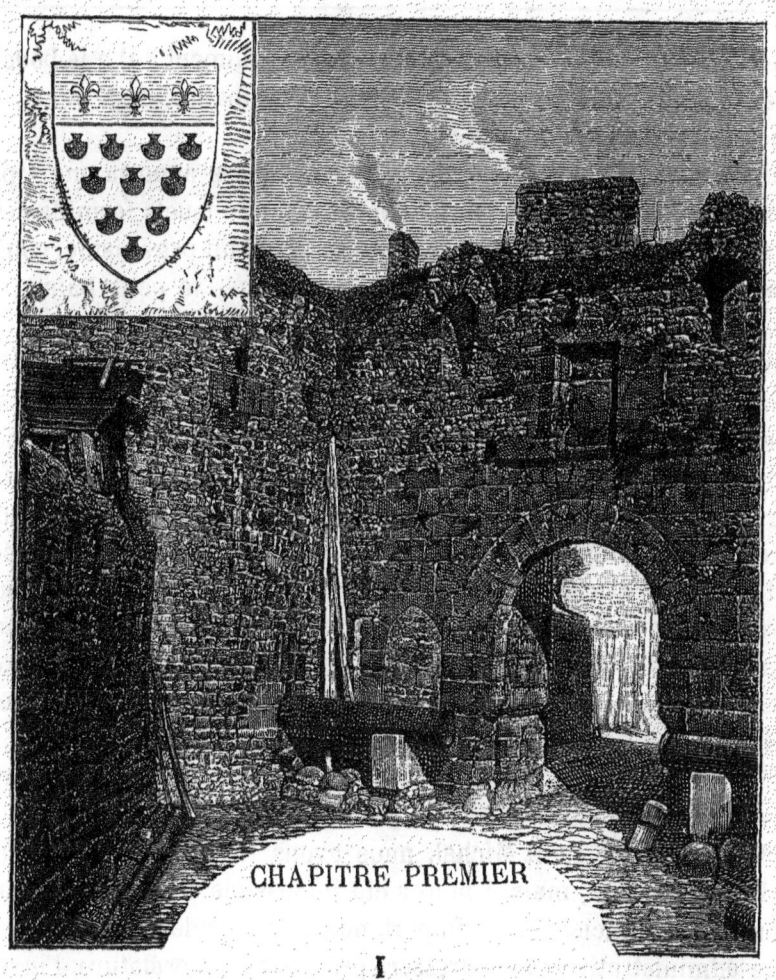

CHAPITRE PREMIER

I

Le précédent livre, « Les Moines », dont nous venons d'écrire la dernière page, contient cinq siècles de l'histoire du Mont Saint-Michel. Nous entamons e livre « Les Sièges », non point que les moines aient déserté leur poste au chœur dans le sanctuaire où le *laus perennis* retentit toujours, mais parce qu'un autre soin va s'ajouter pour eux au devoir du cantique perpétuel. Leur œuvre matérielle est parfaite ; ils ont ajouté d'année en année l'audacieux à l'impossible pour faire à leur montagne un vêtement complet de merveilles ; cette période de création a pris fin ; désormais saint Michel habite la splendeur de sa maison achevée. La guerre commence qui va durer plus d'un siècle ; saint Michel, en dernier lieu, a employé ses paisibles soldats à élever autour de son roc une ceinture de murailles ; il est là, gardé par le *péril de la mer*, et les murs qui le défendent ne l'emprisonnent point, car il a ses ailes. Il est armé ; comment ? Il a le bouclier et l'épée d'enfant qui servirent autrefois à combattre et à vaincre le monstrueux ennemi. Pourquoi ces jouets ?

Souvenez-vous de l'ambassade mystérieuse qui les apporta enveloppés dans l'énigme, dès le jour de saint Aubert. Avec ces jouets formidables la force de saint Michel avait terrassé le dragon, figure du paganisme, comme elle s'était servie de l'orteil débile d'un nouveau-né, le petit Bain, pour précipiter en bas de la montagne les deux énormes roches païennes que nul robuste effort ne pouvait ébranler. Le miracle permanent de ce Mont qui fut le palladium de la France, semble être *la force de la faiblesse*. Saint Michel va bientôt avoir une faiblesse prédestinée à armer, une jeune fille. Il lui faut un fer léger, mais irrésistible. Il a les jouets miraculeux. Il gardera le bouclier pour couvrir sa maison, que jamais cohorte ennemie n'envahira, et il donnera à Jeanne d'Arc cette épée qu'une vierge peut aisément soulever. Et viendra un instant de suprême agonie où il n'y aura plus que deux gouttes de sang chaud dans tout le grand corps de la France : une au mont, une à Orléans. Et alors le dernier battement de ce qui est encore le cœur de la France palpitera sous le bouclier de l'Archange et derrière l'épée de Jeanne d'Arc, ceinte à son flanc par l'Archange.

Bossuet a parlé avec magnificence de « ce long enchaînement des causes qui font et défont les empires ». En présentant d'une façon nouvelle les annales de l'abbaye de saint Michel, nous avons tâché de ne point trop négliger les faits locaux, mais il nous a été impossible de donner, comme nos honorables devanciers, une importance très grande aux choses de l'économie administrative et de dresser, prélature par prélature, l'inventaire des biens de la communauté. Un pareil point de vue peut être intéressant ; ce n'est pas le nôtre. Pour nous la noble abbaye vaut surtout par le rôle qu'elle joue dans le drame de nos destinées nationales, rôle qui n'a jamais été estimé à sa réelle importance.

Il est dans mon projet de suivre plus tard et successivement deux autres sillons lumineux à travers les âges et de rendre sensibles tour à tour par le témoignage des historiens les moins suspects de partialité en faveur de Dieu deux autres patronages célestes : celui de la Vierge mère de Jésus, celui du sacré Cœur de Jésus, dont l'aide suprême venant tard, à l'heure des terribles nécessités, domine déjà les deux autres et ouvre l'ère des glorieux et laborieux dénouements. Si je n'eusse pas craint de produire une œuvre en apparence difforme, j'aurais résumé en quelques pages les commencements du Mont Saint-Michel, pour arriver d'un bond à ce quatorzième siècle qui vit flamboyer l'épée de l'Ange de la patrie ; mais il est bon que ces choses surnaturelles soient dites naturellement et viennent dans leur ordre logique, selon que la Providence les permit.

Voici, pour répéter la grande expression de Bossuet, le long enchaînement des causes de cette guerre, ou du moins des principales, car on les pourrait nombrer par douzaines : c'était d'abord la fatalité géographique ; c'était ensuite la conquête de Guillaume, qui avait donné aux rois de France des vassaux plus puissants qu'eux-mêmes. Il y avait en outre le divorce d'Aliénor, enlevant à Louis VII la Guyenne pour la porter à l'Anglais ; l'assassinat d'Arthur de Bretagne, qui avait mis Jean sans Terre hors de ses possessions françaises, et enfin la victoire de Bouvines, que l'Angleterre ne pardonna jamais. Le motif actuel et immédiat fut l'avènement de Philippe de Valois, qui était seulement le neveu de Philippe IV, à l'exclusion d'Édouard III, petit-fils du même roi par les femmes, ce à quoi il faut joindre la trahison de Robert d'Artois, beau-frère du Valois, et la guerre de succession de Bretagne, où Français et Anglais embrassèrent des partis opposés.

La guerre de Cent Ans, qui dura par le fait cent vingt-cinq ans, de 1328 à 1453, usa cinq rois de France : Philippe VI, Jean le Bon, Charles V, Charles VI, Charles VII ; un sage et quatre chevaliers, pas un grand capitaine. Ils mirent en ligne de bataille le ban et l'arrière-ban féodaux, plus des masses considérables de mercenaires venus de partout, mais principalement d'Italie.

Les Anglais avaient moins de lances et plus de soldats. Ils ont toujours possédé cette science extraordinaire de se faire défendre par les gens qu'ils persécutent. Ils avaient alors leur fameuse infanterie galloise, unique au monde et toute faite de ces étranges héros, lions domptés, qui mangeaient dans la main des assassins de leurs pères. A ce fond celtique entêté, vivante muraille de fer qui arrêtait les chevaliers comme le sable des dunes brise la puissance de la mer, s'ajoutaient les énormes levées de fantassins faites en Flandre et jusqu'en Allemagne.

Au contraire de nos rois de France, les rois anglais d'alors savaient leur métier d'industriels armés ; par frayeur peut-être de ce naïf et brillant tournoi qui était la bataille du temps, ils inventaient la stratégie qui met les princes à l'abri derrière le peuple. Ils se nommaient Édouard III et le prince Noir, Richard II, Henri IV, Henri V, qui tua Jeanne d'Arc, Henri VI, qui fut sacré roi de France à Notre-Dame de Paris. C'étaient des hommes *avancés* pour l'époque, puisqu'ils haïssaient la lance. Ils prirent à nos rois leur France ville à ville et province à province ; la lance fut brisée du nord au midi et de l'occident à l'orient, la lance avec la France, à Crécy, à Poitiers, à Azincourt ; Jean tomba sur un monceau d'Anglais morts et mourut, ce preux de la lance, captif de son antique loyauté. Il y eut des déchirements, des trahisons, des défaillances ; la patrie râla, le trône devint fou, pollué par des reines [1] « infâmes entre les infâmes » ; nous eûmes, on peut le dire, les sinistres convulsions, les « affres » de la dernière heure d'un peuple et nous ne succombâmes point. L'incrédulité même des historiens qui se vantent de passer au-dessus de Dieu dans leurs récits tremble d'attendrissement en racontant ce long miracle.

Saint Michel nous « défendait dans le combat » ; la lutte, supérieure à nous, était entre l'ange de mort et l'ange de vie. L'ange de mort combattait pour la race d'Henri Ier, bourreau du grand croisé, son frère ; pour la race d'Henri II, assassin de saint Thomas Becket, de Jean sans Terre, boucher de son neveu Arthur ; pour les aïeux du schismatique mangeur de femmes, Henri VIII, et de l'hérétique Elisabeth ; pour l'Angleterre enfin, couvant depuis des siècles dans le « long enchaînement » de tous ces crimes le crime final de son apostasie. L'ange de vie était commis à la garde de la fille aînée de l'Eglise de Jésus-Christ.

Nos historiens n'ont pas tous vu cela, parce qu'ils ne l'ont point voulu voir ; mais nos rois le voyaient, et dès le commencement, ou du moins ils en avaient la religieuse conscience. On accusera le fait suivant d'être petit, moi je le trouve grand. Le plus vieux de nos écrivains numismates, Le Blant, a dit « que la plupart des monnaies [2] frappées sous Philippe de Valois ont une origine historique ». Or, quelle est la monnaie frappée par Philippe VI au début de la guerre de Cent Ans ? *L'ange d'or*. Et qu'était l'ange d'or ? Une pièce marquée à ce coin : *Saint Michel terrassant le dragon à l'aide de la croix*. Michel porte sur cette monnaie prophétique le manteau royal et la couronne aux fleurs de lys. Sa main gauche s'appuie sur l'écusson de France : il est le roi [3].

Voilà le *geste* de Dieu et voici l'imitation de l'éternel faussaire, le singe de Dieu : les Anglais sentirent si bien l'extrême gravité de l'investiture donnée ainsi au prince du nouvel Israël qu'ils frappèrent aussi leur *ange d'or* quelques années plus tard : de belles pièces bien sincères au point de vue du titre et du poids, mais qui n'étaient que fausse monnaie vis-à-vis

---

1. Alex. Guillemin, *Jeanne d'Arc*, p. 17.
2. Le Blant, *Traité des monnaies royales de France au règne de Philippe VI*.
3. *Les monnaies royales de France* publiées par Hoffmann. — Paris, 1878, p. 32 et plan XVI.

du dessein céleste. Le grand ouvrage anglais de Ruding [1] nous apprend même qu'ils ont continué cette inutile fabrication jusqu'au commencement du présent siècle.

Chez nous, l'ange d'or était l'expression du *vœu juré*. Après la lutte finie et le vœu exaucé, vinrent les actions de grâces non moins éclatantes et précises. C'était Louis XI qui régnait alors ; il fit représenter sur plusieurs monnaies *Michel vainqueur* [2] armé de toutes pièces et foulant aux pieds la défaite du dragon, et bien plus encore, il institua l'*ordre de Saint-Michel* en l'honneur de l'Archange qui, le premier, pour la querell de Dieu victorieusement « batailla contre le dragon et le trébucha du ciel [3] ».

II

L'élection régulière du successeur de Jean de la Porte, Nicolas le Vitrier, prieur claustral (1324), se fit aux premiers bruits des incursions, sinon encore des batailles. La guerre de pirateries, d'escarmouches et de pillages était commencée. Peu de temps après apparaît un homme, Godefroy d'Harcourt, dont la famille va bientôt devenir l'élue de saint Michel. Le duc de Bretagne, Jean III, était mort sans laisser d'héritier direct. Sa succession se disputait entre deux compétiteurs, Montfort, son frère cadet, et Charles de Blois, mari de sa nièce. Philippe VI était pour Blois ; Montfort appela les Anglais. « Le roi d'Angleterre [4], dit Michelet, qui en France soutenait le droit des femmes, soutint celui des mâles en Bretagne. Le roi de France fut inconséquent en sens opposé. »

Dans cette lutte, Philippe VI devait pécher autrement que par inconséquence [5] ; il s'empara d'Olivier de Clisson et par trahison fit saisir *dans*

---

1. *Monnaies anglaises.* — Londres, 1870, *passim.*
2. V. l'ouvrage de Hoffmann, p. 66, plan XXXVI.
3. *tatuts de l'ordre de Saint-Michel.* — Paris, 1725, p. 2.
4. T. IV, p. 201. Appréciation fautive, puisque la loi salique régnait en France et non en Bretagne.
5. v Le Baud, *Hist. de Br.*, Bymer, etc.

un tournoi seize seigneurs bretons, presque tous attachés, chose singulière, au parti de Charles de Blois qu'il soutenait. Ces seigneurs eurent la tête tranchée, mais le Normand d'Harcourt, victime du même guet-apens, parvint à passer en Angleterre, où, selon Froissart [1], il satisfit sa rancune en conseillant à Edouard III d'envahir la Normandie par les domaines considérables que lui, d'Harcourt, possédait dans le Cotentin, ce qui fut fait. Ici, nous relevons dans Michelet un aveu qui peut avoir son prix [2]. « L'état florissant et prospère, dit-il, où les Anglais trouvèrent le pays doit nous faire rabattre beaucoup de tout ce que les historiens ont dit contre l'administration royale au quatorzième siècle. » Michelet voit de plus haut que ses confrères. Les Anglais mirent à sac Saint-Lô, Caen et Louviers. Rymer [3] nous a conservé un souvenir de la colère des Normands en face de ces injustes et sanglantes représailles : ils offrirent, selon lui, à Philippe de Valois de recommencer l'expédition de Guillaume le Bâtard et de conquérir l'Angleterre *à leurs frais,* pourvu qu'on leur en donnât le partage et le pillage.

Philippe VI eut avant de mourir une autre punition plus sévère : il perdit la première des trois mortelles batailles, Crécy, après avoir vu la peste noire dévorer, au dire de Froissart, « la tierce partie du monde » en ses États. A Philippe, Jean le Bon succéda, cœur d'or, foi d'acier, qui reçut au plus profond de ses entrailles la seconde mortelle blessure de la patrie : Poitiers. Au milieu de ses détresses, ce roi des gentilshommes témoigne envers le Mont d'une sollicitude constante, qui étonnerait si l'évidence ne criait pas que nos princes avaient le sentiment de la grande pénitence infligée à la patrie par la main même de Dieu, et la conscience du secours qui pendait aux flancs de la montagne angélique comme un fruit dont il fallait attendre la maturité pour le cueillir.

La captivité de Jean pousse au pouvoir Charles V enfant et fait sortir de terre tout à coup quelque chose de funeste qui ressemble déjà à la république. Michelet est curieux à suivre ici ; la vérité le prend en quelque sorte à la gorge : parlant de la *Grande ordonnance* de 1357 qui supprimait la monarchie, il ne peut s'empêcher de s'écrier [4] : « Il y avait à craindre que la France ne pérît dans cette opération singulièrement périlleuse en *présence de l'ennemi...* » Ce n'est pas Michelet qui souligne

---

1. *Chroniques*, liv. II, c. CCLIV, p. 296.
2. T. IV, p. 209 et suiv.
3. *Fœdera*, t. III, pars. I, p. 76.
4. T. IV, p. 273-274.

ces derniers mots « en présence de l'ennemi », c'est moi, en souvenir douloureux de ce que nous avons tous vu.

Mais la France est difficile à tuer, parce qu'elle a sa destinée de peuple élu : toutes les trahisons, tous les coups l'accablèrent alors sans la pouvoir achever. Etienne Marcel la poignarde, la Jacquerie la dévore, Charles de Navarre l'empoisonne; elle résiste à ces bourreaux comme elle avait résisté à Crécy, à Poitiers, à la peste révolutionnaire et à la peste noire.

Geoffroy de Servon, *abbé-capitaine*, selon D. de Camps [1], prit la crosse au plus noir de la guerre et la porta comme une lance dans les derniers jours de la captivité du roi Jean, où le même chroniqueur pouvait déjà écrire : « Toutes les villes de la Normandie, *à la réserve de la nôtre*, ployaient sous le joug des Léopards [2]. » Geoffroy de Servon était gentilhomme. Sous sa prélature, la bataille serra le Mont de si près qu'il dut payer de sa personne; il le fit vaillamment et sut, pour citer encore D. de Camps, « aussy bien commander à des soldats ès murailles qu'à des enfants d'obedience en leurs clouestres ».

Il défendit si heureusement son poste que Charles V, enfin roi pour tout de bon et débarrassé de ses tribuns du coche (1364), lui adressa les lettres suivantes : « Nous [3], etc., considérant la grande loyauté, vraye amour et parfaicte obeyssance que ont toujours eu nos chiers et bien amez les religieux, abbés et convent du Mont Sainct-Michel au péril de la mer, de garder l'église et fort d'icelle contre tous les ennemys de nostre royaume, et en tant que nul desdits ennemys, par force, malice ou subtilité n'y ont pu entrer jamais, avons octroyé et octroyons que en laditte église et fort *ne soit aultre capitaine que l'abbé*... »

Les tentatives pour surprendre le Mont « par force, adresse ou subtilité » n'avaient pas manqué et Geoffroy provoqua lui-même un ordre du roi défendant à « aucunes personnes de, quelque condition que eulx soient, » de pénétrer dans l'enceinte en « portant cuteaulx poinctus, espées ou autres armures ». La tentative de Jean Boniant, vicomte d'Avranches, une âme damnée du roi de Navarre Charles le Mauvais, prouva bientôt l'opportunité de cette mesure. Jean Boniant se présenta un jour sous prétexte de pèlerinage, dévotement accompagné. Lui et ses gens portaient le « grand cutel à poincte-nez », mais « sur leurs poinctes et sur leurs nez » on ferma les portes très rudement, sans quoi les Anglais auraient couché au Mont ce soir-là.

---

1. Ap. D. Huynes, t. II, p. 94-95, en note.
2. *Ibid.*
3. D. Huynes, t. II, p. 95-96.

De jour en jour le sanctuaire était serré de plus près ; la conquête en eût été pour les Anglais une victoire morale de portée incalculable. On n'a point conservé le détail des faits de guerre de Geoffroy de Servon en dehors de ses murailles et le silence des chroniqueurs réguliers se conçoit ; mais le côté très curieux de sa prélature est dans les rapports intimes qu'il eût avec Bertrand Duguesclin, le plus grand homme de l'époque sans contredit. Ce Breton aux « poings quarrés » était le premier stratège qu'on eût revu chez nous depuis Charlemagne et savait jouer des masses mercenaires comme pas un. C'était du reste le siècle de la revanche des Bretons, écrasés autrefois sous le poids des multitudes amoncelées contre eux par les rois-ducs. Duguesclin, Clisson et Richemont y eurent en France tour à tour l'office de connétable, c'est-à-dire le commandement en chef des armées.

Duguesclin, le plus Breton des Bretons, de son corps comme de son génie, tenait à la Normandie par sa mère, Jeanne de Malesmains, et aussi par sa sœur, « la nonne Jeanne », qui défendit de sa personne la ville de Pontorson avec une si héroïque vaillance. Une partie de sa vie guerrière s'écoula sur la frontière des deux provinces, entre Antrain et Pontorson, d'où il protégeait la baie de Saint-Michel, de Granville à Saint-Malo. Sa terre de Sacey touchait à Servon, fief patrimonial de l'abbé Geoffroy, dont il fut l'ami par lui-même et par Tiphaine Raguenel, sa femme, « Tiphaine la fée ». Le bon connétable, entre ses grandes expéditions, resta presque constamment en ce lieu et y fit cette terrible guerre d'escarmouches, si funeste aux Anglais, à laquelle prit part la garnison du Mont. Quand Charles V voulut débarrasser la France de cette nuée des *grandes compagnies*, Duguesclin lui rendit l'inestimable service d'emmener la cohue des soudards mercenaires en Espagne. En partant, il confia sa femme avec ses trésors au sanctuaire imprenable.

« Tiphaine [1] habitait au Mont un logis en haut de la ville », sans doute le « vieil moustier de Seint-Perron », dont les arcades et la porte romane se voient encore sur le chemin qui monte à l'abbaye, au bord de la muraille défendant le château. Le trésor de Bertrand Duguesclin consistait en cent mille florins d'or (ce qui formerait, en tenant compte du change entre les siècles, une valeur de plusieurs millions). Tiphaine en « départit libéralement jusques au dernier denier aux soldats et capitaines qui, ayant perdu leurs biens à la guerre, lui venoient faire visite ».

III

Au plus fort de la guerre, dès que les chemins étaient libres un instant, la foule des pèlerins se pressait vers la montagne angélique, et la croyance à une « promesse de secours », tacite mais certaine, devenait de plus en plus populaire. Parfois les multitudes affluèrent d'une façon si exubérante

[1] *Cur. Rech.*, t. I, p. 90-91.

que des inquiétudes furent conçues. Cela faisait, dit un chroniqueur, comme une *nation* campée sur les grèves, et vraiment c'était une nation, la plus grande de toutes, la France, qui venait dire à son patron céleste ses malheurs et ses terreurs. Geoffroy de Servon craignit que derrière ses masses énormes, l'ennemi ne glissât une embûche, et il organisa le *service de Saint-Michel*, formé de seize vavassoreries jurées. Le premier vavasseur gardait « au coing de l'autel », les autres faisaient faction dans la basilique, en dedans et en dehors des portes. L'acte d'établissement dit [1] que ceux qui tiennent vavassoreries doivent porter courbeson (haune), cotte de mailles, gantelets, bouclier et lance. Pas n'est besoin d'ajouter que Geoffroy de Servon, sans cesse occupé ainsi de soins militaires, continua de fortifier l'abbaye.

Mais la grande douleur qui avait frappé tour à tour tant de ses devanciers ne lui manqua point. La foudre de Jupiter-Satan visa encore une fois, en 1374, le palais de l'Archange, ouvrant plus larges les brèches à peine réparées de l'église, du dortoir et des autres lieux réguliers. Depuis le commencement nous avons admiré ce long, ce patient courage qui releva constamment les pierres illustres constamment renversées ; c'est le côté peu bruyant, mais si extraordinaire de la lutte sans fin. Sous Geoffroy de Servon, la vaillance des ouvriers « logeurs de Dieu » atteignit à son comble ; ils travaillèrent jour et nuit, sans cesse harcelés par l'Anglais et tenant, dit D. de Camps [2], comme les soldats de l'Ancien Testament « tousiours la truelle d'une main et l'espée de l'autre ».

Quand Geoffroy mourut, le 28 février 1386, le roi Charles le Sage et son connétable Du Guesclin reposaient tous les deux dans la tombe depuis six ans Ils étaient de ceux qu'on ne remplace point. Charles, sorti tout faible et tout meurtri de la captivité révolutionnaire où l'avaient tenu ses nobles et ses bourgeois, avait grandi par la patience. Son règne fut une accalmie et une éclaircie au milieu de la tempête qui reprit avec rage sous la minorité de Charles VI. C'est ici l'odieuse vendange des « oncles royaux » foulant la France comme une cuvée. La France se révolte ; elle émancipe le roi qui épouse sa honte et son malheur en l'odieuse personne d'Isabeau de Bavière. Il avait dix-sept ans ; ce fut le duc de Bourgogne qui lui « défouit », du fond d'une cour excommuniée, cette créature marquée pour être le mortel opprobre du royaume très chrétien.

Comme si aucun fléau ne devait être épargné à cette époque, le sombre

---

1. *Cur. Rech.*, t. I, p. 288 et suiv.
2. Ap. D. Huynes, t. I, p. 259.

schisme d'Occident sévissait. Avignon disputait la tiare à Rome ; Geoffroy de Servon avait eu le tort de reconnaître l'antipape Clément VIII ; Pierre Le Roy, son successeur, redressa cette mauvaise voie et se soumit à Rome : sa prélature est la dernière avant les sièges.

Ce Pierre Le Roy, que D. de Camps appelle « le roy des abbez [1] », était originaire d'Orval, auprès de Coutances : docteur en décret, successivement abbé de Saint-Taurin et de Lessay, il vint comme il fallait après le gouvernement un peu trop militaire de son prédécesseur et acquit à tous égards dans le monde du temps, une prépondérance au moins égale à celle dont Robert de Thorigny avait joui sous les rois-ducs.

Celui-ci avait établi le fameux *Cartulaire,* Pierre Le Roy dressa le recueil de pièces authentiques connu sous le nom de *Terrier* ou *Quanandrier* [2] et le *Livre blanc,* qui contenait les chartes et bulles : celui-ci a malheureusement disparu.

Tandis qu'on parle beaucoup des perles qui ornaient les mitres de Richard Turstin et de Geoffroy de Servon, il est surtout question, à propos de Pierre Le Roy, des améliorations qu'il introduisit aussi bien dans l'ordre spirituel que dans le régime matériel et du soin extrême qu'il donna au relèvement du niveau des intelligences. Il se constitua en effet maître et professeur de ses frères, faisant de son monastère une école où il enseignait tout, depuis la sainte Écriture et le droit canon jusqu'aux éléments de la grammaire ; on ne saurait nombrer les livres qu'il acheta ou fit copier pour la bibliothèque et dont plusieurs gardent sa marque.

Tout cela, cependant, était peu : intelligence féconde autant que hardie, servie par une singulière rapidité d'exécution, Pierre Le Roy apporta un contingent des plus considérables au trésor architectural de l'abbaye, et le besoin de couronner les défenses de la sainte montagne fut le mobile principal de ces travaux qu'il hâta de toute la puissance de son activité, comme nous hâtons nous-même en ce moment et malgré nous l'histoire de sa belle prélature, qui touche de si près à l'heure où l'épée de l'Archange va sortir du fourreau. Il sentait cette destinée venir, elle l'attirait ; nous la voyons venue et son glorieux aimant nous entraîne.

On entendait déjà de loin le fracas nouveau de l'artillerie ; devant ces terribles engins, le Mont allait-il cesser d'être invincible ? Pierre Le Roy se dit qu'il forgerait une seconde cuirasse au sanctuaire et qu'il le ferait deux fois imprenable. De la tour des *Corbins* vigoureusement relevée, il allongea

1. Ap. D. Huynes, t. I, p. 260.
2. Mss. du M. S.-M. Bib. d'Avr., n° 14.

une haute muraille avec machicoulis et parapets jusqu'aux devants de *Belle-Chaire,* l'admirable entrée de Richard Turstin. Celle-ci était la porte de la paix, Pierre la cacha derrière la porte de la guerre, et gardez-vous de vous en plaindre : ce gigantesque écrin de granit est plus admirable encore que le joyau qu'il protège.

C'est le *châtelet* ou *donjon.* Quand vous avez gravi cette rue-fantôme, étonnante relique du moyen âge, qui grimpe à l'abbaye, vous vous trouvez en face de l'escalier, profond comme un mystère, « le Gouffre », ainsi qu'on l'a nommé, dont les raides degrés escaladent le faîte du Mont entre les tours jumelles qui ressemblent à une paire de monstrueux canons, dressés sur leurs culasses et braquant vers les nuages leurs gueules crénelées. C'est grand jusqu'à serrer le cœur. Il n'est pas un peintre visitant le Mont Saint-Michel qui n'ait essayé de reproduire sur la toile la beauté de cette épouvante qui rejeta si souvent les Anglais en déroute au bas du rocher.

Pierre Le Roy n'eût fait que cela qu'il resterait inscrit entre les premiers au livre d'or des supérieurs du Mont Saint-Michel ; mais il continua les défenses au delà de *Belle-Chaire,* par la tour carrée qui a gardé son nom, (*Tour Perrine*) ; il construisit la *Bailliverie,* occupée actuellement par les PP. missionnaires qui ont restauré avec tant d'éclat le culte de l'Archange et où sont écrites désormais jour à jour *les Annales du Mont Saint-Michel ;* et enfin, pour couvrir les communications entre le monastère et la basilique, il éleva une autre muraille rejoignant le Saint-Gautier, avec une tour encore, protection de l'escalier qui montait directement au sanctuaire.

Vers la fin de ces travaux accomplis comme par enchantement (1391-1393), le roi Charles VI vint en pèlerinage au Mont. Il avait eu déjà son aventure dans la forêt du Mans, et sa raison vacillante l'abandonnait par intervalles. Ses heures lucides étaient d'un prince et d'un chrétien.

Il accorda au Mont d'importants privilèges et franchises [1] pour favoriser les pèlerinages toujours de plus en plus en honneur et dont on racontait d'innombrables merveilles [2] ; mais ce qui le frappa surtout, ce fut le mérite hors ligne de l'abbé lui-même. De retour à Paris, il s'empressa d'y appeler Pierre Le Roy, qu'il chargea d'accompagner Pierre de Cramant dans son ambassade, dont le but était de mettre fin au schisme. Grégoire XII venait d'être élu pape à Rome (1406) et Benoît XIII tenait la tiare usurpée à

---

1. *Ordonnances des rois de France,* t. VII, p. 590 et suiv.
2. D. Huynes, t. I, p. 114 et suiv. D. Le Roy, t. I, p. 303.

Avignon. Pierre Le Roy déploya une telle habileté dans la conduite des négociations, qu'il fut choisi par le roi pour assister au concile de Pise (1409), dans lequel les deux papes rivaux furent déposés et remplacés par Alexandre V. La preuve de la part considérable prise par l'abbé de Saint-Michel à cette guérison de l'Église est dans ce fait que le saint élu l'éleva à la dignité de référendaire, qu'il garda sous Jean XXIII.

Pierre Le Roy ne devait jamais revoir son abbaye ; il mourut à Bologne en 1411 et les partisans de la prophétie du *Liber miraculorum* ayant trait à la sépulture des abbés, ont fait remarquer ceci : Pierre Le Roy, supérieur bien élu, aurait dû reposer au Mont, mais il y avait une tache à la régularité de sa vie abbatiale : il avait pesé sur la libre volonté de ses moines en exigeant d'eux, *vour ses besoins*, une rente annuelle de 1.200 livres tournois, ce qui, par le fait, inaugurait le triste établissement de la *mense abbatiale*. Son homonyme D. Thomas Le Roy dit de lui qu'il « fit grande bresche à son monastère et à son honneur dans la fabrication de cet appoinctement qui a servi de pont pour faire passer la destruction dans l'abbaye [1]... »

C'est au lit de mort de ce grand prélat, dont la vie oppose tant d'utiles travaux à une seule faute, qu'on voit apparaître pour la première fois son trop fameux chapelain, exécuteur testamentaire et successeur, le lâche Robert Jolivet. Celui-ci va passer comme une énigme d'égoïsme à travers tous ces dévouements vaillants qui ont donné naissance à la parole proverbiale, répétée partout et mille fois après les sièges : « Si la Grèce eut ses Thermopyles, la France a son Mont Saint-Michel. »

1. *Cur. ech.*, t. I, p. 320.

LIVRE TROISIÈME

LES SIÈGES

SOMMAIRE DU CHAPITRE DEUXIÈME

Sièges anglais. — Etat de la France, Charles VI, le traité de Troyes. — Robert Jolivet, sa désertion. — Jean VIII d'Harcourt, comte d'Aumale, nommé capitaine-lieutenant par le Dauphin ; le combat de la Broussinière. — Investissement du Mont par terre et par mer, combat d'Ardevon. — Briand de Châteaubriand : combat naval. — Louis d'Estouteville. — Le désastre de la Guintre. — Le champ d'armes.

CHAPITRE II

I

Dieu frappait, frappait et frappait. Nous franchissons ici le seuil sombre de la taverne historique, presque aussi révoltante à l'esprit et au cœur que le mauvais lieu de 93, et destituée par surcroît de cette vertu militaire que nos soldats, restés lions, gardèrent au milieu même des hyènes et des chacals, sous la Terreur. Dieu frappait ; le crime était l'aveugle et atroce châtiment du crime. Le roi fou semblait garder dans un coin de son cerveau malade la dernière lueur de raison qui fût en France, car on dit qu'il pleurait.

Je me souviens d'avoir vu dans ma jeunesse une pièce de théâtre populaire[1], où ce misérable roi grelottait tout seul dans son Louvre. Au dehors les foules clamaient et leurs cris séditieux traversaient le silence. Les uns disaient : « Armagnac ! Armagnac ! » Les autres répondaient : « Bourgogne ! Bourgogne ! » Et le roi répétait comme un plaintif écho, dans la nuit de sa pensée : « Armagnac, Armagnac ! Bourgogne, Bourgogne ! » C'était navrant, car ces deux factions, Armagnac et Bourgogne, vendaient tour à tour la patrie aux Anglais. Mais voici ce qui serrait le cœur encore davantage : à un moment le roi se levait et, tendant vers le ciel ses mains tremblantes, il demandait à Dieu tout bas, comme un enfant qui espère l'impossible : « Quelqu'un, dans Paris, ne va-t-il pas crier enfin : FRANCE ! FRANCE !... » On ne représente plus cette pièce, qui contient des allusions trop sévères au parti dont le nom vague et vide s'est substitué au nom de la France.

1. *Perrinet Leclerc*, mélodrame.

Nous n'avons pas à raconter la vie de cet infortuné prince qui avait été un chevalier. Dieu frappait. La main de Charles VI ne pouvait plus tenir le pouvoir que se disputaient Philippe de Bourgogne et Louis d'Orléans. Après la mort de Philippe, son fils Jean-sans-Peur se débarrassa de Louis d'Orléans par l'assassinat et saisit la régence ; mais Bernard d'Armagnac, beau-père du fils de la victime, se présente en vengeur, et déclare, sous le talon de l'ennemi, cette honteuse guerre civile dont les Ajax sont des bouchers, des écorcheurs, des bourreaux, Caboche, Jean de Troyes, Capeluche, et dont le nerf est l'or des Anglais.

Ce fut Armagnac qui appela Henri IV, le premier Lancastre, tout frais émoulu de l'assassinat de Richard II ; Dieu frappait. Jean-sans-Peur, bénéficiant de cette trahison, eut d'abord le dessus dans Paris, mais ses cabochiens y pétrirent une boue si rouge que Paris, habitué déjà à tout supporter en fait d'excès, se fâcha et ouvrit ses portes aux Armagnacs dont les déportements firent bientôt regretter Bourgogne.

Cependant, Henri IV avait eu assez à faire chez lui pour ne pouvoir profiter de notre agonie ; mais son fils Henri V fit sa paix avec le clergé anglais et eut ainsi les mains libres pour procéder à l'enterrement définitif de cette éternelle ennemie d'Albion, la nation des Francs, qui s'était vantée d'être la fille aînée de saint Pierre et le peuple de Dieu. Henri V, à la tête d'une puissante armée, prit terre à Harfleur et se dirigea vers l'Artois, où ses « paysans »[1] et ses archers gallois rencontrèrent le dernier ban de la chevalerie dans les champs labourés d'Azincourt. La terre, détrempée par une pluie d'octobre (1415), embourba les hommes d'acier et leurs chevaux bardés de fer de telle sorte « qu'ils paraissaient enchantés ou morts dans leurs armures »[2].

C'était la troisième fois que les chevaliers et les Francs tombaient. Dieu frappait. Henri, étonné lui-même de cette prodigieuse victoire, donna trêve, ce qui ne soulagea point Paris, mais permit aux factions de s'y combattre à coups d'égorgements et de trahisons. Les Armagnacs en ce moment se groupaient autour du roi ; la monstrueuse Isabeau appela Jean-sans-Peur à qui Perrinet Leclerc livra la ville. Tanneguy du Châtel, un Breton de la « fournée » des Du Guesclin et des Clisson, couvrit de son corps le Dauphin (depuis Charles VII) et le sauva au milieu d'un épouvantable massacre.

Jean-sans-Peur était dès lors d'accord avec les Anglais, mais le patriotisme du peuple de Paris le contraignit à accepter l'entrevue du pont de

---

1. *Yeomen.*
2. Michelet, t. IV, p. 268.

Montereau où se devait discuter le pacte de la défense commune. La France voulait renaître. A Montereau, Jean-sans-Peur subit la peine du talion. Sa mort violente y paya le meurtre de Louis d'Orléans. Dieu frappait, car la chute même de ce mauvais homme fut un malheur public en donnant prétexte à Isabeau de parfaire la vente du royaume de France par le traité de Troyes. Et toutes choses et tous hommes étaient tombés si bas qu'il se trouva dans les Etats une majorité pour sanctionner cet ignominieux contrat, où l'impudeur des traîtres achetés faisait parler ainsi le roi fou :

« Est accordé que tantôt après nostre trépas, la couronne et royaume de France demeureront et seront perpétuellement à nostre fils le roy Henry et à ses hoirs [1]... Considéré les horribles et énormes crimes et délits perpétrés audit royaume de France par Charles, *soi-disant* dauphin de Viennois, il est accordé que nous, notre dit fils le roi (Henry) et aussi nostre très cher fils Philippe, duc de Bourgogne, ne traiterons aucunement de paix ni de concorde avecque ledit Charles [2]... » Michelet a caractérisé ainsi le traité de Troyes : « Isabeau se fit payer comptant le mot honteux *soi-disant dauphin*..., deux mille francs par mois... A ce prix, elle renia son fils et livra sa fille [3]. »

La France en était là en 1420, neuf ans après le moment où Robert Jolivet avait pris la crosse de Saint-Michel en remplacement du bon et grand abbé Pierre Le Roy. Au Mont nous n'avons pas encore vu de traître. Originaire du diocèse de Coutances, Robert avait étudié le droit à Paris [4] ; ce fut là peut-être l'origine de son penchant à suivre les lignes non droites que les gens de loi choisissent parfois comme étant les plus courtes.

Quand Pierre Le Roy fut appelé dans les conseils de Charles VI, puis envoyé en ambassade, Robert occupa dans sa maison un poste intime. Le grand abbé avait pour lui une paternelle affection ; mais à peine fut-il mort que Robert, sans laisser à ses restes le temps de refroidir, courut demander sa dépouille au pape et l'obtint. Un manuscrit de la bibliothèque d'Avranches a conservé la note de ses dépenses de solliciteur [5]. Le chroniqueur des *Curieuses Recherches* le montre arrivant au Mont muni de ses bulles et porteur de 4.000 écus d'or légués par le défunt abbé à la communauté. Il presse l'élection et est « esleu unanimement par permission divine, car

---

1. Rymer, *Fœdera*.
2. Id., *ibid.* — Rymer donne l'acte en trois langues, latine, française et anglaise. A son point de vue anglais, c'est un monument de très grand orgueil national.
3. T. IV, p. 316.
4. *Gall. Christ.*, t. XI, col. 527.
5. N° 214.

s'ils en eussent esleu un autre, *comme estoit homme subtil,* il y eust eu grandes querelles et procès [1]... »

Cependant les 4.000 écus d'or furent employés fastueusement, mais honnêtement. Robert entreprit même de bons travaux d'administrateur, et cela l'occupa un temps, mais pour le moine il n'y a qu'une vraie attache, la piété ; Robert n'en avait pas. Un jour de loisir, il regarda au dehors et vit que les événements marchaient avec une rapidité menaçante. L'idée lui vint aussitôt de les suivre de près et d'en profiter. Le lendemain, il était en route pour la cour de Paris, où cet *homme subtil* trouva moyen de « vivre en grand seigneur et non en pauvre moyne qui a renoncé le monde [2]... »

Ce fut de là qu'il envoya à ses religieux un ange doré, destiné à porter les *pignora sacra*, venus autrefois du Mont Gargan. Vers la même époque (1413) le Mont reçut une autre offrande bien autrement significative ; car saint Michel se détournait de ses abbés indignes ou inutiles pour regarder du côté des capitaines qui allaient désormais combattre le grand combat à la tête de ses vaillants moines. On n'a pas oublié ce Godefroy d'Harcourt qui, sous Philippe de Valois, avait introduit les Anglais en Normandie par vengeance. En 1415, un autre d'Harcourt, illustre, celui-là, et que nous retrouverons bientôt dans sa gloire, donna au sanctuaire une figure représentant le « très heureux Michel » et pesant soixante-seize marcs d'argent fin. L'Archange prenait possession de son lieu, mettant sa droiture toujours présente à la place des habiletés qui fuyaient.

Robert Jolivet eut pourtant un mouvement passager de repentir. Il revint au Mont après la bataille d'Azincourt. Henri V avait réussi à former un parti anglais considérable, composé de ces gens toujours en si grand nombre qui ont pour règle de conduite la bonne entente de leur intérêt personnel. Sa faction était presque maitresse en Normandie. Peut-être Robert Jolivet, en ce temps-là (1417), ne savait-il pas bien encore s'il se vendrait tout à fait aux Anglais ou s'il resterait ménageant les deux partis comme il l'avait fait jusqu'alors ; le fait certain, c'est que ce très singulier personnage se comporta pendant tout le temps de sa résidence en Français fidèle et en digne abbé. Pierre de la Porte avait rendu le monastère même imprenable ; Robert fit de même pour la ville qui pendait alentour. On lui attribue l'élargissement de l'enceinte du côté qui regarde Avranches et la majeure partie de l'enceinte crénelée avec machicoulis et parapets découverts. Il

---

1. Th. Le Roy, t. I, p. 329.
2. *Cur. Rech.*, t. I, p. 338.

transporta aussi au midi l'entrée unique qui s'ouvrait vers l'est, et construisit la grande citerne [1]. Mais, un jour, arriva la nouvelle du désastreux traité de Troyes qui semblait ruiner les dernières espérances de la monarchie française. Aussitôt Robert Jolivet partit comme on s'évade et vint droit à Paris, où il se vendit purement et simplement aux Anglais vingt-quatre fois moins cher que la reine Isabeau, c'est-à-dire pour une pension annuelle de mille livres.

Pour ne pas charger nos pages de citations toujours les mêmes, je veux indiquer d'avance les deux sources principales où j'ai puisé les faits de guerre qui vont suivre. C'est d'abord le manuscrit numéro 5.696 de la Bibliothèque nationale, probablement montois et contemporain des sièges ; ce sont ensuite les trois volumes de la même bibliothèque numéros 9.436[4], 9.436[5] et 9436[6], contenant les comptes de Pierre Sureau ou Suireau, receveur général de Normandie pour le roi Henri V. En outre, je dois à M. V. Jacques communication de *très nombreuses* pièces de l'époque, transcrites par lui aux *Archives de la Manche* et inédites, sinon tout à fait inconnues.

Les moines apprirent bientôt avec indignation la trahison de leur abbé ; mais loin de perdre courage, ils poussèrent un cri vers l'Archange et se vouèrent plus étroitement à la patrie expirante. Le souffle national qui manqua chez nous si tristement alors, comme il a manqué en un temps beaucoup plus récent, était là. Ils s'assemblèrent et nommèrent « vicaire général » leur prieur conventuel, Jean Gonault, pour exercer l'autorité en l'absence du supérieur. Le Souverain Pontife approuva et confirma.

Le moment était terrible. Henri de Lancastre continuait l'œuvre de sa conquête qui montait comme un flux. Les campagnes, tout d'abord submergées, avaient laissé longtemps les villes au-dessus de l'inondation, puis, le niveau envahisseur s'élevant toujours, les villes avaient été noyées. Caen n'avait guère résisté, Saint-Lô s'était rendu, Coutances aussi ; Avranches avait combattu, mais en vain, et Pontorson, la vieille citadelle de Du Guesclin, venait de tomber. Enfin Tombelaine était devenue une forteresse inexpugnable sur laquelle le drapeau anglais flottait comme partout. D'Argentré explique comment les défenseurs du monastère avaient assisté impuissants aux travaux anglais. C'était « à cause que le fleuve de Couesnon ayant changé son cours ordinaire » se joignait aux fleuves de Genêts, Selune et Sée pour passer en un lit profond au-devant de Tombelaine, « tellement que ces rivières unies empeschoient la garnison de ce Mont d'aller donner

---

1. Arch. de la Manche, n° 15.343.

l'assault à ceux qui, à leur veue, se fortifioient pour après les battre¹ ».

Dans leur extrémité, les moines se souvinrent de cet homme puissant qui avait fait offrande au sanctuaire d'une figure de l'Archange pesant soixante-seize marcs d'argent. C'était Jean VIII d'Harcourt, comte d'Aumale, neveu du roi Charles VI à la mode de Bretagne, et si dévot au patron de la France que sa devise portait : « Aultre ayde n'ay que sainct Michiel. » *Nemo adiutor meus, nisi Michael* ².

II

Jean VIII d'Harcourt, « lieutenant général pour le roy ès provinces de Normandie, d'Anjou, de Touraine et du Maine », avait été fidèle à Charles VI jusqu'au traité de Troyes, et après le traité, il resta fidèle au Dauphin. Il accepta avec joie et respect la charge de défendre le Mont Saint-Michel, lui, revêtu de dignités si hautes, comme simple capitaine suppléant du vrai capitaine-né, l'abbé, qui n'était pas à son devoir. Il fit cela simplement et vint à travers les Anglais jusqu'au monastère, pour passer avec les religieux un accord ou traité qui est encore aujourd'hui conservé aux Archives de la Manche ³, et dans lequel il est dit que « les religieux du Mont Saint-Miche requièrent estre pourveus par hault et puissant prince, monseigneur le comte d'Aubmalle, pour le bien du roy et aussi pour la sureté de la forteresse, abbaye et ville.... *affin que les religieux puissent tousjours et continuellement faire le divin service de nuict et de jour*, ainsy que tenus et obligiés y sont... »

C'est là le principal du contrat : la sauvegarde du *laus perennis*, arme enchantée de la prière. Ces reclus savaient ce qu'ils faisaient, comme Moïse

1. *Histoire de Bretagne*, livre II, c. xxvi.
2. *Histoire généalogique de la maison d'Harcourt*, par Gilles-André de la Roque, Paris, 1662 in-f°, t. I, p. 430 et suiv.
3. N° 15.348.

sur la montagne tenant ses bras élevés vers le ciel et criant à Dieu, pendant que Josué, dans la plaine, combattait les Amalécites [1] avec l'épée. Beaucoup de gens disent : « Ce fut l'épée de Josué qui vainquit et non point le cri de Moïse ». D'autres ajoutent : « Quand l'ennemi menace aux portes, les bras paresseux qui se tendent vers le ciel feraient mieux de manier le fer ». Il ne faut point s'irriter contre ceux qui méconnaissent la toute puissance de Dieu, mais les plaindre du profond de nos cœurs. Nous avons eu, au milieu d'un deuil immense et tout récent, deux forteresses qui ont porté très haut le drapeau de la patrie et qui l'ont porté jusqu'au bout. L'ennemi ne les a pas prises. Moïse, cependant, n'était pas là au-dessus de Josué. Qu'ont-elles gardé, ces citadelles ? Rien. Il faut Moïse.

Le Mont Saint-Michel, plus petit que l'admirable Belfort, plus petit même que Bitche la glorieuse, dont on parle moins parce que nous l'avons abandonnée, le Mont Saint-Michel, suprême épave d'un désastre bien autrement complet que notre défaite de 1870, après laquelle une grande moitié de la France nous restait, se garda lui-même et garda tout : il avait Moïse et plus que Moïse, il avait Celui qui apparut à Moïse et qui est le vainqueur éternel de Satan.

Je le répète, les bons moines savaient tout cela, et la pieuse, la patriotique naïveté de leur « traité » stipulait surtout en faveur de la prière, arme supérieure, quoiqu'ils dussent manier aussi bientôt, à l'occasion et d'un rude bras, l'arme d'acier. Jean d'Harcourt signa cet accord et s'occupa aussitôt avec Jean Gonault d'organiser le service de la place. Il n'y avait pas eu encore d'attaque proprement dite, mais l'ennemi était partout aux environs, et à chaque instant une surprise pouvait être tentée. Le capitaine se réserva la police des gens d'armes et Jean Gonault celle des moines ; on fit le partage des clefs ; la garnison fut casernée, partie au châtelet, partie à la tour Perrine, et le reste dans « le manoir du Fenil-au-bas-de-l'Abbaye », où est maintenant l'orphelinat. Ces précautions prises, le « pied de guerre » fut établi et la porte close [2].

---

1. Exode, ch. xvii, v. 10, 11, 12.
2. Les moines, gens d'armes et chevaliers qui défendirent le Mont Saint-Michel doivent être nommément désignés, car ce furent des héros. Nous plaçons ici ceux qui commencèrent la défense en 1420. Au fur et à mesure des événements, nous continuerons cette vaillante liste qui jusqu'ici n'a été donnée ni certaine ni complète à cause des contradictions qui se rencontrent à chaque pas dans les sources.

Moines : Jean Gonault, prieur conventuel ; Nicolas Geurnon, prieur claustral ; Raoul le Tellier, cellerier ; Iehan Picart, chargé des vivres ; Thomas Poisson et Robert Baudren, surveillants de la citerne. Le même D. Baudren était en outre adjoint à D. Jacques Onfroy pour les fortifications.

Chevaliers : Jean d'Harcourt et son lieutenant Olivier de Mauny, seigneur de Thieuville, Loys

Le comte d'Aumale sortit aussitôt du Mont pour tenir la campagne et se rendre à Poitiers auprès du dauphin Charles. Il était bien entendu que le gouverneur de quatre provinces ne pouvait s'enfermer dans la forteresse à moins d'extrême nécessité. Quelques jours plus tard (27 mai 1420), Jean d'Harcourt fit courir, partout où la voix de la France pouvait encore arriver, une proclamation où il était dit que « pour obvier [1] à la malice damnable des Anglois,... lesquels ont par plusieurs fois et divers moyens essayé à entrer ès abbaye, ville et forteresse du Mont Saint-Michel, nous y sommes venus (c'est Jean d'Harcourt qui parle), et moyennant la grâce de Nostre-Seigneur Dieu, y maintiendrons la bonne obéissance.

Cette pièce, signée par le sire d'Aussebosc (Robert d'Estouteville)[2], Jean d'Annebaut, le baron des Biards et Colin Boucan, semble destinée à faire connaître aux populations l'inaltérable loyauté des religieux qui sont les vrais et seuls ministres autorisés du patron de la France. On peut inférer de sa teneur que diverses attaques avaient déjà été dirigées contre le Mont. Le gentil Dauphin était à Poitiers. Les « nouvelles de l'Archange » que lui apportait le comte d'Aumale lui relevèrent le cœur et l'on doit leur attribuer les lettres patentes du 23 juin 1420, qui sont une page mélancolique et belle de notre histoire. Le Dauphin s'y dénommait *Charles, fils du roy de France, régent le royaume,* et y disait : « Comme les Anglois[3], anciens ennemis de monseigneur (le roi) et (les) nostres occupent presque tout le païs et duchié de Normandie,... et plusieurs parties de ce royaume,... et s'efforcent d'avoir la seigneurie de mon dit seigneur lequel leur a esté livré par aucuns traictres, ses subgiez, corrompus par dons... sçavoir faisons que nous confians à plain de nos très chiers et amez cousins le duc d'Alençon, seigneur de Fougières, et Jehan de Harcourt, comte d'Aubmalle, avons aujourd'hui faiz, ordonnez et établis iceulx nos lieutenans et cappitaines généraulx au duchié de Normandie, pour y représenter notre personne... »

Ces lettres, qui semblent plutôt borner que grandir les pouvoirs de Jean d'Harcourt, déjà lieutenant du roi dans toutes les provinces de l'ouest, sous-entendaient ce qu'elles ne voulaient point dire à l'ennemi. Elles étaient

---

de Tournebu, Jean de Merle, Jean des Wys : ceux-ci au château. Dans la ville, nous ne trouvons encore que le baron des Biards, Monsieur Nicole Paynel et Colin Boucan, auxquels il convient d'ajouter, pour éviter tout à l'heure une nouvelle note, le sire d'Aussebosc (Robert d'Estouteville) et Jean d'Annebaut.

1. Arch. de la Manche, n° 15.349.
2. *Hist. de la maison d'Harcourt*, t. I, p. 424.
3. Arch. de la Manche, n° 15.351.

une nouvelle direction donnée et allaient mettre fin au terrible système de temporisation, pratiqué par Henri V, qui tuait la France à coup sûr, rien qu'en mettant ses Anglais « à *manger dessus* comme chenilles sur arbre ». Une dépopulation effrayante avait lieu ; outre les famines et contagions, il y avait l'émigration : plus de vingt-cinq mille familles [1] s'étaient déjà réfugiées en Bretagne, où, selon D. Morice [2], la tranquillité publique fut troublée par ces hôtes trop nombreux.

Ce fut le Breton Olivier de Mauny qui prit la garde effective du Mont pendant que Jean d'Harcourt devait mener les opérations projetées en campagne sur une ligne étendue de la côte normande au pays poitevin, mais coupée en bien des endroits par l'ennemi. L'armée destinée à cette guerre n'était même pas en état de formation ; on comptait sur le soulèvement des masses et il semblait qu'on n'avait nulle raison d'y compter : en somme, le seul point stratégique vraiment important était le Mont Saint-Michel. Aussi Olivier de Mauny reçut-il ordre d'en compléter la garnison comme si l'assaut eût été imminent. Voici la *revue* de cette garnison, telle que nous la trouvons dans un document authentique [3] : *trois* chevaliers bannerets, *sept* chevaliers-bacheliers, *vingt-deux* écuyers, *vingt-deux* archers, en tout cinquante-quatre combattants, sans compter les moines, et la *garde de Saint-Michel*, soudoyée par les moines [4].

On voit Mauny avec un si faible contingent obéir à Jean d'Harcourt qui lui ordonnait d'*imposer* « les villes, forteresses et paroisses des marches du Mont, usurpées et occupées par les Anglais [5] ». Cette tentative ne pouvait

---

1. *Des insurrections populaires en Normandie*, par M. Puiseux, p. 7 et suiv.
2. *Preuves*, col. 1.029 et suiv. — On trouve là nombre de pièces qui jettent une triste lueur sur cette époque d'agonie.
3. *Anc. registres de la Chambre des Comptes de Paris.*
4. Détail de la « garnison du roy » : les iii chevaliers bannerets : Messires Olivier de Mauny, capitaine de gens d'armes, Jehan de la Haye du Puis, Pierre de Poillé.
Les vii chevaliers bacheliers : Messires Raoul de Mons, Guillaume de Cuilly, Jehan de la Haye du Boillon, Guill. de Husson, Jehan de la Haye, Richard de Vassen, Guill. de Sauzé.
Les xxii écuyers : Guill. de Sillans, Jehan l'Admirault, Richard Maheuc, Colin de Clinchamp, Guill. de Mucy, Martin le Breton, Robin Mansel, Rich. du Four, Jehan Drouart, Denis Yvon, Germain de la Haye, Gilles de Saint-Germain, Guill. de Fréville, Pierre de Presteval, Robin de Foconville, Jehan Huguet, Alain de Socenast, le bâtard d'Aussebosc, Guill. de Mauny, Robin du Parc, Robin Cardic, Guill. de Basinay.
Les xxii archers : Philipot Picart, Guillaume le Maigrenet, Jehan Fabvert, Guill. de Lancé, Thom. Conrare, Jehan Bourballé, Guill. Goubert, Guill. Cottenin, Geffroy Rouxel, Thanes, Pierre de la Roche, Robin Dancourt, Colin le Charpentier, Jehan Mansel, Denis de Launay, Thom. de Launay, Condre de Tosigné, Roux de Belleestelle, Jardin de Painstole, Thomelin Rabez, Thomas de Socenast.
5. Arch. de la Manche, n° 15.353.

amener en abondance le nerf de la guerre qui manquait, mais les moines ne se lassaient point d'être généreux et les Archives de la Manche, qui ne marquent pas tout, accusent plus de *soixante mille livres* qu'il faut au moins doubler[1] pour avoir le vrai chiffre des dons patriotiques de la communauté.

Henri d'Angleterre était homme à trouver ce trait d'esprit barbare qu'on a mis dans la bouche d'un vainqueur de notre temps disant qu'il laisserait Paris *cuire dans son jus*. Il fallut une circonstance fortuite pour mettre hors de leurs trous toutes ces taupes anglaises terrées autour du Mont Saint-Michel. Le 20 septembre 1421, le chevet de la basilique s'affaissa avec un fracas épouvantable, entraînant dans sa chute les chapelles rayonnantes du chœur :

> L'Église Sainct-Michel du Mont,
> Depuis la tour en amont,
> Tout à coup en ruine vint
> L'an mil quatre cent un et vingt...

Personne n'a dit que les Anglais aient été pour quelque chose dans ce désastre, mais il est certain qu'ils en furent prévenus comme par enchantement. Une nuée d'hommes d'armes, sortis on ne savait d'où, entoura les murailles, pensant donner l'assaut aisément à la faveur de la consternation qui devait régner à l'intérieur ; mais depuis la fondation de l'œuvre de saint Aubert, jamais le deuil n'y avait arrêté l'effort. Les taupes malmenées se terrèrent de nouveau et Henri V en eut grand courroux à Vincennes, où il souffrait déjà de l'horrible mal qui allait l'emporter. Le gentil Dauphin au contraire s'en « esjouit » du fond de sa misère royale.

Henri V mourut à trente-quatre ans ; sur le lit d'atroces douleurs où le clouait le *feu Saint-Antoine*, il apprit qu'un fils venait de lui naître à Windsor. Au lieu d'en témoigner de la joie, on dit qu'il s'écria, prophétisant la décadence de sa race : « Henri Quint aura régné peu et conquis beaucoup ; Henri sixième règnera longtemps et perdra tout. » Un ermite lui avait jeté peu de temps auparavant cette mystérieuse menace dont il était resté frappé : « Roi, Dieu ordonne que tu te désistes de tourmenter son chrestien peuple de France, si non, ton temps sera court. » Cette aventure est un trait de ressemblance entre lui et sa victime Charles VI, qui le suivit de bien près au tombeau.

---

1. Arch. de la Manche, n° 15.375.

Charles VII prit le titre de roi, et la dérision publique, où il y avait de la

Le combat de la Broussinière.

pitié, l'appelait le « roy de Bourges ». Ce faible et dernier espoir de la France faillit s'évanouir, écrasé sous la chute d'une demi-lune, à la Rochelle. Une pierre, notamment, lui tomba sur la tête. « Incontinent [1], il envoya cette pierre en ce Mont », persuadé que la protection de saint Michel avait gardé « ce chef » qui était, selon un autre chroniqueur, « pour porter la couronne de France ». La pierre de la Rochelle resta, jusqu'à la Révolution, suspendue à la voûte de la basilique où le républicain Lavallée la remarqua [2] en 1793.

Vers ce temps-là, l'occasion cherchée de frapper un coup d'éclat qui relevât les esprits se présenta et fut saisie par Jean d'Harcourt avec ardeur. A la fin de l'été en cette année 1422, ses espions l'avisèrent qu'une troupe de 2.500 ou 3.000 Anglais, gorgés de butin, rentrait en Normandie après avoir saccagé l'Anjou et le Maine. Aussitôt, Jean d'Harcourt, alors en Touraine, envoya des ordres pour concentrer les débris de ses compagnies et leur donna rendez-vous à Laval. Laval se trouvait sur le passage des Anglais et faisait partie de cette ligne de communication qu'on espérait établir entre le Mont Saint-Michel et le centre de la France. Conseil y fut tenu, dans lequel on prit la résolution de couper le parti ennemi. Le lendemain, qui était un dimanche, placé entre le 29 septembre, fête de l'Archange, et le 14 novembre, anniversaire de son apparition à saint Aubert, Jean d'Harcourt se porta au petit village de la Broussinière, non loin de la Gravelle, sur la marche de Bretagne. Il s'était mis à la tête de ses gens de pied et devait attendre en bataille, pendant que le Breton Louis de Trémargan et Ambroise de Loré avec cent soixante lances iraient à l'ennemi pour « le harceller et l'attirer ».

Que nul ne dédaigne cette escarmouche qui ne commença pas encore peut-être le grand relèvement national, mais qui en fut un symptôme avant-coureur, car elle fit battre à nouveau pendant bien des jours le cœur perclus de la patrie. Une réserve était formée par la compagnie de Jean de la Haye, baron de Coulonces, serviteur de saint Michel. Vers huit heures du matin, les Anglais furent en vue sur la route du Maine. Ils allaient en belle ordonnance, chassant devant eux les lances de Trémargan et ne voyant ni les gens de pied du comte d'Aumale, ni la réserve de Jean de la Haye. A la distance d'un trait d'arc seulement, ils connurent l'embuscade et prirent position de défense, plantant au-devant de leur front les pieux ferrés qu'ils portaient toujours en abondance pour former chevaux de frise et rompre le choc des cavaliers, mais de cette fois cela ne leur devait point réussir : les gens de pied d'Harcourt, marchant sous la devise qui ne voulait « aultre ayde, sinon saint Michel », tournèrent la

---

1. *Cur. Rech.*, t. I, p. 352, 353.
2. *Voyage ans les départements de la France*, Manche.

palissade improvisée et chargèrent avec une telle furie que quatorze cents Anglais demeurèrent sur la place à ce premier choc, et « furent faits enterrer par le héraut d'Alençon [1] ». En suite de quoi trois cents furent tués en fuyant par les gens d'armes, et d'autres ci et là, « car n'en échappa presque aucun, à l'exception de cent prisonniers ». Parmi les captifs était le chef anglais Alexandre de la Pole, frère cadet du comte de Suffolk, Thomas Bourg ou Borough, Thomas Clifton et dix-huit nobles hommes qui payèrent une très forte rançon. Dans l'histoire, ce combat porte le nom de la Gravelle ; il eut lieu où nous l'avons dit.

Jean d'Harcourt était un vrai homme de guerre ; il poursuivit son avantage et se dirigea à marches forcées sur Avranches, la principale entre les citadelles qui faisaient le blocus du Mont. Jean de la Pole, autre frère de Suffolk, tenait la place et sortit au-devant des Français à la tête de sa forte garnison. Les écrivains du temps ne disent pas où la rencontre eut lieu ; on sait seulement que La Pole fut battu et pris. Malgré la perte de leur chef les Anglais d'Avranches résistèrent très vaillamment derrière les murailles et le duc de Bedfort eut le temps de leur envoyer du secours, ce qui força Jean d'Harcourt à faire retraite, en laissant derrière lui Robert d'Estouteville pour tenir la campagne avec le Mont Saint-Michel pour refuge et base d'opérations.

III

Cependant l'effet moral espéré avait été obtenu. La France qui dort ne demande qu'à s'éveiller. Le passage victorieux de Jean d'Harcourt à travers l'Avranchin produisit un enthousiasme plein d'étonnement et de joie. C'était la patrie morte qui donnait signe de vie. De tous côtés des bandes armées se levèrent. Quand ces nouvelles parvinrent à la cour du roi enfant Henri VI, le duc de Bedfort jugea du premier coup d'œil que le Mont Saint-

---

[1]. *Histoire de la maison d'Harcourt*, t. I, p. 422 et suiv.

Michel était le pied, la racine même de cette recrudescence inattendue. A tout prix il fallait se rendre maître du Mont Saint-Michel. La force des armes avait failli jusqu'alors à cet assaut ; Bedfort se résolut à employer la ruse et la traîtrise ; cela le fit tout naturellement songer à Robert Jolivet, qu'il venait de nommer son garde des sceaux. Robert Jolivet, questionné au sujet du Mont, répondit que l'ayant fortifié lui-même il en connaissait les extraordinaires capacités de résistance. Il n'y avait pour s'en emparer que deux moyens : la famine, ou des intelligences qu'on se ménagerait dans la place. Bedfort trouva l'un et l'autre moyens bons, et les employa tous les deux.

Nous parlerons d'abord du blocus, pour lequel se firent des préparatifs formidables. La garnison d'Avranches fut renforcée et mise sous le commandement de Thomas Borough, écuyer, qui avait à l'intérieur quarante gens d'armes à cheval, vingt à pied, cent vingt archers à cheval et soixante à pied, sans compter les compagnies vivant sur la campagne. A Ardevon[1], une *bastille* fut élevée avec deux lignes de défense. De l'autre côté d'Avranches, on éleva aussi des forts à Genets et à Saint-Léonard. Tombelaine, commandée par Lorens Holden, avait toute une armée. Quiconque connaît la situation du Mont comprendra qu'il était enserré désormais dans une prison d'acier, d'autant qu'une flotte anglaise fermait la baie.

Une étroite ouverture subsistait encore pourtant vers la Bretagne où les peuples restaient dévots à l'Archange. Ce fut par cette porte que Jean Gonault engagea à Dinan et à Saint-Malo ce qui restait d'argenterie[2], obtenant en échange « canons, couleuvrines, arbelestes et aultre artillerie ». Pour ces canons, Charles VII expédia de Touraine « sept cent vingt livres de salpêtre fin, soixante livres de soufre, un millier de traits et cinquante pelotons de fil d'arbalète[3] ». Nous étions bien pauvres.

Et notez que ce fut juste à ce moment que s'entama le siège proprement dit. Le premier grand assaut par terre et par mer eut lieu en cette année 1423 ; il avait été précédé d'innombrables combats qui se renouvelaient, on peut le dire, tous les jours. Selon le manuscrit numéro 5.696 de la Bibliothèque nationale, le principal effort de l'assaut eut lieu *par mer* et dura tout un jour. On ne connaît aucun détail de cette violente mêlée qui a laissé pourtant sa trace profonde dans les traditions du pays. La flotte anglaise, probablement par hasard, avait attaqué « le jour de la fête de

---

1. *Rapport sur l'ancien fort d'Ardevon*, par M. C. Olivier, p. 6.
2. Ms. de Th. Le Roy, p. 197 (coll. de M V. Jacques).
3. Desroches, t. II, p. 141.

l'Archange ». Au moment où les défenseurs du Mont allaient peut-être succomber sous le nombre, « une effroyable tempête s'éleva ». Saint Michel combattait. Un livre médiocrement catholique, l'*Histoire populaire de France*, semble[1] constater ce fait d'apparence miraculeuse non seulement dans son texte, mais encore dans ses gravures où l'on voit les vaisseaux anglais « détruits par une tempête attribuée à la colère de l'Archange ». L'Esprit céleste apparaît au milieu des nuages pleins de foudres et menace de son épée flamboyante les navires désemparés qui s'engloutissent dans les flots, tandis que la sainte montagne, dominant le *péril de la mer*, se dresse avec fierté dans un rayon de lumière surnaturelle.

Du côté de la terre, les Anglais avaient été rejetés en bas des murailles avec des pertes si considérables qu'ils se retirèrent pour un temps, complètement découragés; ils craignaient une diversion décisive de Jean d'Harcourt et ne seraient peut-être jamais revenus si ce vaillant capitaine n'eût trouvé la mort (1424) à la bataille de Verneuil. Cette mort fut un coup de partie pour Bedfort qui fit passer le détroit à une armée nouvelle de 12.000 hommes, commandés par tout ce que l'Angleterre comptait de grands hommes de guerre : lord Scales, sir John Falstaff, Lancelot de l'Isle, Montgomery, dont nous verrons plus tard les héritiers huguenots acharnés encore contre la montagne catholique, etc. Lord Scales partageait le commandement en chef avec les comtes de Suffolk et de Salisbury[2].

La petite cour de Charles VII était pendant ce temps rongée de dissensions, dont par bonheur nous n'avons point à nous occuper. Le roi voulut pourtant rester fidèle à sa promesse de ne donner pour chef à la sainte forteresse qu'un prince de sa parenté. Il choisit Dunois[3], qui, vaillamment occupé au delà de la Loire, désigna pour son suppléant un chevalier, déjà serviteur de l'abbaye, Nicolas Painel, seigneur de Bricqueville. En outre, Dunois, sur ses ressources personnelles, fournit au Mont de nouvelles provisions de bouche et de guerre. Il était temps que vînt pareil secours, car le plus cruel ennemi de saint Michel allait entrer en ligne de bataille, nous voulons parler du traître Robert Jolivet.

Certains écrivains, d'ailleurs très recommandables, n'ont pas craint de plaider la cause de ce malheureux homme en disant que *son adresse* sauvegardait peut-être l'intérêt éventuel de l'abbaye en cas de victoire définitive des Anglais. N'est-ce pas là méconnaître étrangement le dessein

---

1. Règne de Charles VII, p. 3.
2. M. Vallet de Viriville, *Hist. de Charles VII*.
3. Arch. de la Manche, n° 15.357.

de Dieu et le rôle de saint Michel ? A travers la belle histoire du dévouement des moines, il n'est en vérité pas bon de faire intervenir comme circonstance atténuante d'une forfaiture la laideur de ce petit argument qu'on nomme l'intérêt.

Robert Jolivet répondant à son maître Bedfort avait fourni deux moyens de réduire le sanctuaire : la famine et les « négociations » ; lisez la trahison. Ces deux moyens avaient été employés déjà ; Robert Jolivet[1] vint avec le titre de commissaire du roi (d'Angleterre) pour les reprendre en sous-œuvre, en y appliquant toute son *habileté* et subtilité. Il resserra le blocus, augmenta les garnisons, rappela dans la baie une flotte avec des « marinaulx » expérimentés[2], et *négocia*. Ce n'était pas son coup d'essai. Dès 1423, il avait conféré avec les Bretons touchant « grosses besognes en l'honneur, bien et proufit » du roi (anglais), et l'on devine qu'il s'agissait de compléter l'investissement du Mont du côté de la Bretagne. En 1425 on le voit employer pour le même objet d'abord Thomas Mautaint, puis maître Jean Mauger, puis Raoul Roussel, « docteur ès lois et ès décrets, conseiller, maître des requêtes du roi et du régent », qui prend l'entreprise *à forfait*. Non content de ces intrigues, l'abbé félon essaya d'introduire un de ses affidés dans l'enceinte même du sanctuaire.

Nous tirons le détail assurément curieux de cette tentative du « procès-verbal de la visite de l'évêque Jean », inséré aux *Archives de la Manche* : on vit arriver un jour par la grève, au milieu des escarmouches qui se renouvelaient quotidiennement, un évêque et sa suite. A la porte, l'évêque demanda l'abbé de céans, et sur la réponse qui lui fut faite que l'abbé « ne résidoit point », il requit son vicaire. Jean Gonault se présenta, demandant à son tour qui était le personnage. Réponse : Jean, évêque *in partibus* de... (le lieu n'est point dit).

Cet évêque Jean est très dévot à saint Michel et *commissaire* de son collègue d'Avranches qui le délègue à la visite du monastère. N'y a-t-il point quelque jeune moine à qui il puisse conférer la tonsure ou les ordres mineurs ? « Nous avons, pour ce, bulles du Pape, réplique Jean Gonault. — Certes ; mais vu l'absence de votre abbé, objecte l'évêque Jean, souffrez que, pour cette fois, j'accomplisse ici ma charge épiscopale. » Jean Gonault savait que Robert Jolivet était à Avranches et perçait à jour les intentions de l'évêque *in partibus,* qui fut introduit en cérémonie dans la basilique

---

1. *Hist. de Charles VII*, t. II, p. 4.

V. pour cette partie le travail de M. Ch. de Beaurepaire : *De l'administration de la Normandie sous la domination anglaise*, dans les *Mém. des antiq.* de Norm., t. XXIV, p. 170 et suiv.

et reconduit de même jusqu'à la grève sans avoir pu séduire personne ni se rendre aucun compte de l'état de la place [1].

A la même source et dans les comptes du même Robert Suireau, on trouve mille écus d'or ordonnancés à Thomas Borough, capitaine d'Avranches, pour payer « certaines promesses et convenances » relatives à la reddition de la ville du Mont Saint-Michel. Il y eut encore d'autres et nombreuses menées, mais toutes échouèrent contre la loyauté des moines. Il fallut recourir aux armes.

Les Anglais étaient prêts. Robert Jolivet avait tout organisé le long de la côte avec un véritable talent d'homme de guerre. On le voit (et les dates sont dans les archives) passer, le 21 avril, la revue des *Recreues angloises* qui arrivaient à force, faire, le 8 mai, l'inspection des navires à Régneville, dénombrer, le 13 juin, les soldats de la retenue de Suffolk. Selon Pierre Suireau, le duc de Bedfort dépensa autour du Mont *cent quatre-vingt-onze mille quatre cent trois livres et quinze sols tournois*, « jettez par les fenestres », dit un manuscrit. Si cette somme, qui représente plus d'un million et demi, semble assez modique, on peut la décupler en songeant que « les Englois prenoient toutes choses l'espée à la main » et payaient surtout en estocades.

Les combats redoublèrent et se régularisèrent à la fin de cet été, et le siège fut à peine interrompu par l'hiver. Les moines passent pour y avoir payé de leur personne, en certains cas extrêmes ; c'est peut-être vraisemblable, mais nous n'en avons trouvé la preuve nulle part ; ce qui est prouvé, c'est qu'ils s'exposaient à découvert en réparant les brèches et ne reculaient point alors devant la nécessité de se défendre. Ils faisaient en outre très activement « le guet et arère-guet [2] », pour qu'aucun soldat ne pût déserter la bataille.

Au commencement de 1425, les vivres se fasaient rares et les fatigues grandes. Une aventure arriva qui rehaussa le cœur de la garnison. Nicole Painel, le lieutenant de Dunois, avait conservé quelques communications avec ce Jean de la Haye, baron de Coulonces, que nous avons vu si bien faire au combat de la Broussinière [3], et qui commandait la garnison de Mayenne-la-Juhel, dans le Bas-Maine. Ils échangeaient leurs rapports à l'aide de prêtres voyageurs ou de femmes qui bravaient tout pour accomplir un pèlerinage rendu plus précieux par le danger.

1. Il n'est pas parlé autrement de ce personnage mystérieux, mais à propos de sa visite, trois nouveaux noms de défenseurs sont cités : un chevalier, Guill. de Natrail ; deux écuyers, Jean de Sainte-Marie, Richard de Clinchamp.
2. Arch. de la Manche, n° 15.375.
3. *Mém. sur le siège du M. S.-M.*, par Labbey de la Roque, p. 11.

A la faveur d'un brouillard d'avril, un de ces émissaires arriva au Mont, portant avis que si les défenseurs de Saint-Michel voulaient tenter une sortie à tel jour convenu, le baron de Coulonces avec sa garnison débroucherait à point par la marche de Bretagne et tomberait sur les derrières des Anglais : ce qui fut accepté, et l'émissaire renvoyé dans le Maine. Or, ces accords manquent souvent par défaut d'entente dans les mouvements ; mais ici tout marcha comme à souhait. Au matin du jour fixé, les gens d'armes du Mont sortirent selon la coutume, pour proposer l'escarmouche. D'Ardevon aussitôt et de Pontorson, les Anglais accoururent ; le jeu s'anima si bien que l'affaire prenait tournure de petite bataille où l'avantage ne semblait point être pour ceux de l'Archange ; aussi reculaient-ils comme gens qui en ont assez.

Mais tout à coup, passant au long des champs, sous Ardevon, ils s'arrêtèrent et firent volte-face ; au même moment, la terre trembla sous les pas des chevaux et un nuage monta d'où partaient de grands cris. C'était le baron de Coulonces qui arrivait à point au rendez-vous. Les Anglais se battirent bravement et furent secourus d'Ardevon comme d'Avranches, mais deux cents restèrent sur le sable, sans compter les prisonniers, parmi lesquels était Nicholas Burdett, le capitaine de la bastille. Celle-ci, forteresse assez considérable qui pouvait loger plus de 300 hommes avec leurs chevaux, fut ruinée et brûlée.

Robert Jolivet prit cela comme un échec personnel, et jura d'avoir raison de ses moines. Au lieu de relever Ardevon, il renforça Tombelaine et Pontorson qui fermaient la mer et donna l'ordre à sa flotte de barrer la baie comme une digue. Ce n'était plus la petite escadre d'autrefois. Jolivet avait fait comprendre enfin à Bedfort toute l'importance du Mont et l'on prenait les grands moyens pour le réduire. Parmi le nombre des bâtiments rassemblés les chroniqueurs citent la « nef » de Richard Power, écuyer, les vaisseaux de Guillaume Brest, Wautier Benoist et Denis Baillet, tous trois de Rouen, la hourque *le Christofle*, venue d'Allemagne, avec deux lamans (pilotes) et 40 marinaulx, *la Marie*, commandée par Rich. Rou ; il y avait en outre *la Trinité, la Gorge, le Thomas, le Vaissel* et beaucoup d'autres embarcations, entre lesquelles une barge de Southampton portait à elle seule 13 hommes d'armes et 66 archers, outre ses matelots.

L'abbé félon avait ici trouvé le vrai joint. Ses navires bouchaient le chemin de Bretagne, le seul par où vivres et munitions pussent arriver aux assiégés. La disette fut bientôt terrible au dedans des murailles où l'on n'avait plus ni de quoi vivre ni de quoi se battre. Jean Gonault, dont le courage était à l'épreuve, dépêcha plusieurs émissaires qui tous furent interceptés ; mais enfin un dernier courrier traversa les sables et parvint à Dol, d'où il gagna aisément Saint-Malo. L'évêque de cette vieille ville, ennemie des Anglais, s'appelait Montfort comme les ducs, mais l'amiral de la flotte malouine portait un nom que l'avenir devait faire plus illustre encore ; c'était Briand de Chateaubriand, sire de Beaufort, l'ancêtre du grand pèlerin de Paris à Jérusalem qui poussa de nos jours le premier cri de foi, après le règne de l'idolâtrie révolutionnaire.

L'évêque et l'amiral étaient tous les deux solidement dévoués à l'Archange dont le patronage s'étend sur toute la côte bretonne. Il fut décidé que l'on irait sur l'heure au secours de Saint-Michel. Briand de Chateaubriand appela ses parents et amis, Montauban, Combourg, Coëtquen, Querhoënt, Tinténiac, la Bellière, la Vieuville ; on arma toutes les nefs, toutes les galères, tous les baleiniers du port ; les meilleures épées briguèrent à l'envi l'honneur de monter sur cette flotte qui portait presque une croisade et l'on partit avec l'image de saint Michel arborée à la corne de chaque navire en guise de pavillon.

Ces voiles, enflées par le vent du divin secours, furent aperçues d'abord par les sentinelles veillant sur les remparts ; puis bientôt soldats et moines, agenouillés pêle-mêle, élevèrent jusqu'au ciel le grand cri de leur reconnaissance. Peut-être les Anglais entendirent-ils cette clameur d'allégresse. Ils crurent rêver sans doute en voyant cette cohue de voiles qui se précipitait vers eux, merveilleuse comme la tempête sous l'effort de laquelle la précédente flotte avait sombré. Ce sanctuaire était-il donc vraiment défendu par une force supérieure à la malice des hommes ?...

La flotte chevaleresque arriva et attaqua les vaisseaux anglais, qui étaient *plus gros et plus nombreux*[1], à la vue des gens du Mont, rangés comme des spectateurs au balcon de leurs murailles. Bertrand d'Argentré dit que « le combat fut à pots et à lances de feu, à coups de hache et de toutes armes[2] ». Dom Huynes ajoute : « Les Anglais[3] se défendirent vaillamment. Néanmoins... les Bretons cramponnèrent leurs vaisseaux sur lesquels ils montèrent par force avec le cordage, et venus au combat mains à mains en tuèrent la plus part... et ceux du fort d'Ardevon se sauvèrent à la suite... »

Ce fut par le fait une bien autre victoire que celle de Jean de Coulonces. Les Malouins débarquèrent des vivres, des munitions, et la place se trouva

---

1. Le Baud, *Hist. de Bretagne*.
2. *Hist. de Bret.*, de Bert. d'Argentré, p. 855
3. Tome II, p. 106, 107.

largement ravitaillée. Les Anglais se tinrent pour battus et restèrent plusieurs mois sans revenir.

Durant ce répit, Robert Jolivet assez piteusement s'en retourna à Paris où il reçut *cinquante livres* en sus de ses gages, pour sa peine : bon prix, car si l'on en croit les commentateurs de l'Évangile qui estiment les monnaies juives au temps de Notre-Seigneur Jésus-Christ, c'était à peu près exactement la valeur des trente deniers de Judas.

Nicole Painel, le lieutenant de Dunois, était un bon chevalier, mais ses mœurs ne convenaient pas tout à fait à la sainteté du lieu angélique ; il fut déchargé de sa capitainerie par « lettres closes, escriptes en parchemin, saines et entières », et adressées le 3 août 1425 aux moines du Mont Saint-Michel eux-mêmes[1].

Son successeur fut Jean, seigneur de Graville, maître des Arbalétriers de France, auquel succéda celui qui a été appelé par Charles VII lui-même le second Jean d'Harcourt, « Loys d'Estouteville, son chier et féal cousin, conseiller et chambellan[2] » ; nous avons déjà parlé de lui sous son nom de sire d'Aussebosc.

IV

Louis d'Estouteville était du sang d'Harcourt par sa mère; sa femme Jeanne Painel avait pour père le bon chevalier Nicole : les trois familles qui défendirent en ce temps le sanctuaire de saint Michel étaient donc étroitement alliées[3]. Estouteville était un des plus riches seigneurs de l'époque ; mais son père, fait prisonnier par les Anglais en défendant

---

1. Arch. de la Manche, n° 15,357.
2. Arch. de la Manche, n° 15,358.
3. *Hist. de la maison d'Harcourt*, t. I, p. 544, 545.

Harfleur, avait promis rançon de vingt mille couronnes d'or. Louis, dont tous les biens étaient aux mains de l'ennemi, donna son épée à l'Archange, baptisa son fils premier-né Michel[1] et eut confiance. Les lettres patentes qui l'appellent au commandement sont du 2 septembre 1425, données à Poitiers en présence « du roy, de la royne de Sicile et du sire de Gyac », alors ministre[2]. Ce fut le Du Guesclin de ce temps, le grand Breton Richemont, frère du duc Jean V, qui reçut le serment du nouveau capitaine.

Estouteville arriva au Mont le 19 octobre, à la tête d'une suite nombreuse, commandée par un noble homme de sa maison[3]. Il prit pour lieutenant Jean Paynel, frère de Nicole, et eut quelques difficultés d'installation, aplanies par le roi lui-même, dont les lettres du 3 décembre[4] donnent glorieuse satisfaction « à ses religieux et honnestes hommes du moustier de Saint-Michel », déclarant que « la dicte place a esté SEULE *préservée et gardée*, au païs de Normandie, par les dicts religieux ».

Louis d'Estouteville savait très bien que le répit procuré par la victoire navale des Bretons ne serait pas de longue durée. Il lui fallait de l'argent pour augmenter les défenses de la place et il usa du droit de battre monnaie, accordé au Mont dès 1420[5]. On travailla fort et ferme, dit Thomas Le Roy[6], « on adjousta des tours entre les autres, des demyes lunes... » et l'on fit « le portail comme il se voit à présent avec le pont-levis de la ville et le logis au-dessus... » Pour payer ces travaux et aussi pour acheter au pays de Bretagne les provisions nécessaires, Jean Gonault dut engager à Dol et ailleurs « calices, ournements, crosses, mitres, encensoirs... aultrement, eust convenu bailler la dite place en la main des Anglais[7] ».

Ceux-ci était toujours établis le long de la côte et inquiétaient si fort les travailleurs que Louis d'Estouteville jugea indispensable de frapper un grand coup. « ... C'estoit vers la Toussaincts, (nos gens) après s'être recommandés à Dieu... allèrent tête baissée sur ceux qui estoient sortis de Tombelaine et les menèrent si mal que ceux du dedans furent contraints de venir à l'ayde... Mais les nostres renforçants leur bras et leur valeur, mirent presque toute la troupe à mort, jonchants la grève de leurs

---

1. *Recherches historiques sur les sires d'Estouteville*, par M. d'Estaintot. Caen, 1861, p. ε
2. Arch. de la Manche, n° 15.358.
3. Jean, sire de Bréauté, qu'il faut ajouter à la liste de nos chevaliers, défenseurs du Mont. *Ibid.*, n° 15.360.
4. *Ibid.*, n° 15.363.
5. *Lettres sur l'histoire monétaire de la Normandie*, par M. Lecointre-Dupont, p. 63, 73, 135 et suiv.
6. *Cur. Rech.*, t. I, p. 358, 359.
7. Arch. de la Manche, n° 15.375.

cadavres[1]. » Au milieu de cette victoire quelques défenseurs du Mont, tous Bretons (car nous allons voir de plus en plus les gens de ce pays venir à la rescousse de la France), furent faits prisonniers pour s'être trop avancés à la poursuite des fuyards[2], nonobstant quoi l'échec des Anglais fut si sanglant et si complet qu'il amena un nouveau répit pendant lequel Estouteville put bâtir entièrement la grosse tour qui regarde Avranches et qu'on nomme la tour Boucle[3].

Cependant arriva un fait qui n'était point de guerre et qui causa de grands embarras.

Nous avons dit que beaucoup d'églises et monastères avaient placé leurs trésors à l'abri derrière les remparts inexpugnables du Mont Saint-Michel. Le bruit que l'abbaye avait mis en gage son argenterie s'étant répandu dans le pays, une panique courut les maisons religieuses. Il fut dit que, dans son extrême besoin, Estouteville avait *fait main basse sur de saints dépôts*, et de toutes parts on réclama les objets confiés. Il nous reste le procès-verbal de la remise du trésor de Bayeux aux envoyés du chapitre de cette cathédrale. On leur rendit, le 15 avril 1426[4], trois châsses remplies de reliques et vases sacrés, mais il manquait plusieurs pièces très saintes et très précieuses. Alors les moines déclarèrent que « ils s'étaient opposés de toutes leurs forces » à l'impiété que le gouverneur voulait commettre. « Revêtus de leurs habits sacerdotaux, ils avaient fait une procession suivie d'une messe pour implorer la miséricorde des saints dont on allait profaner les reliques... » Leurs efforts n'avaient pu empêcher qu'une partie du mal.

Louis d'Estouteville, pris à partie, s'engagea personnellement à restituer les objets dont il avait disposé pour le service du roi, mais son cas fut taxé de sacrilège et l'échec considérable qu'il subit peu de temps après, le seul dont il soit fait mention dans la longue période des sièges, passa pour une punition du ciel. Voici quelle fut l'aventure :

Les Anglais avaient pris et ravagé le Mans[5] qui appartenait au gendre du duc de Bretagne, lequel, dans sa rancune, avisa son frère Richemont qu'il était prêt à favoriser ses mouvements. Aussitôt le connétable se mit

---

1. *Cur. Rech.*, t. I, p. 359, 360.
2. Nous ajoutons leurs noms à notre liste des champions de saint Michel : Robert de Sevedavy (de Pleines Fougères), Jacques Jouïn, écuyer, Martin Regnault, Olivier de Fontaines et Salmon Derien.
3. *Grands rôles des échiquiers de Normandie*, par Léchaudé d'Anisy, p. 213, 214.
4. Arch. de la Manche, n° 15.313.
5. *Hist. de Charles VII*, par Vallet (de Viriville), t. II, p. 12 et 13.

en campagne, longeant la frontière bretonne pour entrer en basse Normandie. Il emporta d'assaut Pontorson et marcha sur Saint-James-de-Beuvron où 700 hommes, commandés par Nicholas Burdett, le vaincu d'Ardevon, tenaient garnison. L'armée du connétable se composait des arrière-bans manceau, angevin et normand, misérablement équipés et manquant du nécessaire. Pendant qu'avec ses vieux gens d'armes bretons, il était en train d'enlever Saint-James, un combat s'engagea par méprise entre divers corps de recrues françaises[1] qui furent saisies de panique et se débandèrent. Une sortie des assiégés compléta la déroute et le connétable ne put rallier quelques fuyards que sous les murs d'Antrain[2].

Richemont n'ayant plus d'armée, Burdett reprit Pontorson sans coup férir, et Jean de la Haye, baron de Coulonces, celui-là même qui l'avait si rudement mené à Ardevon, eut fantaisie de troubler son facile triomphe. Il se rendit au Mont Saint-Michel, où il fut décidé entre Estouteville et lui qu'on tenterait de surprendre Burdett dans Pontorson. Mais les Anglais ont toujours d'excellents espions ; à moitié route il fallait traverser la

Combat de la Guintre.

rivière de Guintre, alors gonflée par les pluies, et Burdett averti s'était embusqué sur l'autre bord. L'attaque eut lieu comme les gens de Saint-Michel étaient encore dans l'eau ; le baron de Coulonces fut tué au premier choc et Jean de Bréauté fait prisonnier. Il y eut beaucoup de morts.

1. *Hist. de Bret.*, par d'Argentré, p. 865, 866.
2. Monstrelet, t. II, f° 35. Le Baud, p. 469.

Aucun historien moderne ne raconte cette expédition dont le triste résultat fut attribué au peu de respect qu'on avait eu pour les choses saintes pendant le dernier siège. Le manuscrit où nous puisons, et dont l'auteur rapporte ces choses en homme qui les a vues[1], place la défaite de la Guintre au « jeudi absolu », c'est-à-dire au jeudi saint de l'année 1427 (nouveau style). La rançon du sire de Bréauté fut réglée à 2.000 écus d'or[2].

Dans la basilique du Mont Saint-Michel jadis était une *litre* sur laquelle se voyait une série d'écussons et de noms. Elle existe encore, endommagée et presque effacée. Cette litre a embarrassé les historiens par sa date : 1427. On a cherché la raison de cette date qui devait être un fait du siège ou une bataille : ceux qui cherchaient ainsi ne trouvaient ni l'un ni l'autre. Je demande, sans rien affirmer, si la bataille en vain cherchée n'est pas ce funeste combat de la Guintre, qui eut lieu dans des conditions de désavantage si terrible et dans lequel, par conséquent, durent tomber plus de nobles hommes peut-être que pendant toute la durée du siège.

Quoi qu'il en soit, un chapitre de D. Huynes donne « les noms de *plusieurs* gentilshommes qui défendirent cette place ». On en compte ordinairement 122 y compris le roi ; 99 seulement restaient déchiffrables sur la litre ou les litres au dix-septième siècle, et nous allons les inscrire en note tels qu'ils étaient alignés au-dessus du cartouche (placé, selon l'apparence, après coup) contenant la pièce de vers qui commençait ainsi :

> Le champ d'armes icy fut faict,
> L'an mil IIII vingt et sept
> Où sont les armes et les noms
> D'aucuns vaillants et nobles homs,
> Les quels ont en l'obéissance
> De Charles, présent roy de France,
> Jusques cy tenu cette place
> Par l'aide de Dieu et la grace,
> Et de Monseigneur sainct Michel,
> Prince des chevaliers du ciel[3]...

Avec cette liste générale et les listes particulières que nous avons données au cours du récit, le compte des défenseurs de l'abbaye, jusqu'à la date de 1427, sera aussi exact et complet que possible[4].

---

1. Bibl. nat., ms. n° 5.696, f° 60 et suiv.
2. *Hist. de la maison d'Harcourt*, t. I, p. 543.
3. Bib. nat., F. lat., n° 530.
4. « Charles VII, roy de France, soubs lequel cecy se passa : — Louis d'Estouteville, 7° capitaine de ce Mont ; — le sieur des Pesnaux ; — de Créquy ; — de la Haye ; — de Guymyné ; — de Manne-

Nous devons faire observer que le champ d'armes, déjà presque effacé en 1661, fut *repeint à neuf*. Il y eut, au dire de D. Le Roy, des noms introduits *par faveur*[1], et l'auteur des *Souvenirs de la marquise de Créquy* va jusqu'à raconter qu'un ANGLAIS proposa de payer pour y faire inscrire son nom[2].

Selon nous, à son origine, ce champ d'armes fut un simple *ex-voto* placé dans cette partie du transept où est la chapelle de Notre-Dame, en expiation du manque de respect envers les choses saintes qui avait été suivi d'un si dur châtiment.

ville ; — André du Pys ; — de Bricqueville ; — de Biars ; — G. de la Luzerne ; — de Folligny ; — R. de Brecé ; — le Bastard d'Aussebosc ; — C. Hé (Hay) ; — H. Roussel ; — de Colom̄ières ; — G. de Saint-Germain ; — d'Aussays ; — de Verdun ; — G. de Helquilly ; — de la Haye de Arru ; — . Pigace ; — L. Pigace ; — L. d'Esquilly ; — R. du Homme ; — T. de Percy ; — Nel ; — de Veyr (de Veyx) ; — de la Haye Hüe ; — L. de Nocy ; — Briqueville ; — L. d'Espas ; — G. de Prestel ; — G. de Crus ; — C. de la Motte ; — L. de la Motte ; — M. de Plom ; — P. le Grys ; — L. de la Palluelle ; — L. Guyton ; — de Nantret ; — H. Le Grys ; — de Hally ; — F. de Mesle ; — C. de Fontenay ; — G. le Viconte ; — S. de Tournebu ; — T. Houel ; — H. Tresart ; — F. Herault ; — L. de la Mote ; — le Bastard Pigace ; — A. de Longues ; — L. de Longues ; — de Folligny ; — Aux Espaules ; — le Bastard de Crombœuf ; — R. de Briqueville ; — G. Benoist ; — P. de Viette ; — C. Hamon ; — L. Hartel ; — R. de Clympchand ; — C. des Moustiers ; — G. d'Espas ; — G. Auber ; — F. de Marcillé ; — E. d'Orgeval ; — L. Massire ; — de la Maure ; — R. de Nantret ; — P. Bascon (Bacon) ; — le Bastard de Thorigny ; — L. de la Champaigne ; — C. de Bruilly ; — P. du Moulin ; — L. Gouthier ; — R. de Regnier ; — R. Flambart (ou Lambart) ; — R. de Baillieul ; — P. d'Aulceys ; — L. Gueryn ; — G. de la Bourguenolle ; — Yves Brioux Vague de Mer ; — B. de la Marc ; — S. Flambart (ou Lambart) ; — B. de Mons ; — de Cruslé ; — le Bastard de Combres ; — P. Allart ; — R. du Homme ; — S. de Saint-Germain ; — L. de Charpentier (ou Charpentier) ; — L. de Pontfoult ; — G. de Semilly ; — R. de Semilly ; — R. de la Mote-Vigor ; — L. Lebrun... »

Trois ou quatre de ces noms se trouvent dans les listes que nous avons précédemment données.

C'est un honneur si grand pour les familles que d'avoir leur nom dans ce livre d'or que nous croyons devoir ajouter ici la liste complémentaire du docteur Cousin, t. IX des *Mémoires manuscrits*, sans en garantir l'authenticité :

De la Hunandaye ; — de Thorigny ; — C. de Bourdeaux ; — P. du Gripel ; — R. de Beauvoir ; — P. de Tournemine ; — J. de Carrouges ; — T. Pirou ; — T. de Montcair ; — de Vair ; — de Quintin ; — T. de la Brayeuse ; — de Rouencestre ; — le baron de Coulonces ; — Jean de Criquebœuf ; — L. de Cantilly ; — Jean Benoist ; — T. Benoist ; — de Clère ; — M. de Bences ; — Henry Millart ; — J. Dravart ; — G. Artur.

1. *Cur. Rech.*, t. II, p. 485, 486.
2. T. I, p. 80

LIVRE TROISIÈME

LES SIÈGES

SOMMAIRE DU CHAPITRE TROISIÈME

La diversion céleste : JEANNE D'ARC. — Le sacre de Charles VII. — Le grand assaut du Mont, les Anglais chassés. Les Bretons. — François et Gilles de Bretagne. — L'ordre de Saint-Michel.

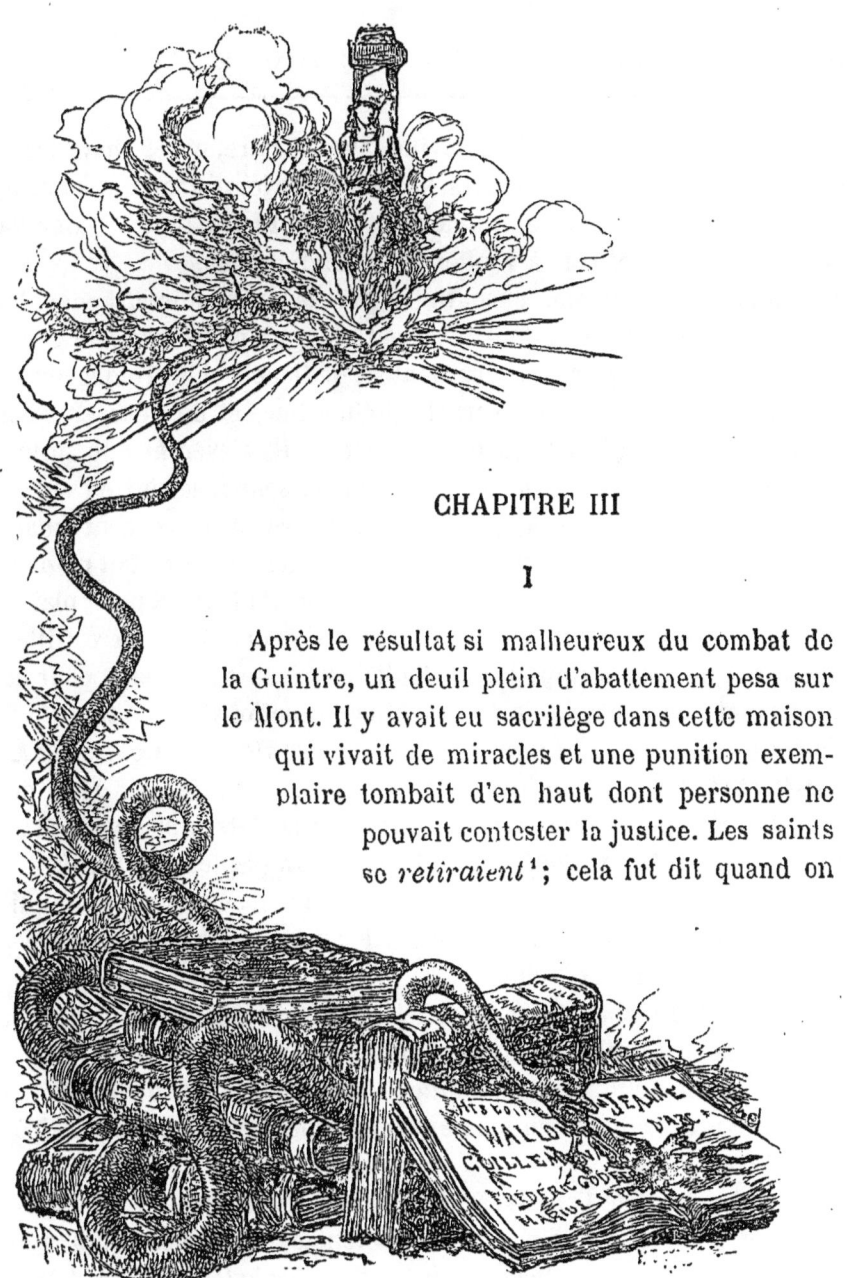

CHAPITRE III

I

Après le résultat si malheureux du combat de la Guintre, un deuil plein d'abattement pesa sur le Mont. Il y avait eu sacrilège dans cette maison qui vivait de miracles et une punition exemplaire tombait d'en haut dont personne ne pouvait contester la justice. Les saints se *retiraient*[1]; cela fut dit quand on vit les autres chapitres normands, notamment celui de Coutances, réclamer comme les chanoines de Bayeux leurs reliques confiées. Les moines, qui n'avaient point péché, prièrent et placèrent sur l'autel deux reliquaires en forme d'Anges, dont l'un contenait « deux espines de la couronne que Notre Maître Jésus-Christ porta sur sa tête[2] », et l'autre un

1. Ms. de D. Le Roy, p. 201.
2. *Curieus. Rech.*, t. I, p. 362, 363.

morceau de la Vraie Croix. Estouteville, au contraire, et ses chevaliers, qui *avaient péché*, suspendirent très humblement leurs armes et leurs noms en cet *ex-voto* de pénitence, qui devint titre de gloire, puis, comme toutes choses humaines, prétexte à vaniteuses revendications.

Cependant les Anglais, encouragés par leurs victoires, redoublaient d'efforts. Le moment d'en finir avec cette longue résistance leur semblait venu ; ils mirent les garnisons augmentées de Genets et de Tombelaine sous le commandement de John Harpeley, chevalier, et de l'écuyer Thomas Borough. Depuis Ardevon jusqu'au Couesnon, ils élevèrent une suite non interrompue de bastilles et lord Scales, en personne, se tint en réserve à Pontorson avec quatre-vingts hommes d'armes et deux cent quarante archers, tous à cheval. Robert Jolivet était à Rouen et n'y restait point oisif. L'année suivante, il se rendit à Mantes auprès de Bedfort pour plaider la cause de sa haine, et aussitôt on voit partir pour l'Angleterre Gilles de Durement, abbé de Fécamp, Raoul Bouteiller, Jean de Rimel, « pour occasion, dit notre manuscrit de la Bibliothèque nationale, cité tant de fois, *du siège advisé estre mis par terre et par mer devant la place du Mont Saint-Michel*. En suite de quoi, après une autre année (car rien ne se faisait vite alors), le gros rassemblement de soldats, qui devait écraser définitivement le Mont, s'opéra dans l'Avranchin (septembre 1429).

Mais juste à ce moment, une diversion vraiment céleste eut lieu, qui est un des grands « gestes de Dieu par les Francs », et la page la plus populaire de notre histoire fut écrite.

La pénitence des champions du sanctuaire était accomplie, et plus tard il fut dit que si l'Archange avait semblé, un temps, abandonner ses chevaliers, c'est qu'il était *en voyage* pour porter l'épée du miracle à Jeanne d'Arc : car la diversion puissante dont nous venons de parler, c'était Jeanne d'Arc.

Le jour des Rois de l'an 1412, dans un village assis aux confins de la Champagne et de la Lorraine, entre Neufchâteau et Vaucouleurs, appelé du bienheureux nom de l'évêque qui baptisa Clovis (Domremy), était née de gens ayant bonne vie, Jacques d'Arc et Isabelle Romée, une fille qui fut nommée Jeanne et qui était en cette année 1429 âgée de dix-sept ans. Le petit lieu où venait au monde la vierge portant en soi le dessein de Dieu était un coin non pollué : Bourguignons ni Anglais n'avaient pu s'y établir[1].

Nous n'avons pas ici à lutter d'éloquence avec ceux qui ont écrit de

---

1. *Jeanne d'Arc, l'épée de Dieu*, par Guillemin, p. 13.

grandes choses sur Jeanne d'Arc. Tous nos historiens l'ont acclamée ;

Saint Michel montre du doigt la France à Jeanne d'Arc.

a lyre l'a chantée, le théâtre l'a presque déifiée. De nos jours, des plumes patriotiques et savantes, MM. Guillemin, Wallon, Frédéric Godefroy,

Marius Sepet et autres, lui ont rendu justice glorieusement, et si une seule bouche, depuis le temps, s'est ouverte pour cracher par derrière l'obscénité et l'ironie à la grande martyre, c'est la paire de lèvres grimaçantes qui appartenait, selon Victor Hugo, à « l'envoyé du diable », au « singe de génie », à l'apostat effronté que la Prusse payait pour salir la France, à VOLTAIRE, insulteur du PEUPLE, mais domestique du roi.

Entre toutes ses gloires, Jeanne d'Arc n'en a pas eu de plus éclatante que celle-là : pareil outrage vaut statue d'or !

C'était une pauvre chère enfant qui avait « la piété innée, une foi ardente, un vif amour de Dieu[1] », rien de plus : « une âme religieuse (à quatorze ans) dans un corps robuste et sain[2] ».

Un jour d'été, en 1424, sous le grand soleil comme Constantin, vers midi, Jeanne ouït une voix du côté de l'église à laquelle touchait le courtil de son père. Le son de voix fut accompagné ou suivi d'une apparition. Dans un nimbe de clarté, elle vit saint Michel « comme une figure d'homme très bon », pourvu d'ailes et environné d'anges. Elle eut peur et fit, à sept siècles de distance, ce qu'avait fait saint Aubert, dont elle ne connaissait pas l'histoire : elle douta. Par trois fois aussi, comme à saint Aubert, l'apparition lui revint. La troisième fois, elle crut[3] : celui qu'elle voyait était l'ange gardien de la patrie : le même qui vint à Machabée sur le chemin de Sion à l'agonie.

A cette heure, selon Michelet[4], le parti du roi était perdu, c'est-à-dire la France même. Mais le même historien signale aussi un mouvement mystérieux, précurseur de Jeanne d'Arc et produit par le livre de *l'Internelle consolation*, qui parut alors : pages résignées, dit-il, divinement pieuses, empruntées à *l'Imitation* et adaptées aux souffrances de l'époque.

« Il y avait là[5], c'est encore Michelet qui parle, un langage de mélancolie sublime et de profonde solitude... Dieu (y) semblait parler à la France et lui dire comme il dit au mort : « Dès l'éternité je t'ai connu par ton « nom, tu as trouvé grâce, je te donnerai le repos ! » L'Imitation de Jésus-Christ, sa Passion reproduite dans la Pucelle, telle fut la rédemption de la France... » Il faut répéter encore une fois que Michelet, noble esprit égaré, avait le sens des choses de Dieu comme un tourment au dedans de lui-même. Son nom renferme le *Quis ut Deus...!*

---

1. *Jeanne d'Arc*, par M. Marius Sepet, p. 15.
2. *Jeanne d'Arc*, par M. Wallon, t. I, p. 8.
3. *Procès de Jeanne d'Arc*, publ. par M. Quicherat, t. LXXIII, p. 11, 5.271
4. T. V, p. 30.
5. *Ibid.*, p. 17 et 19.

Rien n'est grand comme l'éducation de l'enfant chrétien. Le radieux Archange, dont le cri avait empli l'immensité du ciel, fit sa voix simple et douce pour parler à Jeanne enfant le langage qui convient aux petits. Il lui dit de garder sa pureté qui attirait le regard divin, d'être sage et d'être bonne. Et il lui montra du doigt la France où elle serait peut-être appelée, car il y avait là *grande pitié*. Jeanne écoutait et songeait. Elle priait.

Quand la vision la quittait, elle essayait de la retenir ou de s'envoler avec elle. Plus tard elle disait aux juges iniques qui l'assassinèrent, parlant de saint Michel et de ses anges : « Des yeux de mon corps je les vis comme je vous vois ; je pleurois dès qu'ils s'en alloient de moi, et je les priois qu'avec eux ils me prinssent... »

Un jour l'Archange lui dit qu'elle ne le verrait plus, mais que d'autres viendraient en sa place pour la mener et pour l'armer. Ce fut alors que s'élevèrent les *voix* de sainte Catherine et de sainte Marguerite, les deux patronnes des soldats [1], que Jeanne écouta selon l'ordre de Dieu par saint Michel.

Il y a une concordance entre les phases de la vie de Jeanne et les événements de guerre qui se passent au Mont Saint-Michel. En 1424, date des premières apparitions, l'Archange semble quitter à Domremy sa tâche inachevée pour voler vers sa montagne où il apportait victoire sur victoire. En 1429, Estouteville a péché, il a été puni ; mais *l'ex-voto* de pénitence est appendu au mur du sanctuaire, et au moment même où une armée entière marche sur le Mont, Jeanne, renversant enfin les barrières que l'ineptie des serviteurs du roi prodigue sur sa route, entre en scène et sauve le sanctuaire en produisant l'étonnante diversion qui a émerveillé l'histoire.

En effet, le 10 mars 1429, la voilà à Chinon où est le roi. C'est le soir ; on l'introduit dans la grande salle du château pleine des courtisans de cette cour où l'agonie de la monarchie française intrigue au lieu de combattre. Charles VII, simplement vêtu au milieu de ses brillants chevaliers, est perdu dans la foule. Jeanne entre, elle ne connaît pas le roi, mais « ses voix » le lui désignent ; elle va droit à lui, « fait la révérence » et lui dit : « Dieu vous doint bonne vie, gentil prince. » Heureuse la France, si ce vœu eût été exaucé ; car la vie du gentil prince laissait vraiment à désirer.

---

1. Sainte Catherine est souvent représentée comme foulant aux pieds le dragon. — V. *Acta S. Boll., ad diem 20 julii.*

Il répond en se jouant : « Ce n'est pas moi qui suis le roi. » Mais Jeanne, sans se troubler, réplique : « En nom-Dieu, vous l'êtes et non aultre. » Puis elle ajoute : « Et vous mande le roi des cieux par moi qui serez sacré à Reims et couronné son lieutenant ès France. »

Charles VII n'avait plus qu'Orléans, qui était sur le point de tomber au pouvoir de l'ennemi. Entre lui et Reims se creusait assurément un abîme ; néanmoins il fut frappé, puisqu'il fit interroger Jeanne par une commission ecclésiastique, laquelle objecta que « si Dieu voulait délivrer la France, pas n'était besoin de gens d'armes ». C'était à la fois vrai et peu conforme à la parole évangélique qui ordonne de joindre l'action à la prière. Jeanne répondit, ou ses voix pour elle, cette simple parole : « *Les gens d'armes batailleront et Dieu donnera la victoire.* » C'est candide et robuste comme Jeanne.

Enfin elle obtint des soldats et partit pour le siège, munie de « l'épée à cinq croix ». On sait que ce glaive avait été trouvé en terre, sur l'indication des voix (par saint Michel), dans la chapelle de Sainte-Catherine de Fierbois.

M. Wallon[1] dit qu'à ce moment, dans le trésor du roi « il ne restait pas quatre écus ». L'armée était dans le même état que la finance, et la peste de l'intrigue désolait cette cour moribonde avec une violence qui eût été capable de tuer un grand État en pleine santé. Au milieu de ces ténèbres où s'entendait déjà le dernier râle de notre nationalité, un grand éclat se fit. C'était Jeanne et son épée. En quelques jours, les coups frappés par cette main d'enfant furent si puissants et la terreur des Anglais devint si grande, qu'ils appelèrent toutes leurs forces autour d'Orléans, et entre autres l'armée de lord Scales destinée à réduire le Mont Saint-Michel.

II

Scales quitta l'Avranchin pour accourir à grandes journées ; William de la Pole, comte de Suffolk, aussi, et aussi lord John Talbot ; ils amenaient

[1]. *Jeanne d'Arc*, t. I, p. 25.

onze mille hommes d'armes et archers avec eux ; mais rien n'y fit : à la voix de Jeanne les soldats semblaient « yssir de terre françoise », et Charles VII, ou plutôt la reine de Sicile, qui était l'âme du parti national, trouva jusqu'à de l'argent.

Jeanne savait écrire, si l'on en croit la lettre à elle attribuée et ainsi conçue, qu'elle adressait aux Anglais :

« Jhesus Maria !

« Roi d'Angleterre, duc de Bethfort, Guil. de la Poule, comte de Suffort, Jehan de Thalebot et Thomas d'Escalles, je vous dys que vous fassiez raison au roy du ciel... et rendiez à moi, cy-envoyée de par Dieu, les clefs de toutes bonnes villes qu'avez prinses et violées en France... Archers, compagnons de guerre, gentils, qui estes devant la bonne ville d'Orléans, allez-vous-en, de par Dieu, en vos pays, et si ainsi ne le faites attendez nouvelles de moy... »

Les Anglais, malgré leur frayeur, ne tinrent compte de cette sommation et ils eurent des nouvelles de Jeanne ; les immenses travaux de siège qu'ils avaient accomplis autour d'Orléans et qui, d'après les comptes de Pierre Suireau, leur avaient coûté cent trente-trois mille sept cent soixante-trois livres d'argent *payé*, en dehors des exactions locales et des réquisitions ou corvées, furent démantibulés en quelques jours.

Le siège levé précipitamment, la cour prit le chemin de Reims, car « elle n'en voulut point desmordre », et en route, « le sabmedi, jour de la feste de sainct Aubert », dit notre manuscrit de la Bibliothèque nationale[1], Jeanne livra le combat de Patay, où « bien IIII mille furent desconfiz des gens de Tallebot, Escalles et autres, et ledit sieur de Tallebot prins ».

Patay a vu de nos jours une autre bataille où le dernier chevalier français fit miracles, à la tête des derniers croisés, portant le Sacré-Cœur de Jésus sur leurs héroïques poitrines.

Je n'ai pas à raconter que Jeanne rendit à Charles une bonne partie de son royaume et le fit, selon sa promesse, sacrer à Reims où elle tenait l'étendard « auquel estoit empeincturé[2] Dieu en sa majesté, et de l'austre costé Nostre-Dame et cinq escus de France, tenus par anges[3] ». Sentant alors sa mission finie, car les voix ne lui « disoyent plus », elle voulut se retirer, mais Charles la retint par prières. Beaucoup jalousaient sa faveur.

1. N° 5.696, f° 61, r°.
2. *Proc. de Jeanne d'Arc*, t. IV, p. 22.
3. Estouteville fit placer sur la porte d'entrée du Mont une reproduction de cet étendard, pour constater le patronage exercé, à la connaissance de tous, par saint Michel sur la vierge de Domremy qui venait de ressusciter la France.

Au siège de Compiègne, elle fut trahie et livrée par les Bourguignons L'infâme procès de Rouen qui s'ensuivit couvrit de honte les Anglais et bien d'autres encore : ce règne a des dessous sinistres.

Jeanne était restée enfant dans sa gloire ; elle resta enfant dans son martyre et eut son heure de faiblesse à l'exemple du Modèle divin, comme pour montrer par cette défaillance la grandeur du Dessein qui lui avait donné, à elle pauvre fille, une France à sauver. Sa mort sembla porter aux Anglais, ses bourreaux, plus de préjudice que sa vie même.

Des dissensions éclatèrent entre eux et leurs alliés qui auraient rendu facile l'expulsion complète de l'ennemi, si Charles eût seulement bougé ; mais il ne bougea pas, et trois ans après le passage victorieux de Jeanne d'Arc, quand déjà le connétable de Richemont avait ramené à nous le duc de Bourgogne[1], les Anglais restaient encore assez puissants en Basse-Normandie, pour reprendre, avec une furie plus grande que jamais, le siège du Mont Saint-Michel. On eût dit qu'ils voulaient venger sur l'Archange lui-même le coup à eux asséné par la vierge de Domremy.

C'était une des superstitions de l'époque de croire qu'on pouvait *forcer* les saints comme Ajax s'en prenait aux dieux. Les fanatiques scélérats qui venaient d'allumer le bûcher de l'enfant héroïne à Rouen espéraient que s'ils pouvaient prendre le Mont Saint-Michel, l'Archange, captif, combattrait pour eux. Aussi faut-il leur rendre cette justice qu'ils s'y prirent avec une très vive ardeur.

Cette année, d'autres disent l'année précédente, avait eu lieu le neuvième grand incendie de l'abbaye, et tout y était en reconstruction. Lord Scales, qui tenait garnison à Pontorson, résolut d'opérer une suprême tentative et réunit une armée que D. Huynes évalue à 20.000 hommes. En même temps il établit des travaux d'investissement si considérables qu'on les a comparés à ceux du siège d'Orléans. Ils consistaient en une série de forts, isolés les uns des autres, dont les feux se croisaient tout en menaçant le Mont. Ces forts furent armés de bombardes énormes, lançant des boulets de pierre de cent vingt et même de cent soixante livres. On établit une pareille batterie sur les assises de l'ancienne Croix des Grèves qui émergeaient encore un peu au-dessus du niveau des *tangues* ou sables mélangés de marne.

Lord Scales choisit un quartier de morte eau, où il n'avait pas à craindre les marées, pour battre la muraille en brèche du plein milieu de la grève. au lieu où est maintenant la route de Moidrey, et ses couleuvrines tirent

---

1. Monstrelet, t. II, fol. 109.

sans relâche contre le rempart dont une portion s'écroula, non loin des Fenils[1]. Les Anglais poussèrent de grands cris, croyant avoir ville gagnée. Rien ne leur répondit du dedans. Estouteville et ses gens d'armes attendaient derrière les murailles et les religieux étaient à leurs stalles, parce que c'était un 17 juin et qu'ils chantaient les premières vêpres de la fête de saint Aubert, dont le jour anniversaire avait été déjà si souvent fatal à leurs ennemis.

Ceux-ci vinrent à l'assaut bravement et franchirent la brèche pour leur malheur. Ils étaient dix contre un, peut-être vingt, mais l'espace manquait pour développer leur grand nombre. Estouteville et ses chevaliers leur opposèrent une seconde muraille, vivante et tout en fer. En un instant les assaillants furent rejetés hors de la brèche et précipités des murailles contre lesquelles ils avaient dressé leurs échelles.

Par la même brèche alors, par le pont-levis soudainement baissé et par les deux poternes de l'est, les gens d'armes de Saint-Michel firent une sortie, menés par Louis d'Estouteville en personne, et poussèrent à travers les grèves la déroute des assaillants, la lance dans le dos. Ce fut une épouvantable tuerie, et restée si légendaire que des écrivains ont évalué le nombre des Anglais morts à 20.000, en s'excusant de ne pas adopter le chiffre de la tradition, plus élevé encore. Notre manuscrit de la Bibliothèque, dont l'exactitude est minutieuse, fait monter le nombre total des combattants anglais à 8.000 et laisse en blanc le compte des morts[2], mais il affirme qu'*il n'y eut pas un seul homme de tué* parmi les gens d'Estouteville, avec qui était le « cavalier vêtu de blanc » de l'Écriture.

Lord Scales ne s'arrêta de fuir que derrière les murailles de Pontorson et il y eut des Anglais qui coururent en débandade jusqu'à Fougères. La panique se répandit dans toute la Normandie. On criait au miracle, on disait que c'était le payement du bûcher de Rouen et que Jeanne d'Arc avec l'Archange, invisibles tous deux, avaient combattu pour la France. A la cour même d'Henri VI on fut épouvanté.

Comme trophée de sa victoire, Louis d'Estouteville rapporta au Mont les bombardes qui avaient fouillé la brèche et mis fin au siège par cette bienheureuse blessure faite aux murailles ; car le siège était bien fini ; on n'eût pas trouvé une autre armée anglaise pour donner l'assaut à cette forteresse enchantée. Deux de ces très curieuses bombardes se voient encore aujourd'hui, couchées sur leurs affûts de granit, à l'entrée de la

---

1. Bibl. nat., ms. n° 5.696.
2. Bibl. nat., ms. n° 5.696, f° 61, v°.

petite ville montoise. Elles sont très longues, renflées en avant de la chambre à poudre et pourvues de culasses très résistantes qui en allongent encore la forme. La ressemblance qu'elles offrent avec certains modèles *nouvellement inventés* pour la marine est assez remarquable. Beaucoup d'*inventions nouvelles* pourraient ainsi s'enorgueillir de leur vénérable antiquité.

Les bombardes du Mont Saint-Michel furent réclamées sous le règne de Louis-Philippe, en 1839, par un ministre de la guerre pour le musée d'artillerie de Paris. Ce n'est pas Paris qui avait défendu le Mont, c'était le Mont qui avait commencé la série des victoires à la suite desquelles Paris put se déshabituer d'être anglais. Le Mont avait droit à ses reliques glorieuses : il les garda [1].

Jean Gonault cependant et ses moines, au milieu du calme presque complet qui suivit la déroute de lord Scales, pensèrent qu'il était l'heure d'appeler l'attention de l'autorité ecclésiastique sur la conduite de leur abbé, qui ne faisait plus parler de lui depuis assez longtemps. Plainte fut portée au concile de Bâle contre Robert Jolivet qui se vit condamné [2] « à pourvoir ses moines des choses nécessaires à la vie et à faire restaurer les édifices qui avaient souffert soit du feu, soit de la guerre ». Mais il restait encore assez d'Anglais pour que le traître pût se rire de cette juste sentence. Le pape Eugène IV fut obligé de venir au secours du monastère et aussi Charles VII, qui « prit l'abbaye sous sa protection spéciale, l'unit à la couronne et domaine de France,... de sorte qu'à l'advenir ce lieu et dépendances soient biens de Roy [3] ».

En 1438, les Anglais reculaient pied à pied devant le connétable de Richemont qui réalisait l'ancien plan de Jean VIII d'Harcourt, comte d'Aumale. Cela ramena la guerre autour du Mont, et « viron cent des gens de pied de cette place furent surpris à Ardevon [4] ». Notre manuscrit ajoute : « Viron la grant Saint-Michel (29 septembre 1439), Pontorson et Saint-James-de-Beuvron retombaient au pouvoir de la France et Avranches était assiégé par le connétable de Richemont. »

Pendant cela lord Scales, reculant toujours, se hâtait de fortifier Granville, qui ne resta pas longtemps en son pouvoir; car Louis d'Estouteville, incapable de se tenir en repos si près de l'ennemi, sortit du Mont le

---

1. Archives de la mairie du Mont Saint-Michel. — Rapport adressé au ministre par M. Mangon-Delalande.
2. *Gall. christ.*, t. XI, col. 528.
3. Mss. de D. Th. Le Roy, p. 207.
4. Bibl. nat., ms. n° 5.696.

8 novembre 1441 et donna l'assaut « d'eschelle » à la cité anglaise nouvellement fortifiée. Ce fut un siège impromptu. Après une lutte aussi courte que brillante, Granville devint française.

Le 17 juillet 1444, les moines eurent la charité de prier pour l'âme de leur abbé indigne et plus que parjure, décédé à Rouen où les Anglais étaient encore[1]. Le convent se réunit aussitôt et d'un accord unanime donna la crosse à Jean Gonault, qui l'avait si bien méritée. Estouteville était un vaillant capitaine, mais il avait prouvé autrefois, en mettant les reliques en gage, que les choses de la religion n'étaient point son principal souci. Il écrivit en toute hâte à son frère Guillaume qui ne dédaignait non plus ni les honneurs, ni les biens de la terre. Guillaume, très grand seigneur, quoique moine de Cluny et déjà évêque nommé d'Angers, prit les devants auprès du roi, lequel demanda pour lui au pape l'abbaye du Mont Saint-Michel. Dans l'ignorance où il était de l'élection accomplie, Eugène IV dit oui ; mais Guillaume d'Estouteville envoya, sans même attendre, affirme-t-on, la réponse de Rome, deux chargés de pouvoir prendre possession de l'abbaye en son nom.

A ce premier moment, les moines étaient forts de leur droit, ils résistèrent, et de son côté Jean Gonault en appela à l'autorité ecclésiastique qui, la décision d'Eugène IV étant connue, ne put que la maintenir et donner tort aux adversaires d'Estouteville.

C'était une maison puissante et Louis d'Estouteville venait de sauvegarder glorieusement le Mont Saint-Michel. Il ne nous appartient pas de juger le conflit qui s'éleva ; les vicaires de Jésus-Christ voient de haut et très loin pour conduire la barque de Pierre à travers la tempête des intérêts humains, et ils ont d'autres conseils que les hommes. Selon l'apparence humaine, qui souvent est trompeuse, les moines et leur élu Jean Gonault étaient dans le vrai, et ce dernier avait derrière lui toute une belle vie ; sur son appel, le pape décida souverainement en faveur de Guillaume d'Estouteville. Tout était dit.

Il est très triste de voir une bonne âme chanceler, d'autant que le premier pas hors de la voie d'obéissance mène toujours à une chute profonde : Jean Gonault, mentant à sa longue carrière, n'accepta point la sentence suprême d'Eugène IV et porta ses prétentions devant le parlement, dès lors animé d'un étroit esprit de jalousie contre le clergé et toujours ardent à s'immiscer dans les affaires ecclésiastiques.

---

1. Robert Jolivet fut enterré dans l'église Saint-Michel du Vieux-Marché, dépendant de son abbaye, tout près du bûcher de Jeanne d'Arc, dont il n'avait pas même plaidé la cause, quoiqu'il la sût inspirée par le grand Archange qu'il avait juré de servir.

Vous allez voir si nous avions raison de parler de chute : au cours du procès, Jean Gonault, découvrant tout à coup la petitesse de son mobile, marchanda du droit qu'il n'avait plus et le vendit à son puissant compétiteur, selon l'expression de D. de Camps[1], « pour une écuellée de lentilles », c'est-à-dire pour une pension et divers bénéfices. Il disparut après cela au fond d'une obscurité méritée.

III

Guillaume, cardinal d'Estouteville, au titre des saints Sylvestre et Martin-sur-les-Monts, fut le plus magnifique des abbés de Saint-Michel[2]. Appartenant au sang royal par sa mère, Marguerite d'Harcourt, fille de Catherine de Bourbon, il eut tous les titres qu'on peut avoir et les plus illustres, entre autres ceux d'archevêque primat de Rouen et de doyen du Sacré Collège. Il était beau grandement, savant d'une façon admirable, éloquent, riche comme plusieurs princes, entouré, comblé plutôt de la faveur des peuples et des rois. Mais il fut au Mont le premier de ces abbés *commendataires*, étrangers à la vie monastique, qui sapèrent par le pied les colonnes du cloître.

Son œuvre d'abbé constructeur fut noble, brillante et grande comme lui-même. On lui doit, ou du moins à ses architectes, le chœur splendide de la basilique tel que nous l'admirons aujourd'hui. Il est admis que son intention était de reconstruire l'église entière sur un plan analogue, ce qui eût produit le plus merveilleux temple de l'univers. La collection de M. V. Jacques possède plusieurs sceaux du quinzième siècle représentant la basilique en style gothique, *achevée* selon ce projet, dont le chœur seul peut donner maintenant une idée.

Sous sa prélature, la reine Marie, femme de Charles VII, vint en pèle-

---

1. Ap. D. Huynes, t. I, p. 262.
2. Mgr Deschamps du Manoir, *Hist. du M. S.-M.*, p. 134.

rinage au Mont, et promit *de la part du roi,* en souvenir de Jeanne d'Arc que l'Archange avait suscitée et armée, la fondation d'un ordre de chevalerie sous l'invocation de saint Michel : cette promesse devait être tenue par Louis XI.

Ce fut aussi pendant que Guillaume d'Estouteville tenait la crosse (bien loin de sa stalle toujours vide, il est vrai) que les Anglais furent définitivement chassés de l'Avranchin et du Cotentin. Il y avait déjà quatre ans que le connétable de Richemont avait rendu la capitale au roi dans des circonstances qui se sont reproduites lors du dernier siège de Paris, sous la Commune de 1871 : en effet, ce fut un homme isolé qui, agitant les mains sur le rempart, *à la porte Saint-Michel*[1], donna aux gens du connétable les indications pour arriver jusqu'aux halles, où, dit-il, « on travailloit pour eux ».

Le samedi 6 septembre 1449, François, duc de Bretagne (ces Bretons étaient alors partout), vint au Mont à l'heure des vêpres ; le connétable de Richemont et ses fidèles, le maréchal de Lohéac, Laval-Blossac, les deux Malestroit et autres chevaliers qui devaient vaincre bientôt avec lui à la décisive bataille de Formigny arrivèrent le même jour. Louis d'Estouteville était là pour recevoir ces grands personnages et les logea à l'abbaye.

Les troupes du connétable campèrent sur la grève « entres les rivières », dit notre manuscrit de la Bibliothèque que nous suivons toujours. Le lundi, tout le monde partit pour aller mettre le siège devant Coutances, et sous le Mont on embarqua de l'artillerie qui fut portée à Granville. En quelques jours toutes les places du Cotentin se rendirent.

Le connétable continua sa route, François revint sur Avranches, qui seule tenait encore, et l'assiégea avec Estouteville. La résistance d'Avranches tomba au bruit de la victoire de Formigny. « Les Anglois s'en allèrent chascun son baston à la main. » Notre moine montois, auteur du manuscrit, s'écrie en latin : « Saint Michel ! ta force abattit les Léopards[2] ! » Et il termine sa tâche par ces joyeuses réflexions : « Ainsy fut le païs délivré des Anglois... Dieu leur doint (donne) couraige de jamais n'y revenir ! »

Pendant le siège d'Avranches, Gilles de Bretagne, frère du duc François, prisonnier au château de la Hardouinaye sous accusation d'intelligences entretenues avec l'Angleterre, était mort dans son cachot. On disait que c'était par le poison, et la voix publique imputait le crime de Caïn à François.

1. Monstrelet, t. II, fol. 124.
2. *Pardos jugulavit, Michael, tua virtus !*

Le siège fini, François, avant de rentrer à Nantes, voulut qu'un service fût célébré pour l'âme de son frère en la basilique du Mont Saint-Michel, et beaucoup de gens pensèrent que c'était là « tenter » l'Archange qui porte en sa main la balance de la justice de Dieu.

Alain Bouchard[1], Le Baud, d'Argentré, D. Lobineau, tous les historiens racontent avec détail un fait extraordinaire qui se produisit au moment où le duc fratricide sortait du service funèbre, et il m'est arrivé, il y a longtemps, de puiser dans leurs chroniques le sujet d'un livre d'imagination[2]. Ce fait, qui a une grande solennité et un surnaturel caractère, ne sera point déplacé dans les *Merveilles du Mont Saint-Michel*. Je choisis, pour le mettre sous les yeux du lecteur, le texte de D. Le Roy, qui a le mérite d'être précis et court. Voici cequ'il dit :

« A la sortie de la porte de cette ville, il (le duc François) rencontra un homme vestu en cordelier qui lui donna assignation de comparoir devant le throsne de Dieu dans quarante jours pour rendre raison du tort qu'il avoit faict à son deffunt frère Gilles. Ce qui arriva ainssy : s'estant retiré en une maison de plaisance près Guingamp, François y fist penitence et donna espérance de son salut à l'heure de sa mort, qui arriva juste au bout de la dicte assignée quarantaine[3]. »

IV

Avant de terminer cette première partie du livre *les Sièges*, je dois dire un mot du principal témoignage de gratitude rendu par la France au maître céleste de ce Mont qui avait été la forteresse gardienne, non seule-

---

1. Fol. CLXXXVII, v°.
2. *La Fée des grèves*.
3. *Cur. Rech.*, t. I, p. 385.

ment de sa vie, mais aussi de son honneur. Ce fut encore d'ailleurs sous la prélature du cardinal d'Estouteville que la fondation de l'ordre de Saint

Louis XI institue l'ordre de Saint-Michel.

Michel, promis par Charles VII, fut accomplie par son fils **Louis XI**.
Louis XI avait déjà fait frapper monnaies et médailles en signe d'actions de grâces, et la statuette d'or de saint Michel qu'il portait pendue à son

cou est restée légendaire [1]. Certaines histoires et beaucoup de romans ont rendu à cette dévotion l'hommage de leurs moqueries. Louis XI n'était certes pas un saint : son laborieux passage dans la vie écrasa du pied bien des sentiments respectés, et la Révolution peut le compter au nombre de ses précurseurs ; mais la Révolution elle-même entre sans doute comme alliage ou comme élément dans le total inconnu de ce grand mystère qui est le *dessein de Dieu* : énigme des énigmes, dont le Sacré Cœur de Jésus, par sa plaie ouverte, laissera jaillir le mot miséricordieux et terrible, à l'heure marquée de toute éternité, dans les temps. A tout le moins doit-on dire que Louis XI, aïeul politique du cardinal de Richelieu, fut un ouvrier puissant de l'unification française.

La fondation de l'ordre de Saint-Michel tendait à ce but, et les grands vassaux le sentirent, puisque ceux d'entre eux qui régnaient sous le contrôle très illusoire de la suzeraineté royale, refusèrent d'y être affiliés ; mais il ne faudrait point exagérer l'importance de cette arrière-pensée politique. Le mobile principal de Louis XI, prince éclairé et très pieux au milieu même des actes reprochables que lui arrachait la nécessité de gouverner, fut le besoin de publier hautement, et j'ajouterai habilement, la protection de l'Archange, au moment où toute l'Europe se précipitait aux pieds de saint Michel [2].

A ce sentiment se mêlait-il de la reconnaissance ? Le contraire ne se pourrait concevoir. Souvenons-nous que le vol de l'Archange n'avait pas seulement porté une épée à Jeanne d'Arc, mais que du haut de ses créneaux qui regardent la terre de Bretagne, saint Michel avait appelé du battement de ses ailes à notre secours tout un peuple héroïque, naguère ennemi, et que ce premier pas vers la France une fois fait, les Bretons, avant la fin de ce siècle, allaient devenir Français, ajoutant ainsi à notre couronne de provinces un de ses plus glorieux fleurons.

Les premiers chevaliers de Saint-Michel furent les ducs de Guyenne et de Bourbon, le connétable de Saint-Pol, les maréchaux de Laval et de Comminges, Jean d'Estouteville (frère et successeur de Louis dans la capitainerie du Mont), l'amiral Louis de Bourbon, Tanneguy du Chastel, La Trémoille, Sancerre, etc. On voit que les ducs régnants de Bretagne et de Bourgogne s'étaient tenus à l'écart.

---

1. Il fit don de l'image et aussi de la chaîne d'or qui la soutenait au trésor de l'abbaye en 1468.
2. Voir, au sujet de l'extension extraordinaire que prirent alors les pèlerinages, D. Huynes, D. Le Roy et tous les historiens modernes du Mont, notamment M. Léop. Delisle dans ses *Pèlerinages d'enfants au Mont Saint-Michel*.

Louis XI vint trois fois au Mont Saint-Michel. A sa dernière visite, qui eut lieu en 1476, sept ans avant sa mort, il commanda une châsse magnifique[1] pour renfermer le corps de saint Aubert, dont la fête anniversaire avait donné le signal de tant de victoires pendant la guerre de Cent Ans.

L'abbé-archevêque-cardinal Guillaume d'Estouteville vécut jusqu'en 1482. Il n'avait fait, depuis trente-sept ans qu'il était censé porter la crosse, qu'une seule apparition à son abbaye dans la sixième année de sa prélature, et ce fut pour arrêter les travaux de son grandiose projet de reconstruction qui, selon D. Huynes, lui sembla « couster trop cher ». Il ne donna point tort à la prophétie du *livre des miracles* qui n'accorde sépulture en la terre de Saint-Michel qu'aux abbés *légitimement* élus; sa tombe somptueuse est à Rome, dans l'église de Saint-Augustin, et il n'est point dit si ses religieux, qui ne le connaissaient pas, le regrettèrent.

Pour la France, à peine guérie des maux de l'invasion étrangère, d'autres dangers allaient naître, d'espèce encore plus cruelle, et l'Archange encore, au milieu des convulsions de la guerre intestine, allait lui susciter d'autres sauveurs.

---

1. Elle représentait la basilique refaite sur le plan du cardinal avec ses quatorze chapelles flamboyantes (selon M. l'abbé Pigeon), et les deux belles flèches gothiques du grand portail projeté.

LIVRE TROISIÈME

LES SIÈGES

SOMMAIRE DU CHAPITRE QUATRIÈME

LES SIÈGES PROTESTANTS. — L'ère moderne s'annonce. — Les quatre derniers élus et la fin des gloires monastiques. — Les commendataires. — Les huguenots. Montgomery et les Saint-Barthélemy protestantes : *la Michelade* de Nimes. — Marie d'Estouteville. — Aventure du sieur de Touchet et de ses faux pèlerins. — Le capitaine de la Moricière.

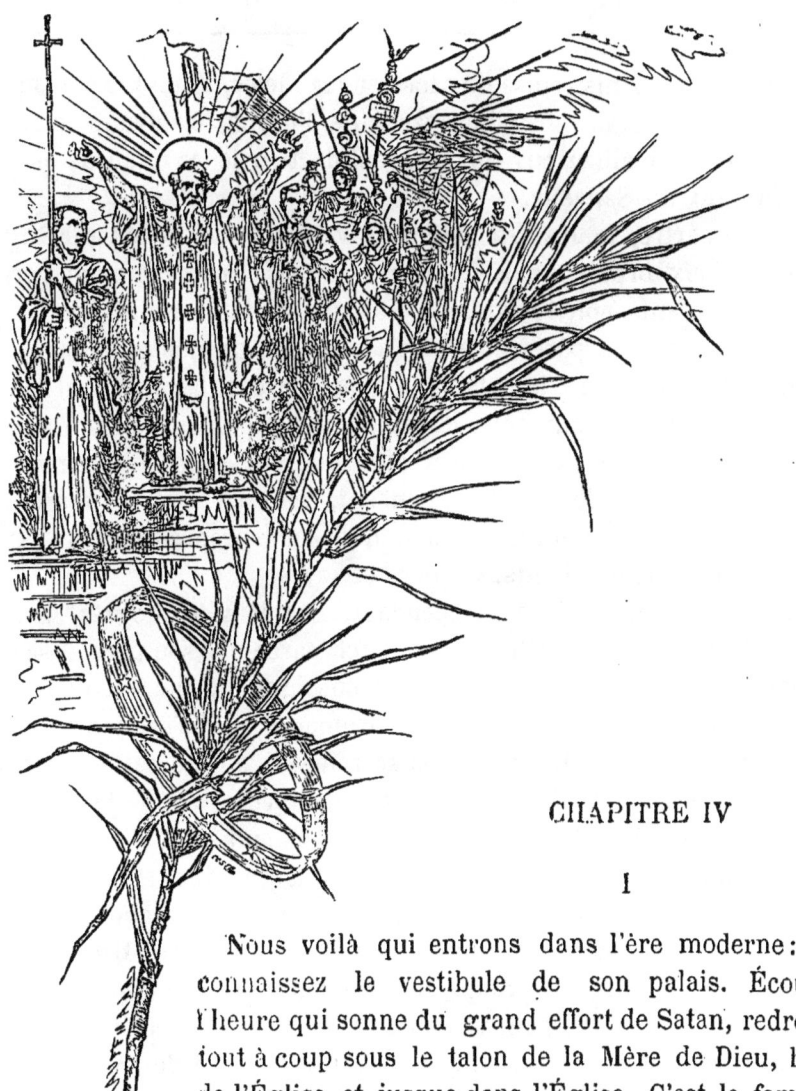

CHAPITRE IV

I

Nous voilà qui entrons dans l'ère moderne : reconnaissez le vestibule de son palais. Écoutez l'heure qui sonne du grand effort de Satan, redressé tout à coup sous le talon de la Mère de Dieu, hors de l'Église et jusque dans l'Église. C'est le fameux seizième siècle, le *siècle des saints* suscités pour combattre ces puissants et cruels ennemis qui s'appelèrent Martin Luther, Calvin, Henri Tudor, l'orgueil, le mensonge, la luxure, la haine, le vol, l'ivrognerie, les péchés capitaux au complet, réunis et enfin devenus *réformateurs*, qui ouvrent dès lors toutes grandes les portes de la Révolution en habillant de mots hypocrites l'obscénité de leurs vices et de leurs crimes. Notre ère est commencée dans sa lutte, aveugle d'un côté, sublime de l'autre. Ils étaient tous nés, les champions des *deux étendards*[1], et le guerrier Loyola, boitant de sa blessure, va gravir bientôt la rampe de Montmartre, pour fonder, au lieu

[1] Ignace de Loyola, *Exercices spirituels*.

même où saint Denis refusa de sacrifier aux idoles, l'humble et magnifique *Compagnie de Jésus*, bataillon sacré de l'hostie, épouvante et rage de tous les cœurs malheureux qui essayent de tuer leurs remords en déracinant la croix du Sauveur.

A Montmartre, le JÉSUITE fondateur va demander et obtenir du Christ ce mystérieux brevet de vie : la grâce d'être incessamment persécuté dans ses enfants spirituels. Cette robuste et immortelle agonie a été l'étonnement de nos pères et sera l'admiration de nos enfants.

C'est bien notre ère : la bataille entamée en ces jours déjà si lointains se poursuit sous nos yeux entre les mêmes champions : les bourreaux qui se disent martyrs et les martyrs qui souffrent sans se plaindre. Les bourreaux frappent, les martyrs tombent, mais ce sont les martyrs qui vivent, tandis que les bourreaux meurent de leurs propres haches : toujours tyrans, toujours triomphants, toujours esclaves.

Nabuchodonosor moderne, cependant, car il y a progrès, n'a plus besoin d'être changé en bête ; il est né tel, parce que son père et sa mère, ne connaissant aucun Dieu, ne lui ont enseigné aucune foi. Ce n'est pas même un païen. Fier des ancêtres quadrumanes qu'il s'est donnés dans la visée de sa « science », il les imite et se remet à quatre pattes pour laper le suc de la terre dont il s'enivre en appelant ceux que le jeûne a pâlis des JOUISSEURS. Il croit mentir ainsi effrontément et il dit vrai comme l'Évangile même. Pendant que son orgie fastueuse a faim et soif, il y a une voluptueuse plénitude dans l'abstinence des saints. Nabuchodonosor est en colère à cause de cela. Sa débauche est jalouse du jeûne. Il calomnie le jeûne tant il l'admire ! Accroupi sur son tas d'or *conquis*, il rogne le pauvre petit morceau de pain sec laissé à la sœur de charité... Ah ! il a goûté à la persécution, ce tribun qui possède l'appétit de trois ou quatre césars ; il y a pris plaisir et en redemande. Il jettera bas les églises, s'il peut, toutes les églises, il l'a promis, et, s'il peut, il fera taire l'immense harmonie des cantiques ; mais ne craignez point : Julien l'Apostat et d'autres sont morts à cette tâche impossible. Le Galiléen, lui, ne mourra plus. Il a vaincu, il vaincra, — toujours !

Comment ? Nul ne le sait. Il a des soldats qui font pitié, mais auxquels rien ne résiste : des faibles, des pauvres, des femmes, des enfants et des simples de toute sorte et des abandonnés vêtus d'outrages : tels sont les *jouisseurs* qui, par un permanent prodige, ont terrassé, terrassent et terrasseront toujours César apostat, ou Gargantua tribun.

Chose étrange, Gargantua et César le savent, puisqu'ils se fatiguent comme Hérode à massacrer les innocents. Mais ils ont beau faire, ce sont peines et crimes perdus. Sous l'engrais même de leurs carnages, un atome a été semé : le grain de sénevé qui germe et grandit CERTAINEMENT, arrosé qu'il est par le sang éternel coulant goutte à goutte de votre généreuse blessure, ô Cœur très sacré de mon maître Jésus !

L'œuvre de Jésus ne saurait périr, pas plus que l'œuvre de Satan n'est capable de vivre. Chrétiens, chantez du fond même de l'épreuve, creuset des purifications nécessaires, chantez à l'Ange fidèle, à la Vierge mère, au Cœur tout-puissant ; croyez, espérez, aimez. Que vos bourreaux, dignes de pitié, vous prennent tout ; que la libre pensée enchaîne votre pensée, que la libre lumière vous arrache les yeux, que la libre humanité vous égorge fraternellement ; pardonnez du fond de l'âme à ces délires tremblants qui ne savent pas ce qu'ils font. Ils n'auront rien de vous, je vous l'affirme, sinon votre mort même qui sera leur mort, hélas ! leur vraie mort, car ils peuvent mourir tout entiers, eux, c'est là leur religion lamentable: Ils seront servis selon leur religion.

Vous qui ne pouvez que naître, chrétiens, heureux fils de Marie, frères de Jésus, enfants des saintes miséricordes, vous naîtrez à genoux pour sauver vos persécuteurs et prier sur leurs sépulcres !

La prélature honteuse de Robert Jolivet, pendant laquelle le Mont Saint-Michel se couvrit de gloire, nous a déjà montré une fois l'abbaye abandonnée, sinon orpheline, et régie en quelque sorte directement par la puissante main de son Archange. Les jours vont venir où la funeste institution des abbés « commendataires » étrangers à la vie du cloître fera de cette situation anormale une coutume et presqu'une loi. Après la mort du cardinal d'Estouteville, le premier de ces supérieurs mondains, le monastère essaya pourtant de ressaisir son antique régularité et y parvint au moins dans la forme, grâce au crédit de son gouverneur militaire, le comte du Boschage de Basternay. Ce gentilhomme, très bien en cour, se trouvait avoir quatre neveux, et tant que durèrent ces neveux qui tous furent l'un après l'autre abbés du Mont Saint-Michel, le monastère conserva un semblant d'élections libres, à condition de ne point égarer son choix en dehors des neveux.

Cet état de choses était singulièrement misérable, nous n'avons pas à le nier, et certes on est forcé d'avouer que les ravages de la Réforme eurent pour prétextes, eurent même pour complices bien des défaillances royales et autres ; mais il faut constater avec admiration la ferme piété des moines au milieu de ces circonstances difficiles où tout était tentation. Les faits prêchaient le désordre ; nos religieux se cramponnèrent à l'ordre dans l'imperturbable exercice de la règle bénédictine, et sur les quatre abbés fournis si singulièrement par cette sorte de droit dynastique que s'arrogeait la famille Basternay, il y eut au moins deux saints hommes.

Le premier élu, André Laure de Versilly, ne fut point de ceux-là. D. Huynes et D. Le Roy le représentent comme un de ces supérieurs qui, « s'estant fabriqué de bonnes *manses* (on appelait ainsi le revenu personnel de l'abbé) n'avaient aucun souci de leur cloistre [1] ». On lui dut pourtant les beaux vitraux des chapelles absidiales qui racontaient en peinture « la fondation de ce Mont et le sacre des roys de France [2] ».

Le 28 octobre 1487 [3], Charles VIII fit le pèlerinage du Mont en action de grâces de la victoire de Saint-Aubin-du-Cormier où le duc d'Orléans (depuis Louis XII), chef des opposants à la régence d'Anne de Beaujeu, fut fait prisonnier. Anne de Bretagne vint à Paris peu après comme reine de France. André Laure, qui avait vécu plus de quinze ans hors de son monastère « en escholier grand seigneur », revint à son devoir pour mourir et fut enterré dans la basilique, sous le champ d'armes des chevaliers. Son cousin Guillaume de Lamps lui succéda par élection. La famille du Boschage de Basternay se perpétuait dans la capitainerie du Mont ; il la fallait ménager pour avoir l'agrément du roi.

Guillaume de Lamps fut d'ailleurs un des deux saints abbés dont nous avons parlé. Il résida, pria et travailla, soutenu par le « recours à Dieu ». Ces trois mots sont le texte même de sa devise, gravée sur les pièces d'argenterie magnifiques acquises par lui pour le service de l'autel. Il continua le chœur ou le « grand œuvre » du cardinal d'Estouteville, fit construire dans le *Parc* un logis avec une chapelle [4], aujourd'hui disparus, recouvrit la nef de l'église et commença les vastes constructions de l'abbatiale, demeure actuelle des RR. PP. missionnaires. Jusqu'à lui, la partie sud du monastère n'offrait, de la Bailliverie de Pierre Le Roy à l'église, qu'une muraille interrompue par la petite chapelle Sainte-Catherine-des-Degrés et aboutissant à la tour du Saut-Gautier, palier supérieur des « grands degrés », qui doit son nom, selon la tradition, à un prisonnier atteint de la manie vertigineuse.

Le terrible précipice qui borne la plate-forme l'attirait invinciblement.

---

1. *Cur. Rech.*, p. 2 et 3.
2. D. Huynes, t. II, p. 207.
3. Mgr Deschamps du Manoir, p. 156.
4. Plans de Nicolas de Far (dix-huitième siècle).

Deux fois il s'y jeta sans trouver la mort, chose assurément extraordinaire. La troisième fois, il fut broyé. M. Lecoy de la Marche a publié un texte où il est dit que ce parrain de la plate-forme était fou[1] ; ce n'est pas difficile à croire.

La partie du chœur « ouvrée » par Guillaume de Lamps et particulièrement le *triforium*, galerie à jour, riche, gracieuse, fine comme une bordure de dentelle, témoigne d'une admirable habileté de main chez les artistes qui en furent chargés. La lumière y entre par des fenêtres ogivales, ouvertes au fond, accolées deux à deux et dont les tympans représentent des cœurs embrasés. C'est un des premiers hommages rendus par l'architecture au saint Cœur qui était chez lui déjà dans la maison de son ange fidèle à cette heure où n'apparaissait encore aucun symptôme de la vaste et passionnée dévotion qui l'encense aujourd'hui d'un bout à l'autre de l'univers.

Un manuscrit de la Bibliothèque nationale[2] renferme le dessin du magnifique tombeau élevé à G. de Lamps par la reconnaissance de ses moines. On y voit sa figure en ronde-bosse, avec son écusson « partie d'argent et de gueules, au lion armé et lampassé des mêmes, de l'un en l'autre » et les plaques de métal où était gravée l'histoire de sa vie.

Deux compétiteurs restaient sur les quatre neveux de Basternay, à qui la crosse de Saint-Michel semblait dévolue par droit d'héritage : Jean de Lamps, frère de Guillaume, et Guérin Laure, son cousin, frère de l'avant-dernier abbé. Guérin, dit D. Huynes, prit les devants et « envoya en diligence des messagers à Bloys où estoit Louis XII ». Imbert de Basternay le soutint et Sa Majesté impétra des lettres de faveur. Ce que valaient de pareilles élections, à quoi bon le dire ? Notre ère était commencée ; la convoitise des mauvais religieux et l'insouciance des cours désarmaient les forteresses de l'Église, au moment même où l'hérésie, qui contenait en germe la Révolution dans ses plus mortels symptômes, sortait de terre comme ce dragon des premiers jours dont la gueule pestilente empoisonnait le bon air du ciel et jusqu'à l'eau pure des fontaines.

Au lieu de se jeter bravement au-devant de l'Église menacée par le monstre nouveau, bien plus dangereux que la bête païenne, les champions naturels de l'Église, complices naïfs et paresseux, regardaient du coin de l'œil ce qu'ils pourraient bien choisir dans l'héritage de l'Église. Le côté lugubrement comique de l'histoire est dans ce fait que la Révolution

---

1. *La Chaire française au treizième siècle*, p. 330 et 331.
2. Ms. n° 4.902

égorgea plus tard cette indifférence sous l'inculpation de fanatisme religieux.

D. Huynes nous a conservé la lettre presque gaie [1] où Louis XII force le suffrage des moines de Saint-Michel en faveur de Guérin Laure, qui fut abbé et ne fit rien [2], sinon « se promener ». Après lui vint tout naturellement le quatrième neveu, Jean de Lamps [3] : ce fut le dernier semblant d'élection et aussi « le dernier rayon éclairant la chaire de Saint-Michel ». Dès qu'il fut mort, le règne de ces absents, souvent ennemis, qu'on nommait des abbés commendataires, s'établit définitivement. Il ne resta plus au chœur que saint Michel et de simples moines.

Ce fut assez, comme nous allons le voir, pour arrêter les soudards huguenots, ivres de leurs victoires, à la porte du sanctuaire qu'ils ne franchirent pas plus que les Anglais ne l'avaient fait. L'Archange avait l'épée d'enfant qui terrasse les géants. Mais il voulut du moins que le dernier nom inscrit sur la liste des supérieurs réguliers de sa maison fût saint et illustre. D. de Camps, jouant sur le nom des deux frères Guillaume et Jean de Lamps, les compare à deux *lampes* [4] lumineuses qui jetèrent un suprême éclat sur l'autel du vainqueur de Satan.

Jean eut l'honneur de terminer le GRAND ŒUVRE, comme on appelait le chœur de la basilique, commencé sous le cardinal d'Estouteville. La construction de ce splendide morceau dura soixante et onze années (1450-1521). L'église entière, rebâtie sur ce modèle, selon le rêve du cardinal, eût été assurément une merveille; nul ne peut regretter, cependant, que la nef romane, si belle aussi, nous ait été conservée. « La construction du chœur du quinzième siècle, dit M. Corroyer [5], a enlevé à l'édifice... son unité; mais, par une comparaison des plus intéressantes à faire et que fait naître le rapprochement des deux parties bien distinctes du même édifice, elle permet d'étudier notre architecture française dans ses manifestations les plus caractéristiques. L'une, la nef, est l'expression de l'art national naissant;... l'autre, le chœur, est le produit de cet art arrivé à son plus grand développement... »

Jean de Lamps éleva cette portion de la basilique, admirée entre toutes par les visiteurs, du triforium à la toiture. La conservation, due à la dureté de la pierre et à l'exquise perfection de la main-d'œuvre, en est

1. Tome I, p. 211, 212.
2. *Ibid.*, p. 212.
3. *Ibid.*, p. 213.
4. Add. de D. de Camps, ap. D. Huynes, t. I, p. 265.
5. *Descript. de l'Abbaye du Mont Saint-Michel*, p. 102.

tout à fait extraordinaire. On dirait un précieux objet d'art gardé sous verre contre les injures du temps : pas un accroc à ces *traceries* de granit, pas une blessure à ces sveltes, à ces hautes lianes de pierre qui forment la forêt des nervures et jaillissent du pavé pour unir ou croiser à la voûte les mille courbes de leurs harmonieuses et audacieuses projections, semblables à une gerbe d'artifice dont les fusées parallèles rejetteraient toutes en dedans la régularité féerique de leurs paraboles pour saluer, à la clef de la voûte, l'écusson de France et saint Michel victorieux terrassant le dragon.

En l'an 1518, François Ier vint voir cela. Après avoir raconté le pèlerinage royal, D. de Camps[1], parlant de la mort du « dernier abbé », élève son style au lyrisme pour dire qu'il ensevelit « avec honneur la majesté et splendeude la dignité abbatiale » ; et il adresse un mélancolique dieu aux honneurrs et grandeurs « inséparables des abbez réguliers, *incommunicables aux commendataires* ».

A la mort de Jean de Lamps (1523), le deuil fut grand et sans consolation, car on savait que ce père ne renaîtrait pas dans un successeur. Ses moines l'enterrèrent dans la chapelle Notre-Dame et lui érigèrent une statue : « Ce qui n'a été accordé à autre que luy, dit encore D. de Camps; et à la vérité est une chose assez remarquable, car si après luy nous n'avons eu aucun abbé portant l'habit de Saint-Benoist, au moins nous pouvons dire qu'iceluy nous est resté qui le porte jour et nuict... » De telles paroles exhalent la tristesse même qui accompagnait les funérailles de ces grandes choses tombant non point de vieillesse, mais par la malheureuse faiblesse des pouvoirs supérieurs qui auraient dû les sauvegarder pour leur propre salut. Je n'ajouterai rien : ce livre n'a ni le loisir, ni la mission d'être sévère.

Le manuscrit déjà cité[2] donne un dessin de la statue de Jean de Lamps. En 1863, M. Theberge, architecte[3], découvrit les cercueils des deux frères. On y laissa leurs ossements, mais les habits religieux de ces vénérables abbés sont conservés dans le chartrier du monastère, aujourd'hui transformé en musée.

Les moines essayèrent encore une élection et nommèrent l'un d'entre eux, René de Marie ou de Mary[4] ; mais Jean le Veneur, comte de Lisieux,

---

1. P. 266 et 267.
2. Ms. n° 4.902, F. fr.
3. *Journal d'Avranches*, 17 juillet 1864.
4. *Gall. christ.*, t. XI, col. 531.

établit à la cour, selon les manuscrits montois, une brigue dont la puissance fut irrésistible, et arracha sa nomination à François Ier par Louise de Savoie, la reine-mère. Après avoir obtenu ce qu'il voulait, c'est-à-dire les revenus de la mense [1], Jean le Veneur céda la crosse à Jacques d'Annebault, *qui n'était point dans les ordres*. Sous une pareille prélature on se demande quelle voix pouvait prêcher aux moines la régularité et la piété. Le pape Paul III déplorait l'état présent des choses, car il ordonne dans sa bulle d'institution que Jacques d'Annebault soit, « non point commendataire, mais vrai abbé [2] ». En effet, selon D. Le Roy à qui il faut pardonner un peu d'amertume en face de ces douleurs, Annebault vint au Mont, où il comptait « faire marcher les moines à sa fantaisie [3] » ; mais s'ennuyant bientôt « des cloistres et de vivre ainssy, situé à l'escarpoulette, sur un rocher à la mercy de tous vents, il quitta en bref cette fasson de vivre pour suivre la cour ». C'était un assez grand personnage, « maistre de la chambre du roy » ; il avait, outre le Mont Saint-Michel, les abbayes du Bec-Hellouin, de Bonport, de Saint-Taurin d'Evreux, de Saint-Serge-lès-Angers, etc. Le temps des vrais moines semblait bien fini.

Cependant les pèlerinages reprenaient, plus suivis, plus fervents que jamais, comme cela ne manque point d'arriver dans les temps en apparence tranquilles, mais où il y a des menaces dans l'air. Le Mont lui-même entendait ces menaces, car on y bâtissait la tour *Gabrielle*, qui se voit derrière l'*Orphelinal* et qui reçut son nom de Gabriel du Puy, sieur de Murinays, auteur également du boulevard et du corps de garde défendant l'entrée de la place. La loge des chiens et dogues d'Angleterre, chargés de rôder nuitamment autour des murailles, était sous ce corps de garde où l'on en voit la ruine.

De grands miracles signalaient les pèlerinages : celui d'Etiennette Labbé, la morte qui parla, est resté légendaire. De tous côtés on annonçait châtiments, misères, malheurs, et certes il y avait lieu, car la foi diminuait dans les châteaux, et le scandale du blasphème de Luther, qui s'était répandu jusque parmi les princes, épouvantait le peuple. Au nombre des pèlerins, D. Le Roy cite Antoine du Prat [4], légat du Saint-Siège, et François Ier avec son fils, le duc de Bretagne (1532), qui mourut peu après [5].

Ce ne sont pas les temps révolutionnaires qui ont fait du Mont Saint-

---

1. V. *Recueil général des affaires du clergé de France.* — Paris, 1636, t. I, passim.
2. *Non ut commendatarius, sed ut verus abbas.*
3. *Cur. Rech.*, t. II, p. 51.
4. Mss. de la collection, V. Jacques, p. 549.
5. *Id., ibid.*

Michel une prison d'État. A cette époque troublée où les princes accomplissaient encore des pèlerinages, mais respectaient si peu les droits de l'Église, François Ier aurait pu se rencontrer au Mont avec le syndic de l'Université de Paris, Noël Béda, qu'il y avait fait enfermer. L'évêque d'Avranches, le fameux Robert Cenau, cité par nous plusieurs fois et qui eut l'honneur d'être injurié si souvent dans les écrits de Calvin, consola la captivité de Béda. Calvin, jouant pesamment sur son nom, l'appelle *chien, cyclope* et *marmiton qu'il faut renvoyer à la cuisine*[1]. Notre ère était commencée : c'est de la polémique « radicale » et c'est de la colère de menteur pris en flagrant délit d'imposture.

Le successeur de l'abbé laïque Jacques d'Annebault fut François le Roux d'Anort, secrétaire du roi Henri II et protonotaire apostolique, qui vécut de procès avec ses moines. Il est impossible de penser que ce troupeau sans pasteur n'eût point perdu de sa piété. Les temps devenaient de plus en plus mauvais. Antoine le Cirier, nommé évêque d'Avranches après Robert Cenau dont la vaillante foi avait préservé son diocèse de la peste, était au concile de Trente, et le pays privé de pasteur se laissa envahir par l'hérésie. Le branle huguenot avait été donné, c'est triste à dire, par le curé de Villiers, Jacques Guiton, qui abjura publiquement et en fut payé, car le cardinal apostat Odet de Châtillon le fit maire de la Rochelle[2] : la réforme religieuse était bien vraiment révolte politique.

Deux rois avaient passé, Henri II, mis à mort par la lance *courtoise* de Montgomery[3], et François II. C'était Catherine de Médicis qui tenait la régence : figure intelligente mais étrangère, un peu sceptique, très superstitieuse et ne regardant pas droit. Les noms d'Italie ne sonnent pas toujours bien dans notre histoire, mais nous ne nous en apercevons plus, habitués que nous sommes, depuis quelques années, à compter les noms français qui font tache encore par hasard dans les conseils cosmopolites de nos gouvernements.

En 1561, Catherine envoya au Mont[4] ses deux fils, Charles IX, âgé de dix ans, et Henri, qui fut Henri III : c'est le dernier des pèlerinages royaux jusqu'au dix-huitième siècle. Les huguenots étaient déjà si forts en Basse-Normandie, que le chapitre d'Avranches, en la même année, fit transporter à l'abbaye ses chartes, trésors et châsses saintes[5], comme si les Anglais eussent été encore dans le pays.

1. *Ut nomini suo respondeat* GENALIS, AD CULINAM *revertitur*. — Opera Calvini, t. VIII.
2. Desroches, t. II, p. 208.
3. Fils du Montgomery qui avait déjà blessé François Ier à la tête, en *jouant*.
4. Manuscrit de D. Le Roy, appartenant à M. V. Jacques, p. 254.
5. *Hist. du M. S.-M.*, par Fulgence Girard, p. 267.

II

Il y avait mieux ou pis que les Anglais ; il y avait Gabriel, comte de Montgomery, celui qui avait tué un roi par mégarde. M. Amédée Boudin, qui le peint comme un très beau soldat, dit qu'il « n'était bruit à la cour de France que de son habileté dans les joutes [1] ». Fâcheuse habileté certainement que celle qui consiste à tuer son roi dans une fête par maladresse ! Car aucun historien n'a dit qu'il y eût autre chose que maladresse ou furieux désir de briller dans le fait de Montgomery lors de la passe d'arme où mourut Henri II.

Il est des hommes funestes. Montgomery devint traître à Dieu parce qu'il avait mis à mort un roi. En effet, Cathèrine lui garda rancune pour le meurtre de son mari, ce qui est excusable ; et quand le père de Montgomery mourut, elle s'opposa à son envoi en possession de l'héritage de famille, injustice tout humaine, dont Montgomery se vengea en prenant parti contre le ciel. Il abjura en une heure de sauvage colère et sa route fut désormais tracée dans le mal. Avec le prince de Condé, Coligny et les deux autres Châtillon, également menés par la haine, il parvint à fonder une manière de république malsaine et dont tous les citoyens étaient des courtisans retournés à l'envers, au plein milieu de la monarchie.

En 1562, nous le voyons armer à ses frais un navire, l'*Espoir du Port*, pour faire la guerre aux catholiques que l'emphase de son jargon appelait les ennemis de Dieu. Sur terre, ses mirmidons mettent Coutances à sac. Retranché dans Pontorson qui était une de ses seigneuries, il se répand comme un fléau sur les abords du Mont Saint-Michel. Saint-James et Saint-Benoît-de-Beuvron sont ravagés terriblement, les images des saints sont insultées et brûlées : car l'horreur des saints est le caractère le plus voyant de la Réforme ; les vases sacrés sont volés, les ornements brûlés, les tabernacles violés. A Argouges [2] il y a de lâches massacres : l'abbé de Savigny, entre autres, est attaché à un poteau, comme cela se fait chez les Indiens Peaux-Rouges, et torturé jusqu'à la mort avec une savante lenteur. Ah ! notre ère était commencée ! Avranches, que la trahison a livrée [3], devient la proie des honteuses saturnales, et les carnages en arrivent à ce point que les cahiers de doléances présentés à Blois par les notables de

---

1. *Histoire généalogique du Musée des Croisades.* — Montgomery, p. 45 et suiv.
2. Chartrier de M. Guitou de la Villeberge.
3. Ms. du docteur Cousin, à la bibliothèque d'Avranches.

l'Avranchin portent le nombre des massacrés à *quatorze mille* dans le seul diocèse d'Avranches !

Il y eut un répit parce que les protestants de Rouen [1] appelèrent Montgomery à leur secours contre Matignon, envoyé enfin par le roi. Montgomery soutint le siège, puis se sauva sur l'*Espoir du Port*; Matignon et le duc d'Etampes reprirent Avranches et même Pontorson, ce repaire ; mais les garnisons qu'ils y laissèrent n'étaient point suffisantes, car, aussitôt après leur départ, Montgomery, sortant de terre, enleva Avranches et s'attaqua au Mont Saint-Michel : c'était le dragon même qui montrait les dents à l'Archange. Les moines orphelins s'émurent grandement. Ils avaient perdu de leur piété sous tant de mauvais abbés, mais il y a dans ce sanctuaire un vent surnaturel qui souffle la ferveur. Ils jurèrent pénitence autour des reliques exhibées de leur protecteur saint Aubert et devant la châsse où était le voile écarlate apporté du Mont Gargan. En outre, Pierre Toustain, prieur de Villamers, mit entre les mains d'un ange d'argent [2] le fragment de marbre sanctifié par l'apparition de l'Archange, et, en face de ces sacrés témoignages, la petite garnison de la forteresse fut bénie au pied de l'autel.

C'était encore un Du Boschage de Basternay [3] qui commandait au Mont ; il paraîtrait que la vaillance de cette poignée de combattants suppléa à la faiblesse de leur nombre, car Montgomery mit en usage tour à tour la ruse et la force ouverte ; ni l'une ni l'autre ne lui réussit. Après plusieurs assauts où il fut toujours repoussé, il dut se retirer et s'en vengea par de nouveaux et cruels ravages exercés dans l'Avranchin. Il recevait d'Angleterre des hommes, de l'artillerie, des munitions et de l'argent : ce fut là, dans tous les temps, la tactique favorite de nos voisins qui aiment, entre toutes, cette façon de combattre. Grâce à leur secours, Montgomery établit son terrible *régime* protestant dans presque toute la province. Il avait avec lui Théodore de Bèze, qui prêchait sur « l'utilité de l'argent ». Ses ouailles n'avaient pas besoin de cela : Montgomery en pillait partout. Ce Théodore

---

1. *Hist. de France*, par Garnier, t. XXX, p. 188.

2. *Cur. Rech.*, t. II, p. 57.

3. Le Chartrier de M. de Berenger de Treilly contient les noms des défenseurs du Mont à cette époque. C'était : Reney de Basternay, capitaine (chevalier) ; Guy de la Vairie, lieutenant ; Jehan de Percontal (Pracontal), Regnault de Quintel, Ymbert de Percontal, Richard de Percontal, Sanson Hérault, Gilles Courtault, Denys de Bordes, Julien d'Argennes, Jehan le Roy, Jacques de Tournet, Pierre Chesnay, Nicolas le Fort, Nicolas le Gay, Pierre Varambon, Balthazar Estires, Jehan Payen, Jehan Le Bu (ou le Bec), Jehan Benoist, Jehan Berthault, Julien Gaultier, Henry Le Febure, Michel Bechet, Gilles Le Febure ; en tout vingt-cinq combattants, dont un seul chevalier désigné comme tel.

de Bèze, un des prophètes les plus vénérés des mille sectes qui composent l'*Église* protestante, disait aussi : « Le dogme diabolique, *c'est la liberté de conscience* [1]. » Le nombre des naïfs qui croient encore au *libéralisme* révolutionnaire diminue de jour en jour.

La première guerre civile allumée par les huguenots fit relâche après la pacification dite d'Amboise qui donna des garanties inespérées aux réformés. Il est curieux de lire dans la correspondance du duc d'Albe [2] ce qu'il pensait de Catherine et de Charles IX à la suite de la fameuse entrevue de Bayonne où la Saint-Barthélemy fut *préméditée*, selon certains écrivains. Le duc d'Albe s'y plaint tout au contraire de la partialité de la reine-mère et du roi envers les révoltés ; c'était le sentiment de la France même et de l'Europe ; et l'histoire générale montre la cour sans cesse indécise, harcelée, épouvantée des crimes de la Réforme, mais penchant toujours vers les plus extrêmes concessions.

Et ce fut cette partialité même de la cour envers les huguenots qui exaspéra les multitudes catholiques. On ne doit pas oublier qu'il y avait eu, avant la nuit très funeste du 24 août 1572, beaucoup de Saint-Barthélemy protestantes, car la Réforme, organisée en société secrète, de l'aveu même de ses écrivains, se levait comme un seul homme à l'heure du mot d'ordre et frappait ses coups avec un ensemble formidable. Nous venons de voir une de ces Saint-Barthélemy hérétiques dans l'Avranchin ; il y en eut vingt autres et davantage et il n'en pouvait être différemment, puisque la doctrine nouvelle, prêchée dans toute la France, poussait au meurtre avec une franchise que nos journaux « avancés » peuvent imiter, mais non point surpasser.

Notre ère était commencée. La Réforme nous menait précisément là où nous sommes et les audaces de nos énergumènes actuels étaient déjà des lieux communs sous Charles IX. Le manifeste des calvinistes pour la révolte d'Amboise s'écriait (*Mémoires de Condé*) : « Il faut passer par les armes tous ceux qui enseignent la religion catholique. » Calvin lui-même ajoutait : « Il faut cracher sur la face des rois catholiques [3]. » Et le même Calvin : « Il faut tuer les Jésuites [4], ou si cela ne se peut faire *commodément*,... les écraser sous le mensonge et la calomnie ! » Calvin appelait Luther un *furieux*, Luther appelait Calvin un *misérable* [5] ; ils avaient

---

1. *La Saint-Barthélemy*, M. G. Gangy, *Revue des Quest. hist.*, t. I, p. 17.
2. *Collect. des Doc. inédits* (Papiers du cardinal de Granvelle), t. IX, p. 291 et suiv.
3. *Histoire de l'Egl. gall.*, t. XIX, p. 251, cité par M. G. Gandy.
4. Opusc. 17, Aph. 15 : De modo propagandi Calvinismi.
5. *Revue des Questions historiques*, *la Saint-Barthélemy*, par M. G. Gandy, p. 16.

raison tous les deux, comme ces chefs d'emploi de notre présente comédie politique qui échangeaient naguère des aménités analogues. Leurs extravagantes prédications, en provoquant ces Saint-Barthélemy protestantes qui baignèrent dans le sang des centaines de villes françaises, amenèrent la Saint-Barthélemy catholique, qui n'en fut que la très horrible et très sanglante revanche.

Il n'y avait point là préméditation ; il y avait provocation d'un côté, explosion de l'autre : le sang appelait le sang. L'effronterie dépassait toutes bornes ; Condé se faisait appeler Louis XIII ; Coligny, que le roi aimait tant, le laissait menacer publiquement par son Pardaillan en plein Louvre; Poltrot de Méré, dont le même Coligny n'était pas formellement le complice (c'est tout ce qu'on peut dire), avait tué Guise, l'idole de la population catholique ; tout Paris savait que le roi n'avait échappé que par miracle au guet-apens de Meaux; la boue chaude de la *Michelade*[1] n'avait eu le temps de refroidir ni à Nîmes, où le massacre fut hideux[2], ni dans les cinquante autres villes qu'un historien protestant[3] dit avoir été les victimes du même complot. En vérité, tout en déplorant du fond de l'âme ce grand deuil de la Saint-Barthélemy, on est bien forcé de le dire : il y avait assez de catholiques en France, comme la Ligue devait le prouver sous peu, pour qu'ils se comptassent à la fin et que, s'étant comptés, peuple, gentils-

hommes, reine et roi, l'excès de leur colère ou peut-être de leur terreur fit naître en eux la pensée de mettre fin à la violence par la violence.

Les deux partis, personne ne le nie plus, avaient le fer en main l'un

---

1. Nom d'une des plus sinistres entre les Saint-Barthélemy protestantes et qui fut appelée ainsi à cause de sa date, le 1ᵉʳ octobre, surlendemain de la Saint-Michel. (Mesnard, *Hist. de Nîmes*, p. 16 et s.)
2. Et assuré et régularisé sur listes de proscriptions mûrement dressées (*Id., ibid.*).
3. Ranke, t. I, p. 359.

contre l'autre. La question entre eux était à qui frapperait le premier. L'Italienne eut peur; elle frappa.

Aucun contre-coup de cette lugubre nuit ne se fit sentir autour du Mont Saint-Michel et il faut croire qu'on y jouissait alors d'une certaine tranquillité, car D. de Camps place à la même date le récit d'une tragi-comique bataille, qui peint énergiquement le trouble intérieur apporté dans les monastères par l'institution des abbés non soumis à la loi de résidence. Dans l'anecdote de D. de Camps, on voit le commendataire Le Roux d'Anort céder sa commende à Arthur de Cossé, qui aussitôt arrive au Mont « avec un orphèvre » pour *choisir* dans le trésor les objets les plus précieux. Malheureusement pour lui, Jean de Grimouville, bon gentilhomme aussi et prieur claustral, n'était point d'humeur à le laisser faire. Arthur de Cossé, de son côté, tint bon : « Avec son orphèvre [1], dit le continuateur de D. Huynes, il avoit fait marché pour la belle croce à dix mille escus et d'un grand calice d'or... et de plusieurs autres choses. Le prieur claustral s'opposa aux intentions de ce loup ravissant soubs le nom de pasteur... »

Par respect, nous ne raconterons point la scène telle que la donne tout au long D. de Camps. Un procès s'ensuivit: le commendataire fut condamné à restituer les objets enlevés, et le prieur trop leste de main dut se soumettre à une réélection, bien que sa charge fût à vie. Les moines le renommèrent à l'unanimité.

L'accalmie ne fut pas longue autour du Mont. La guerre venait pour tout de bon, puisque la Ligue allait naître. Charles IX était mort, laissant le trône à Henri III, et Montgomery, fait prisonnier à Domfront, avait eu la tête tranchée en place de Grève. La sentence qui le condamnait déclarait ses enfants « vilains et intestables ». En écoutant l'arrêt, il dit : « Soit ! S'ils ne sont pas assez forts pour se relever, qu'ils restent à terre ! »

Montgomery est le Barbe-Bleue de l'Avranchin, quoiqu'il eût saccagé et ruiné d'autres pays, notamment le Béarn [2]. Ses repaires en Normandie étaient Pontorson, Saint-Jean-le-Thomas et Tombelaine, où il faisait battre monnaie. La légende dit qu'il fit creuser un souterrain pour passer sous les grèves et s'embarquer à volonté. Ses chevaux étaient ferrés d'or et à rebours, de sorte qu'il « allait là d'où l'on pensait qu'il venait en suivant sa trace ». Les trésors immenses, produits de ses pillages, sont cachés, dit encore la tradition des matelots et pêcheurs, dans les anfractuosités des roches de Carolles, et Domfront est toujours « ville de malheur ». Son

---

1. Add. de D. de Camps, ap. D. Huynes, t. I, p. 270 et suiv.
2. M. G. Gandy, « la Saint-Barthélemy ». *Revue des Questions historiques*, t. I, pag. 44.

fils Jacques recueillit au pied de l'échafaud sa dernière parole de menace, et nous le retrouverons digne de lui.

Depuis 1560, l'illustre maison d'Estouteville, qui avait donné de si vaillants défenseurs au Mont Saint-Michel, était éteinte dans ses mâles et restait représentée uniquement par la princesse Marie, veuve en premières noces de Jean de Bourbon, en secondes noces de François de Clèves, et mariée pour la troisième fois, à vingt-quatre ans, à Léonor d'Orléans, duc de Longueville, comte de Dunois [1]. Elle aussi était digne de ses pères. C'était quatre ans après la Saint-Barthélemy, et la Ligue, glorieusement légitime en son principe, mais que devaient enfiévrer bientôt les mauvaises passions déchaînées, entamait la plus terrible de toutes les guerres civiles de ce siècle. Les enfants de cette race d'Estouteville suçaient avec le lait le dévouement à l'Archange fidèle. Un jour de la fin de mai en cette année 1576, un nombreux cortège fut signalé venant de Pontorson. Les sentinelles y comptèrent plus de trois cents personnes, et Jean de Grimouville, averti, fit prendre les armes à la garde de Saint-Michel, car il craignait une surprise.

Mais c'était au contraire un secours qui venait. Marie et sa suite, où il y avait nombre d'hommes d'armes, accomplirent dévotement leur pèlerinage, et quand la dernière descendante des Estouteville repartit le 18 juin suivant, jour de saint Aubert, sa suite se déroulait moins longue sur les grèves, car elle en avait laissé partie au Mont : assez de gens d'armes pour former toute une garnison catholique. Il était temps. Les huguenots entraient justement en campagne.

La bibliothèque du Mont possédait autrefois trois récits contemporains des faits de guerre qui vont suivre : le premier par Jan Le Mansel, « prebstre sæculier, secrétaire du chapitre et maistre des novices », qui eut « le col à demy coupé » lors de la première surprise, menée par le sieur de Touchet [2]; le second est un anonyme qui publia le « *vray discours de la surprise et reprise du Mont Sainct-Michel* », livret très rare [3]; le troisième est le poème de Jean de Vitel, écrit pour immortaliser le nom deux fois cher aux catholiques du héros de la Ligue en Basse-Normandie : Louis de la Moricière [4]. Nous allons voir que le titre de sa petite épopée, *la prise du Mont Saint-Michel,* est une ironie : « il n'y eut de pris que les preneurs ».

1. *Recherches historiques sur les sires d'Estouteville*, p. 18 et 19.
2. Le récit de Le Mansel a disparu de la bibliothèque du Mont à la Révolution. On en retrouve des citations dans les manuscrits.
3. Les bibliophiles normands l'ont réimprimé.
4. *La prise du Mont Saint-Michel*, publiée de nouveau par M. de Beaurepaire. — Avranches, 1861

Le jour de la Madeleine, 22 juillet 1577, presque tous les gens du Mont, religieux et habitants de la petite ville, étaient allés en procession à la chapelle de la Rive, près d'Ardevon, dès le lever du jour. A sept heures du matin, plusieurs petits groupes de pèlerins, conduits par les guides de la grève et semblant venir de loin, demandèrent à faire leurs dévotions à monseigneur saint Michel. Les gardiens de la porte n'eurent point de défiance ; ils exigèrent seulement le dépôt des armes apparentes, comme c'était la règle, et laissèrent entrer.

Les pèlerins avaient bon appétit et semblaient « joyeux peuple » ; ils déjeunèrent gaiement à l'hôtellerie de la Teste Noire, payèrent et *firent la monnoie* pour le prix d'une messe chantée au grand autel. On prévint les Pères restant au chœur et la messe, célébrée à neuf heures, fut entendue très dévotement ; après quoi les pèlerins, comme de juste, souhaitèrent de voir les « reliques et curiosités ». Pendant qu'on satisfaisait leur désir, une voix cria du couloir menant au cloître : « C'est à ce coup ! à mort ! à mort ! tue ! tue ! » et les prétendus pèlerins, soudain armés de bidets[1] et de dagues, obéissant à cette voix qui appartenait à leur chef, un certain Du Mesnil, officier de la compagnie huguenote du sieur de Touchet, de Domfront, se jettent sur les religieux dans le chœur même de la basilique en répétant : « Tue ! tue ! »

Le peu de religieux qui étaient là et les quelques servants ne s'attendaient guère à cette traîtrise sacrilège ; ils sont frappés tous à la fois : le sanctuaire s'emplit d'explosions, de hurlements et de fumée ; le sang coule de tous côtés ; le prêtre qui vient de chanter la messe est poignardé « à la poitrine et à la joue » ; le lieutenant de la place, Percontal (Pracontal), vieillard à barbe blanche, qui accourait au bruit, est terrassé et garrotté, et l'on force D. Robert de Romilly, gardien des clefs, le *bidet* sous la gorge, de les livrer toutes. Les *vainqueurs* alors sortent de l'église, se répandent sur le Saut-Gautier, attaquent, tuent ou blessent les rares défenseurs du corps de garde et crient ville gagnée.

Il ne restait plus qu'à prévenir le sieur de Touchet qui attendait à portée de vue avec le surplus de ses huguenots. Trois des faux pèlerins descendirent sur les remparts pour faire les signaux convenus en cas de victoire. De Touchet vit et traversa la grève à bride abattue ; mais ceux de la ville qui n'étaient point à la procession d'Ardevon n'avaient pas été sans ouïr le tumulte qui se faisait au monastère et les étranges pèlerins agitant leurs écharpes sur les remparts leur mirent martel en tête. Quand

---

1. Petits pistolets faciles à cacher.

ils virent par surcroît le sieur de Touchet et sa cavalerie accourir ventre à terre, tout le monde, hommes et femmes, se porta au pont qui fut relevé et la herse baissée. Une douzaine de vieilles arquebuses garnirent en même temps le parapet.

Les choses se gâtaient ; saint Michel ne voulait pas encore cette fois laisser faire le diable. Le sieur de Touchet, ainsi accueilli, dut tourner bride, mais en tournant bride il aperçut dans la direction d'Avranches une autre troupe de cavaliers dont le galop dévorait les sables ; il pressa le pas, non point à leur rencontre, et se sauva du plus vite qu'il put.

Pendant cela, nos faux pèlerins étaient les vainqueurs les plus embarrassés du monde. Du haut des remparts, ils voyaient très bien la déroute de leur capitaine et l'arrivée d'une autre bannière qu'ils ne connaissaient que trop pour appartenir à ce chevaleresque et redoutable champion de la vraie foi : Louis de la Moricière, seigneur de Vicques, enseigne de Matignon. Ils avaient été braves contre des moines désarmés ; en face de soldats ils essayèrent de s'enfuir ; mais, égarés bientôt dans le dédale de ces galeries inconnues, ils furent faits prisonniers piteusement par des valets et des blessés : ceux-là mêmes qu'ils avaient à demi assassinés tout à l'heure.

Il n'y avait rien que de très naturel dans l'arrivée de La Moricière, venant si fort à point. Il se trouvait en ce moment à son château de Lillemanière auprès d'Avranches, où un paysan était venu lui dénoncer la présence du sieur de Touchet, en embuscade[1] dans un bois à une ou deux lieues du Mont, avec des cavaliers. La Moricière prit vingt-cinq chevaux à Avranches, et comme il redescendait en grève, il vit les huguenots en retraite. Il n'eut qu'à se présenter ; les faux pèlerins savaient jouer du couteau, mais ils jetèrent leurs épées. La Moricière aurait voulu les épargner ; il n'était pas le maître : son chef, le lieutenant général, depuis maréchal de Matignon, arriva dans la nuit du 22 au 23. C'était le même généreux soldat qui avait demandé la grâce de Montgomery à Domfront et refusé d'accomplir la consigne de la Saint-Barthélemy, et néanmoins il fit trancher la tête des trois principaux assassins : ceux qui avaient versé du sang de prêtre sur les marches de l'autel.

1. *Hist. du Mont Saint-Michel*, Mgr Deschamps du Manoir, p. 164.

III

« Nous faisons de l'histoire », disait sans rire, dans la naïve surprise où il était de voir en ses mains l'autorité, un de ces augures comiques, mais tristes, qui nous ont gouvernés depuis trente ans. Folle et malheureuse histoire! A l'heure que nous racontons, la France « faisait du drame », taillant le roman historique et le grand opéra dans l'étoffe sanglante de son suaire. Notre époque a aimé cette mise en scène passionnément avant de chercher comme aujourd'hui la malpropreté de son plaisir dans le fumier dit *réaliste* où grouille, informe et infect, le ver de notre parfaite putréfaction. Bien des gens croient que c'est là le fond de notre honte, ils se trompent ; la chute de l'homme sans Dieu est indéfinie comme l'essor des saints : en politique nous avons su descendre plus bas que Marat ; en littérature, il y aura je ne sais quoi qui sera un progrès sur le ver et qui rampera dans un ferment dont aucune larve d'encre ou de fange n'a encore imaginé l'odeur.

En récompense de sa vaillante conduite, La Moricière de Vicques avait été nommé capitaine du Mont, où le cardinal François de Joyeuse avait remplacé Arthur de Cossé comme abbé. Sous la garde de son nouveau gouverneur, le sanctuaire, durant quelques années, jouit d'une tranquillité relative en attendant les terribles et derniers assauts que le protestantisme allait lui livrer.

La guerre des trois Henri commençait. Henri III était roi de nom, Henri de Guise se voyait roi de fait, Henri de Navarre, qui allait être Henri IV, avait déjà le bénéfice de sa conversion lointaine et la protection du dessein de Dieu. Dans la légende bretonne de Guy-Eder, baron de Fontenelle, on voit un ermite de Basse-Bretagne arrêter les soldats de Mercœur sous le *Mont Saint-Michel-de-la-Trinité* qui domine les pierres païennes de Carnac, auprès de Quiberon, et leur dire que « Monseigneur (saint Michel) a son homme en purgatoire », d'où rien ne l'empêchera de sortir. Henri IV était prédit jusque dans les chansons du dialecte de Tréguier. Au temps de mon enfance, cette idée de *purgatoire* appliquée au père des Bourbons, captif de l'hérésie, se retrouvait dans tout le pays de Fougères et au delà de Dol, où la Ligue a laissé tant de souvenirs. La croyance existait que « le diable à quatre », peu mystique pourtant de sa nature, avait une dévotion instinctive à saint Michel [1], même au temps où il était huguenot.

---

[1]. Feu M. de Kerdanet, qui a ajouté de si curieuses notes à la *Vie des saints de Bretagne* de D. Albert le Grand, avait un cantique (ou chanson) que je n'ai point retrouvé, et dont le refrain était : « Michel au roi porte la foi. »

Henri III, qui jouait pauvrement le vieux jeu de Catherine, penchait vers les protestants ; il s'enfuit de Paris devant Henri de Guise, vainqueur à la journée des Barricades. Ayant sacrifié ses favoris et proscrit ceux de la religion pour donner confiance aux catholiques, il convoqua les États à Blois où les deux Guise tombèrent assassinés. La colère de la Ligue fut grande. On traîna dans Paris les images d'Henri III sur des claies ; il demanda secours au roi de Navarre et mourut (1589) sous le couteau de Jacques Clément.

L'heure était bonne pour les fils de Montgomery, Jacques et Gabriel, qui avaient promis de venger leur père sur la forteresse, orgueil et honneur du catholicisme. Ils en profitèrent. Les annalistes du Mont donnent peu de détails sur ce nouvel assaut, accompagné de circonstances si curieuses ; nous en prendrons le récit chez le protestant Agrippa d'Aubigné[1] qui laisse voir bien malgré lui hors du nuage le bras protecteur de l'Archange.

Les deux Montgomery entretenaient des espions autour d'Avranches ; se trouvant au Pont-de-l'Arche avec le roi de Navarre, ils eurent vents d'une absence qui devait mettre La Moricière hors de sa place pendant quelques jours et partirent aussitôt avec cent chevau-légers et arquebusiers à cheval. Tout en arrivant, ils s'emparèrent de Saint-James-de-Beuvron par escalade et y combinèrent le perfide mécanisme de leur attaque.

Trois jours après, de grand matin, on vit s'engager en grève une cavalcade de damoiselles, honnêtement dressées (habillées) et qui semblaient être de bon rang. Elles se dirigeaient comme pèlerines vers le sanctuaire. En tête de leur compagnie marchaient en guides quatre pêcheurs.

Les deux principales de ces *pèlerines* étaient le huguenot Ravardière, très bien attifé et déguisé, qui allait en croupe de la Suze, et le jeune Corbouson (Montgomery) vêtu en pareil carnaval. Deux servantes suivaient, dont l'une était un Écossais nommé Treille et l'autre le chevau-léger Vilaines de Mirbolais. Enfin, Des Fossés, qui fut plus tard sergent-major à Metz, jouait le rôle de porte-respect. Pêcheurs, belles dames, soubrettes et majordome étaient tout cousus d'armes. A la porte on vint reconnaître ce bel équipage et personne ne conçut de soupçon. Des Fossés mit chapeau bas et dit : « C'est Mademoiselle de Saint-Auviers qui vient voir la dame de la Moricière pour avoir retraite en la ville à cause des gens de la religion qui font courses par tout le pays. »

En même temps les deux soubrettes essayaient d'entrer. Un soldat morte-

---

[1]. *Histoire universelle*. — Amsterdam, 1626, in-folio, t. III, l. III, ch. xvi, col. 309 et suiv.

paye voulut badiner avec l'une d'elles et lui toucha le menton. « Barbe il y a! » s'écria-t-il. Le menton appartenait à l'Ecossais Treille qui, voyant l'alarme donnée, planta le stylet de sa manche dans la poitrine du soldat. Aussitôt une mêlée générale s'engagea ; les damoiselles y allaient d'aussi grand cœur que leurs guides et serviteurs. En un clin d'œil toutes les mortes-payes furent hors de combat ; quelques blessés parvinrent à grand'peine à gagner, en suivant les remparts, le corps de garde situé sous le ravelin de l'abbaye et s'y barricadèrent ; mais on les en délogea, tandis que Corbouson et Ravardière restaient en bas, gardant la porte ouverte pour l'aîné de Montgomery qu'on voyait déjà courir en grève à la tête de ses arquebusiers et chevau-légers.

Tout n'est pas profit pourtant dans les mascarades ; un brave bourgeois de la ville basse se servit du déguisement des huguenots pour rendre courage aux habitants qui fuyaient, effrayés à la pensée surtout que La Moricière était absent. Ce bourgeois arrêta la déroute en criant : « N'avez-vous pas honte ? ce ne sont que femelles! » Il parvint à faire reculer Ravardière et Corbouson ; déjà même la herse commençait à descendre, quand Ravardière eut l'idée de pousser une échelle sous le râteau qui ne put ainsi toucher terre. Une étroite baie restait ; les gens de Montgomery y passèrent et le sac de la ville prise dura huit jours entiers, pendant lesquels tous les moyens furent tentés pour enlever aussi le château.

Cependant la femme et les enfants de La Moricière étaient dans la forteresse. Quand il reçut avis de la prise de la ville, il sut en même temps que les huguenots menaçaient de mettre tous les siens à mal s'il tentait le moindre effort pour les déloger. Il ne s'en soucia point, pas plus que de sa fortune qu'il jeta au vent pour expier son absence à l'heure du péril. Ce fut une armée qu'il réunit à ses frais : mille hommes, dit Agrippa d'Aubigné [1] ; mais comme il ne fallait pas songer à rentrer de vive force, lui aussi employa un stratagème.

Nous avons parlé déjà des *poulains*, ce système de cordes et de roues qui servait à monter les grosses provisions dans les celliers. La tour de guindage était située sous la Merveille, auprès de la chapelle Saint-Aubert. La Moricière parvint à s'y loger ; une fois là, il se mit en communication avec les moines qui déroulèrent les cordages. Les huguenots se moquaient du brave capitaine qui avait pris tant de peine pour conquérir une bicoque inutile où ils devaient le traquer dès le lendemain « comme en une fosse de loup » ; mais ils n'en eurent pas le temps. A l'aide des cordes, La Moricière

---

[1]. Exagération évidente, destinée à rendre la défaite des frères Montgomery moins honteuse.

se fit guinder jusqu'au rez-de-chaussée de la Merveille et, par la même voie,

Combat corps à corps dans l'unique rue du Mont.

ses soldats le suivirent deux à deux.
Alors eut lieu la mémorable sortie qui aurait suffi à laisser aux celliers

du Mont Saint-Michel leur nom de Montgomeries, s'ils n'avaient dû avoir sous peu un baptême autre et encore plus sanglant. Par le grand escalier dit le Gouffre, les défenseurs réintégrés de Saint-Michel prirent leur course et tombèrent sur ceux qui naguère étaient de si insolents vainqueurs. D'Aubigné avoue avec quelque tristesse que ses amis avaient bien essayé de faire des recrues dans le pays, mais ni gentilshommes ni vilains ne s'étaient montrés curieux de « loger Genève chez l'Archange ».

Les deux Montgomery et leur troupe eurent le temps de se mettre en armes, mais le choc de La Moricière fut comme la foudre. La bataille s'engagea dans l'unique rue du Mont pied à pied et corps à corps ; le sang roula en rivière du haut en bas du rocher, car chevau-légers et arquebusiers se battirent bien bravement et tombèrent sur place. Le crime des guerres civiles paraît plus grand quand il dévore ainsi des cœurs intrépides. Lorsque la barricade en pierres sèches qui défendait le milieu de la rue fut renversée, les Montgomery et quelques chefs capitulèrent sous un portail où ils s'étaient jetés. Gabriel, le cadet, parvint à s'évader ; Jacques rendit son épée à la Moricière qui le traita honorablement ; mais il n'en fut pas ainsi des « damoiselles », qu'on faillit pendre avec leurs soubrettes pour avoir *violé l'ordre de la guerre*. Il fallut de hautes influences pour les sauver.

Théodore-Agrippa d'Aubigné lui-même ne trouve rien de particulièrement héroïque dans le fait d'armes des frères Montgomery qui consista à ronger jusqu'à l'os une malheureuse bourgade, à faire tuer une cinquantaine de bons soldats et à implorer eux-mêmes la vie humblement ; mais il y avait une barricade, et c'est là l'histoire de toutes les barricades. En mémoire de leur très mince triomphe de huit jours, couronné par une verte humiliation, les Montgomery firent pourtant ajouter trois « coquilles de saint Michel » à leur écusson [1]. Les plaideurs du bon La Fontaine auraient pu aussi se composer un blason avec les coquilles vides de l'huître que l'arbitre avait avalée.

Par contre, l'escalade de La Moricière et sa vigoureuse sortie coururent dans les plaquettes qui étaient les journaux du temps [2]. Les protestants n'oublièrent pas, comme nous pourrons le voir, ce bon tour des cordes et des poulies, plus ingénieux en vérité que le carnaval des damoiselles.

---

1. *Hist. des Montgomery*, p. 48, 49.
2. Voir notamment *la Deffaicte des troupes du mareschal de Montmorency en Dauphiné* par M. de Vinces,... *ensemble la trahison découverte de Montgomery au Mont Saint-Michel*. Paris (1589), plaquette in-8.

La Moricière, sieur de Vicques, qui se battait toujours en avant du premier rang, fut tué l'année suivante à l'assaut de Pontorson où il était venu en aide à Philibert-Emmanuel de Lorraine-Vaudemont, duc de Mercœur, chef de la Ligue en Bretagne. Il mourut comme il avait vécu, dit D. de Camps[1], « combattant pour la cause de l'Église de Dieu ». Son corps fut rapporté au Mont en pompe et enterré par les moines avec de grands honneurs dans la chapelle de Sainte-Anne de l'Œuvre, avec son casque, sa lance et son guidon en trophée au-dessus du tombeau. Sa rondache était conservée à l'église de Huisnes, où le même D. Le Roy la « vist et soubspesa » ; il ajoute : « elle est excessivement pesante et lourde ; il faut croire que ce cavalier estoit grandement puissant ». Hester de Tessier, dame de la Moricière, fut inhumée à côté de son mari par « privilège d'honneur », et à la date de 1623, Jacques de la Moricière grand doyen de la cathédrale de Bayeux, institua une messe d'action de grâces qu'on chantait le 23 juillet, en souvenir de l'expulsion des huguenots qui avaient pris la ville, mais non le sanctuaire.

1. Ms. d'Avranches, n° 209, p. 142.

LIVRE TROISIÈME

LES SIÈGES

SOMMAIRE DU CHAPITRE CINQUIÈME

Les sièges protestants (suite). — Comment vint le nom de Montgomeries : le sieur de Sou deval, Boissuzé et les soixante-dix-huit. — Belle-Ile et Quéroland. — Le dernier siège. — La fin des Merveilles.

CHAPITRE V

I

La mort du vaillant capitaine fit lever le siège de Pontorson, et Mercœur, comprenant l'importance extrême du Mont Saint-Michel qui redevenait encore une fois le seul point de la basse Normandie non soumis à l'ennemi, pourvut à sa défense avant de rentrer en Bretagne. Il nomma pour gouverneur Jacques de Louvat, sieur de Boissuzé, qui soutint l'attaque la plus connue entre les innombrables assauts livrés au Mont, la seule, à vrai dire, dont le souvenir soit resté très populaire dans les campagnes de la côte, entre Granville et Saint-Malo. Ce fut du temps de ce Louvat de Boissuzé que les celliers formant le rez-de-chaussée de la Merveille gagnèrent définitivement et de la façon la plus tragique leur nom de Montgomeries.

Quatre sources anciennes fournissent les détails de cet assaut vraiment terrible : D. Huynes, D. Le Roy, D. de Camps et le manuscrit 13818, fonds latin, de la Bibliothèque nationale, traduit par M. V. Jacques dans son livre sur le Mont Saint-Michel [1]. Ce dernier récit, probablement contemporain, nous servira de fil conducteur.

Le cadet de Montgomery, Gabriel, comme nous l'avons vu, s'était sauvé, lors du brillant fait d'armes de La Moricière en 1589. Son frère Jacques (M. de Lorges), après être resté prisonnier pendant quelques mois, s'en alla se faire tuer devant Dol, et Gabriel, devenu chef d'armes, se jeta dans Pontorson qu'il défendit avec beaucoup de vigueur. Il y était quand La Moricière trouva la mort aux murailles. Le siège ne fut pas plus tôt levé que Gabriel de Montgomery, qui gardait rancune de sa récente et si dure défaite en la ville du Mont, songea à prendre sa revanche.

Celui-là ne croyait guère aux anges, quoiqu'il portât le nom du plus puissant de tous après le chef des milices célestes. Il se mit en rapport avec un mauvais homme, Picard ou Normand, du nom de Goupigny, qui avait été condamné à mort pour crime en la ville de Caen et qui était parvenu à s'échapper la corde au cou. Boissuzé n'était pas difficile quant au triage de ses recrues, et peut-être qu'il n'avait pas le choix.

Ce Goupigny s'étant présenté à lui, fut reçu au nombre des mortes-payes de la garnison. Il fit aussitôt connaître son entrée au Mont à l'un des lieutenants de Montgomery, enragé huguenot, le sieur de Sourdeval, qui lui promit deux cents écus d'or pour être introduit, lui et un nombre déterminé de soldats hérétiques, dans la place.

Le système de guindage appelé *les poulains* restait dans le souvenir de tous ceux que La Moricière avait si rudement tancés. Puisque la « roue » avait servi une fois, elle pouvait servir deux. Il fut parlé à Goupigny de la « roue » comme moyen de gagner son argent ; il accepta les deux cents écus d'or et promit de descendre les cordages.

Eut-il des remords ? ou l'idée lui vint-elle d'être payé deux fois ? L'un et l'autre ont été dits. Le fait certain, c'est qu'il révéla tout le plan à M. de Boissuzé, qui lui ordonna, sous peine d'être pendu, d'agir comme si le projet tenait bon. Ainsi fut fait, et l'on convint d'attendre le premier gros brouillard.

C'était bien la saison favorable, la fin des chaleurs, les semaines qui suivent l'équinoxe d'automne, on ne pouvait attendre longtemps. En effet, le matin de la Saint-Michel, 29 septembre 1591, un brouillard se leva si

---

1. Pages 67 et suiv.

épais que plus de deux cents hommes, en plein jour, purent traverser la grève, venant du hameau de Moidrey, sans être signalés par les guettes. Ils se massèrent en silence entre la chapelle Saint-Aubert et la tour du guindage, au lieu même où La Moricière et ses fidèles s'étaient cachés en 1589. Gabriel de Montgomery était là, le sieur de Sourdeval aussi, et Chasseguey, et plusieurs capitaines huguenots. Toutes choses se présentaient bien : il semblait que ce fût partie de plaisir.

On n'osait faire, il est vrai, aucun signal, de peur de donner l'éveil; mais Goupigny, les poches pleines, était là à son poste de trahison, car on entendit bientôt descendre les câbles des *poulains*. Le plus hardi huguenot monta ; on le vit disparaître dans le trou béant du cellier par où les provisions s'engouffraient d'ordinaire, et le silence se fit pendant que le câble doucement redescendait.

Il est aisé de se figurer que les huguenots avaient déjà perdu de leur gaieté. La nuit tombait ; ce silence était plein d'effroi. D'autres montèrent ; il y en eut soixante-dix-huit à monter, sans qu'un bruit quelconque permît à Montgomery et à sa troupe d'augurer ce qu'étaient devenus ceux qu'on avait vus disparaître ainsi. Pourtant, nul n'hésita, tant qu'il ne s'agit que des soldats ; mais les rangs commençaient à s'éclaircir audevant des chefs qui voyaient leur tour venir. Sourdeval interrogea Goupigny à voix basse et celui-ci répondit de même que tout allait au mieux. Montgomery, à demi rassuré, fit cette lugubre plaisanterie de demander *qu'on lui jetât un moine*, « car, dit-il, ceux qui étaient en haut étaient assez maintenant *pour besogner* ».

L'instant d'après, un moine ou quelque chose qui ressemblait à un moine tomba à ses pieds. « Moine vole ! » cria Sourdeval comme cela se dit au *jeu du pigeon*, et il s'élançait déjà vers la corde...

Jamais homme ne fut plus près de sa mort, car au bout de cette même corde voici ce qu'il y avait : derrière la baie ouverte du cellier la route était libre, mais dans l'autre salle, au delà de la porte épaisse, les soldats de Boissuzé étaient rangés à droite et à gauche, l'épée à la main. Le premier huguenot en entrant avait reçu un bâillon mouillé sur la bouche et dix épées dans la poitrine ; le second pareillement, et ainsi de suite soixante-dix-huit fois, sans qu'une seule parole eût été prononcée. Le manuscrit cité dit en rapportant cette horrible exécution qu'on « entassait les corps de ces malheureux en ordre, les uns sur les autres, comme bûches de bois dans le bûcher ».

Heureusement pour Sourdeval, Montgomery l'arrêta, quoique certes il n'eût point pu reconnaître dans l'obscurité profonde que le prétendu moine, si docilement précipité, n'était autre que l'un des huguenots mis à mort, qu'on avait désarmé et déguisé sous un froc.

Montgomery, à qui la prudence venait, déclara qu'il voulait voir un de ses soldats favoris, nommé Rablotière, qui était monté dès le commencement. Par hasard Boissuzé connaissait aussi ce soldat et avait ordonné qu'on l'épargnât ; il alla donc le chercher lui-même, lui promettant la vie sauve et sa fortune faite s'il voulait dire que le moustier était à sac pour engager les autres à monter. Mais ce Rablotière se trouvait être un homme de cœur ; aussitôt arrivé devant la roue il cria du plus haut qu'il put :

« C'est trahison ! c'est trahison ! » A quoi Montgomery, Sourdeval et le restant des huguenots, ne prenant point souci de répondre, se jetèrent à travers les roches pour reprendre « plus vistes que le pas » le chemin de Pontorson.

Dans les derniers temps de la maison centrale, on a retrouvé au bas de la Merveille les cadavres des huguenots qui durent être enterrés là cette nuit même. Boissuzé, personnage très sujet à caution, comme nous l'allons voir tout à l'heure, et que nous sommes bien éloigné de donner en exemple, laissa néanmoins la vie à l'intrépide Rablotière.

Certes, le meurtre de ces soixante-dix-huit soldats fut un acte de sauvage cruauté, mais il ne faut pas le porter trop bruyamment au compte des catholiques, car le sieur de Boissuzé ne servait la Ligue qu'en passant ; au bout de peu de mois nous le voyons trahir Mercœur et joindre les huguenots comme l'enfant prodigue revient à sa famille, et les protestants, qui n'étaient pas gens à scrupules, ne firent aucune difficulté à serrer cette main effroyablement sanglante.

Henri IV cependant gagnait de jour en jour du terrain, à mesure qu'il laissait voir l'attrait qui le menait vers la foi ; les vieux huguenots se défiaient de lui plus que les catholiques eux-mêmes en qui l'idée de légitimité, dont les racines sont si profondes chez nous, combattait la répugnance religieuse. Sauf ce mal d'hérésie qu'il avait gagné au berceau, il était LE ROI, il n'y avait point à cet égard deux opinions. La France n'aurait jamais accepté un maître protestant, c'est vrai ; mais ces maladies qu'on apporte en naissant se guérissent par la grâce de Dieu et d'un bout à l'autre de la France il y avait des prières publiques et privées, des jeûnes, des offrandes, des pèlerinages pour la conversion de celui qui était encore l'ennemi et qui allait être le père. Cette même année, Tombelaine fit sa soumission à **Henri IV. Le Mont** lui-même combattait toujours, mais il priait et ces battements d'ailes qui accompagnaient les « voix » de Jeanne d'Arc devaient bruire déjà mystérieusement sous la tente du fils de saint Louis, aïeul de Louis XIV, aux heures de solitude.

Cela fut dit en manière de raillerie par les huguenots qui s'écrièrent : « Voilà saint Michel parti pour Paris ! » quand ils virent disparaître un jour la statue d'or tournant sur son pivot et la pyramide qui la portait. Mais dans les chapelles du rivage, les enfants orphelins, les veuves et les mères harassées de pleurer leurs époux ou leurs fils enlevés par la guerre levaient les bras au ciel, et les pèlerins, bravant mille dangers pour traverser en procession les grèves, répétaient le naïf et pieux refrain du *Voyage de l'Archange* qui courait les campagnes : « Michel au roi porte la foi... »

Il y avait, hélas ! une façon plus naturelle d'expliquer la disparition de la resplendissante statue que tout le pays naguère admirait. « Le vingt-deuxième jour de mars (1594), dit un manuscrit[1], fust bruslée la piramide de la tour de l'esglise de ce lieu qui estoit la plus haulte du royaume, ensemble l'édifice du rond-point de ladicte esglise avec neuf cloches qui estoient dedans[2] qui furent fondues par négligence de La Chesnaye-Vaulouet, à cause qu'il ne voulut bailler les clefs de ladicte tour. »

Ce La Chesnaye-Vaulouet était le successeur de M. de Boissuzé, lequel, reprenant l'odieux rôle joué autrefois par Robert Jolivet, essayait toutes sortes de trahisons contre le Mont, aidé en cela par Goupigny, son associé sinistre dans le massacre des soixante-dix-huit soldats de Montgomery. Par deux fois, Boissuzé avait tenté la « sourde escalade » et s'était vu, la seconde fois surtout[3], bien près de réussir. Les gens du Mont, instruits d'une nouvelle menée qu'il tramait, firent une sortie et « le surprindrent, dit notre manuscrit, jusques en sa maison, où, comme il résistoit, le tuèrent ». Goupigny, mis à mort aussi dans Tombelaine, « alla rendre compte de ses abominables forfaits ».

Tout n'était pas fini, cependant ; la marche du roi vers sa conversion, les obstacles que les huguenots y mettaient, la bonne envie, au contraire, que les catholiques avaient de lui abréger le chemin, jetaient beaucoup de confusion dans cette guerre qui ressemblait déjà pour un peu à l'étrange écheveau politique embrouillé à l'âge suivant par les cardeurs de la Fronde. Les ambitions se gonflaient, la religion reculait au second plan, l'égoïsme se montrait à nu ; il était vraiment malaisé de se reconnaître au milieu des

---

1. Bibl. Avr., n° 213. Cet incendie, qui fut des plus considérables, est marqué comme étant le onzième.
2. V. aussi D. Le Roy, t. II, p. 95.
3. Add. de D. Camps, apud D. Huynes, t. II, p. 145.

broussailles de l'intrigue foisonnant de tous côtés, et il semble que le refrain de Bretagne avait raison de ne rien voir de grand, sinon saint Michel, dans cette cohue de petitesses. Saint Michel avait quitté sa tour ; penché à l'oreille du Bourbon, il lui parlait tout bas : au roi il portait la foi...

En son absence, voici que sa montagne, restée à la garde de la Ligue, va être envahie par des ligueurs en un sanglant, mais puéril combat, qui a couleur de roman plutôt que d'histoire. La Chesnaye-Vaulouet, brave gentilhomme et qui remplit sa charge sans reproches, était gouverneur de Fougères en même temps que capitaine du Mont. Quand il mourut, le duc de Mercœur ne jugea point à propos de réunir de nouveau dans la même main ces deux postes si importants, mais si distincts. Il choisit deux grands amis, Oreste et Pylade, dit un chroniqueur, Charles de Gondi, marquis de Belle-Isle, et Julien de la Touche, sieur de Quéroland : un Breton de Bretagne et un Breton d'Italie. Belle-Isle eut Fougères et Quéroland le Mont Saint-Michel.

A tort ou à raison, ces Gondi ont souvent passé pour gens de conscience élastique et pleins à déborder de leurs propres affaires. Pylade-Quéroland fut content de son lot, mais Oreste-Belle-Isle, non point du tout ; il garda rancune à son ami. On a supposé sans trop de preuves que son rêve était d'offrir le Mont à Henri IV pour *gagner* le bâton de maréchal de France.

Le 23 mai 1596, veille de l'Ascension, disent nos manuscrits montois qui rapportent très au long l'aventure, M. de Belle-Isle, venant de Fougères, se présenta aux portes de la ville en bel appareil, escorté par cent cinquante cavaliers-maîtres, et M. de Quéroland descendit tout de suite à sa rencontre, les deux bras ouverts. Il y eut des accolades échangées à foison et Quéroland ordonna que la suite entière de « monsieur son ami » fût *logée aux meilleurs endroits de la ville.* Belle-Isle refusa l'hospitalité qu'on lui offrait pour lui-même au château.

Le lendemain, avec ses cavaliers-maîtres sous les armes il se dirigea vers l'abbaye, dans l'intention, comme il le déclara, de visiter la place en sa qualité de gouverneur de la Basse-Normandie pour la Ligue, sans parler de sa dévotion à l'Archange qu'il voulait aussi satisfaire. Il trouva dans la barbacane Henri de la Touche, frère de Quéroland, qui lui fit accueil et rendit honneur. Seulement, à la vue d'une troupe si belle et nombreuse qui semblait une armée prête à en venir aux mains, Henri de la Touche pria M. de Belle-Isle qu'il voulût bien entrer « suivi de très peu de gens, à cause des ordonnances royaux dont la teneur estoit formelle ». Belle-Isle tomba d'accord, et La Touche fit aussitôt ouvrir la porte avec ordre à ses gens de la fermer derrière M. le gouverneur.

Quéroland arrivait de l'intérieur à cet instant par l'escalier du châtelet et se montrait joyeux d'une si amicale visite. A peine M. de Belle-Isle l'eut-il aperçu, qu'il feignit tout à coup de la colère et imposa silence de la main à la mousqueterie qui saluait son entrée. En même temps, comme les cavaliers-maîtres élevaient la voix, repoussés qu'ils étaient par le caporal de garde, selon l'ordre reçu, Belle-Isle se retourna plein de courroux, criant de grosse voix : « Mes gens entreront avec moi, ou avec eux je sortirai ! »

M. de Quéroland au désespoir criait de son côté : « Ouvrez, ouvrez donc, si c'est le souhait de monsieur mon ami. » Mais Belle-Isle tira droit au caporal, et lui reprochant d'avoir manqué au respect, il dégaîna contre lui et ainsi le tua raide. Presque au même moment, le frère de M. de Quéroland, le sieur de la Touche, tombait percé d'un traître coup et rendait l'esprit. « Alors, dit D. de Camps[1], tous les gens du marquis (de Belle-Isle) mirent aussi la main à l'espée et aux pistolets. » Le flot des cavaliers-maîtres poussa la porte entr'ouverte et les voilà tombant avec fureur sur la garnison qui venait de décharger ses armes en signe de réjouissance et qui d'ailleurs était bien loin de s'attendre à cette monstrueuse attaque dont l'histoire ne s'est pas autrement émue. Il est certain que la trahison est chose contagieuse ; on s'y fait. La multitude des vilenies, fruit de ces détestables guerres, laissait des miasmes dans les cœurs. Le meurtre devenait une habitude.

Nous devons faire remarquer pourtant que cette attaque d'un ami contre son ami, d'un supérieur contre son subordonné, d'un catholique contre un catholique, sans cause avouable ni prétexte, fut tout particulièrement acharnée et barbare. Le pauvre loyal Quéroland, qui n'eut d'autre tort que sa confiance, reçut à lui seul *dix-huit* blessures et fut poursuivi jusqu'au seuil de la basilique, où il entra pour tomber comme mort[2].

Ici le manuscrit cité de la Bibliothèque nationale s'éloigne de D. de Camps aussi bien que de D. Le Roy et nous le suivons pour un instant. « M. de Quéroland, dit-il, desja blessé de tous costés, se réfugia dans l'église où cinq soldats vinrent relier avec luy, et, sçachant bien que la victoire est à Dieu, se prosternèrent en terre, suppliant sa divine majesté *d'envoyer une trouppe d'anges...* puisque ce sainct lieu estoit consacré en l'honneur

---

1. Add. ap. D. Huynes, t. II, p. 147 et suiv.
2. Outre les soldats (mortes-payes) les manuscrits citent comme ayant été tués dans cet ignominieux guet-apens, le sieur de la Ville-Halé, gentilhomme du pays de Dol ; Henri de la Touche, sieur de Campequel, écuyer, frère de Quéroland ; Jean Gaigne la Masure, Michel Langevin, Guill. Gesorin, Rich. Mahié, les sieurs de la Beslière et de la Fontaine, etc.

du glorieux saint Michel et de tous les esprits angéliques, qu'ils vinssent au deffaut des hommes, le deffendre et le proteger... » Or, il est vrai que les anges ne vinrent point, mais la prière monta aux pieds de Dieu, car la fin de l'histoire racontée de façon uniforme par tous les auteurs présente une péripétie tout à fait inexplicable. D'abord les gens de Belle-Isle ne franchirent point la porte de la basilique quoiqu'elle fût ouverte; ensuite les servants du monastère et, dit-on, les religieux eux-mêmes, armés de otut ce qui peut faire arme, se rangèrent en bon ordre sur le Saut-Gauthier et *marchèrent en avant*, guidés par les cinq soldats auxquels se joignit l'écuyer de Quéroland. Il ne s'agissait pas de vengeance. Cette poignée de combattants, dont l'apparence était faite pour exciter la risée et la compassion, ne voulait pas que le sanctuaire de saint Michel fût pris, voilà tout. Ils allaient, faibles, mais pleins d'espérance, contre toute une cohorte de fiers soldats couverts d'acier, et Quéroland, incapable de se tenir debout, les suivait en se traînant sur les mains.

Que pouvaient-ils faire ? Ils avaient prié le Prince du peuple de Dieu, ce CAVALIER VÊTU DE BLANC qui allait autrefois devant le petit bataillon de Judas Machabée marchant contre l'immense armée d'Epiphane ; ils avaient appelé saint Michel au secours de sa maison. Saint Michel était là, quelque part, car ce n'est pas un combat qui nous reste à raconter, c'est l'exécution d'un arrêt.

L'écuyer, qui descendait le premier et « à qui personne ne barra le passage », fit feu de son pistolet quand il fut tout près de M. de Belle-Isle ; la tête de ce très puissant homme fut fracassée dans son casque. « Il tomba comme gibier à la chasse. » Ses lieutenants, le sieur de la Ville-Basse, le vicomte de la Vieux-Ville et Ville-Valette, ne songèrent ni à le défendre, ni à se défendre ; *on les fit prisonniers* et les cavaliers-maîtres, saisis d'une panique dont on cherche en vain la cause, sautèrent sur leurs montures pour se disperser à travers les grèves. Ainsi point de miracle; nul n'a jamais dit qu'il fy eût miracle; mais prions saint Michel, opprimés que nous sommes sous le pied d'un implacable vainqueur.

Nous aussi, nous avons laissé par confiance et par surprise l'ennemi entrer dans nos maisons ; nous aussi, nous sommes couverts de blessures ; prions saint Michel, et au-dessus de saint Michel la Vierge immaculée, et au-dessus encore le Cœur divin de Jésus. Le cavalier vêtu de blanc ne se montre pas tous les jours, mais tous les jours les sages de ce monde s'émerveillent en voyant la faiblesse du juste percer sa route au plus épais de l'impossible, et combien de fois ceux qui sont encore tout jeunes n'ont-ils pas eu déjà pitié de l'impie couché dans la poussière !

Si jamais mort d'homme mérita peu d'être vengée, ce fut celle de Charles de Gondi, marquis de Belle-Isle, et pourtant le fidèle souvenir de sa femme, la belle Antoinette d'Orléans-Longueville, greffa une autre tragédie sur la honte de ce drame. Là, du moins, ce fut le crime d'une âme noble, un instant égarée, expié plus tard dans la prière et dans les larmes. Antoinette d'Orléans apprit la fin violente de son mari par un de ces aventuriers (dans le genre de Goupigny) qui allaient d'un camp à l'autre, colporteurs et marchands de leur propre conscience. Il avait nom Nicolas[1] le Mocqueur, sieur des Vallées, et, pour quelque méchante raison sans doute, se faisait appeler le Houx. La conduite généreuse de Quéroland fut travestie et la veuve du véritable assassin, qui était Belle-Isle lui-même, ne rêva plus que vengeance. Le Mocqueur traita de cette affaire et la prit à forfait ; il revint au Mont, où ce vrai chrétien de Quéroland, pardonnant tout, la trahison, ses blessures et le meurtre de son frère, avait fait à Gondi, l'ami de sa jeunesse, de nobles funérailles.

Il n'était pas difficile de s'introduire auprès d'un pareil cœur, il suffisait de s'avouer malheureux. Nicolas le Mocqueur se présenta comme un pauvre gentilhomme, persécuté pour quelque fredaine de guerre, et fut accueilli à bras ouverts ; pendant deux années entières, il se réchauffa « dans le giron du bon capitaine », en attendant son heure. L'heure vint et la vipère mordit. Une fois que le bon capitaine était sorti à pied sur la grève pour faire la conduite à quelque visiteur, car il était la simplicité même, Nicolas le Mocqueur monta son propre cheval, prit ses propres pistolets et les lui déchargea dans la nuque « à la vue de toute la place du Mont ».

Il put s'enfuir ; on le condamna à être roué vif, mais il eut le temps de toucher le prix de sa besogne, car il ne fut pris que sept ans après, « en la ville de Paris, et exécuté à Coutances[2], le 6 juillet 1606 ».

A la fin de son récit qui diffère très peu du nôtre, D. de Camps ajoute : « Il (Quéroland) fut enterré dans une chapelle, proche la tour de cette église, auprès de son frère (celui que Belle-Isle avait tué). Il ne laissa qu'un seul fils, Pierre de la Touche, alors âgé seulement de trois mois et demi, depuis conseiller au parlement de Rennes, lequel nous envoya en ce Mont Saint-Michel toute cette histoire bien au long, l'an 1639, qu'il a tirée des originaux et procez-verbaux qu'il a chés luy[3]. »

Antoinette d'Orléans-Longueville, veuve du marquis de Belle-Isle, se

---

1. D. Le Roy dit « Thomas ».
2. Add. D. de Camps, ap. D. Huynes, t. II, p. 150.
3. Add. D. de Camps, ap. D. Huynes, t. II, p. 150.

repentit. Elle prit le voile aux Feuillantines de Toulouse, devint coadjutrice de l'abbesse de Fontevrault et fonda la congrégation du Calvaire. En 1618, elle mourut en odeur de sainteté[1].

Le récit de ce dernier assaut et de ses suites singulières nous a entraînés hors des dates. Henri IV était sacré roi de France depuis le 21 mars 1590. Trois ans après, Mercœur avait fait sa soumission au père des Bourbons, devenu catholique, et quand le Mocqueur assassina Quéroland, le Mont de l'Archange et son capitaine étaient déjà rendus à la défense de l'autorité deux fois légitime, selon la loi divine et selon le droit humain.

« Voilà donc, s'écrie le chroniqueur dans sa joie de Français et de catholique, voilà donc le Mont délivré de ses agresseurs ! Il demeure fixe et stable, et plus splendide que jamais... N'est-ce pas chose estrange que depuis neuf cents ans en ça et plus, la place de Sainct-Michel n'ayt jamais esté réduicte ?... Pour moy, je ne voy rien de plus admirable ni qui fasse mieux cognoistre combien Dieu a ce sainct lieu pour aggreable. Gloire à lui... » Et il répète ailleurs : « Gloire, gloire, gloire à luy, seul auteur et maistre de tant de merveilles ! »

Nous n'avons point parlé du cardinal-abbé de Joyeuse. A quoi bon ? Les abbés, en vérité, depuis Robert Jolivet, avaient plus nui que servi au dessein de Dieu qui, du haut de la montagne élue, épandait le mystérieux *Sursum corda* comme un souffle de vie invincible dans l'agonie des guerres étrangères et civiles, au plus profond des angoisses de la patrie. L'Ange en ces derniers jours avait mené tout seul sa longue et victorieuse bataille, supérieur direct de ses religieux et commandant immédiat de ses soldats.

Il pouvait remettre au fourreau l'épée miraculeuse prêtée un jour à Jeanne d'Arc, puisque sa merveille suprême et la plus éclatante était accomplie : le cher ennemi de Rome avait reçu le pardon et la bénédiction du pontife romain. La France catholique avait vaincu ; la fille aînée de l'Église retrouvait son Roi très chrétien.

C'est la fin de l'épopée surnaturelle qui plana au-dessus des événements de ces siècles et notre œuvre touche à son terme ; mais l'Archange, prince du peuple de Dieu, avant de replier ses ailes (non point pour toujours), fendit l'air encore une fois, si l'on en croit le *Théâtre d'honneur et de chevalerie* qui parle ainsi[2] : « En cette heureuse journée (de l'entrée à Paris, 22 mars 1594) Henri le Grand, IV° du nom, rendant grâces à Dieu

---

1. *Hist. du M. S.-M.*, Mgr Deschamps du Manoir, p. 177.
2. Favyn, t. I, p. 612.

dans l'église de Notre-Dame... par toute l'assistance en indicible nombre,

Saint Michel se tenant à côté de Henri IV en l'église de Notre-Dame de Paris, le 22 mars 1594.

près de Sa Majesté fut VU SAINT MICHEL ARCHANGE, GARDIEN DE LA FRANCE (en façon d'un jeune enfant, signalé par excellence en beauté et revêtu de blanc, ainsi qu'ordinairement les peintres nous dépeignent les anges), qui, tout le long de la cérémonie, se tint au côté droit du roi, et, icelle finie, disparut aussitôt, sans que l'on pût savoir quelle route il avoit prise, dont

Croix de Saint-Michel.

le roi qui l'avoit fixement contemplé tout le long de la messe, fut espris en son cœur de telle réjouissance,... qu'il dit tout haut : « *Nos ennemis sont bien perdus, puisque Dieu nous envoie ses anges à secours...* »

Mieux que personne, le Français par excellence, Henri de Bourbon, pouvait reconnaître le messager céleste qui, selon la légende de nos rivages de l'ouest,... « AU ROI PORTAIT LA FOI ».

LIVRE TROISIÈME

LES SIÈGES

SOMMAIRE DES DERNIÈRES PAGES

Décadence : un abbé de cinq ans. MM. les Anciens et la Congrégation de Saint-Maur. D. Jean Huynes. — Le Vœu de Louis XIII et le berceau de Louis XIV. La naissance de Marguerite-Marie. — Charles X, Louis-Philippe et la cage de fer. — 1790, profanation, les prêtres captifs. — La maison centrale. — Le Mont Saint-Michel restauré et rendu au culte. — L'avenir.

DERNIÈRES PAGES

Le titre même de notre livre marque sa fin à l'heure où Dieu cesse d'opérer au Mont Saint-Michel les *merveilles* sensibles qui ont abondé jusqu'ici dans son histoire. Il semble qu'une étape de la marche divine soit parcourue. La France a frayé son providentiel chemin des Mérovingiens aux Bourbons dont le règne commence. Nous avons vu nature dans un miracle le sanctuaire de protection au faîte duquel les ailes de l'Ange, largement éployées, devaient abriter l'acte de Dieu par les Francs; nous avons traversé ensemble la permanente merveille de ses annales; nous avons vu jaillir du roc et monter et s'épanouir le prodige de ses murailles, immense joyau où l'art a communiqué à la pierre le prix de l'argent et de l'or; nous avons laissé notre propre étonnement à compter les triomphes de sa poignée de défenseurs, moines et chevaliers, soit contre l'Anglais ennemi, soit contre le Français, hélas! déchu et déshonoré par l'apostasie; c'est la même lutte du premier au dernier jour: le révolté d'un côté, le fidèle de l'autre; le dragon vaincu, l'ange vainqueur.

Et nous avons suivi le vol de cette protection surhumaine à travers l'espace et le temps, à Reims pour le baptême de Clovis, à Saint-Pierre de Rome pour le couronnement de Charlemagne, au désert pour le testament de saint Louis, en Lorraine pour la vocation de Jeanne d'Arc, à Notre-Dame de Paris pour l'action de grâces d'Henri le Grand et de la France. Il semble qu'il n'y ait plus besoin de miracles : non pas que ce doive être le repos, le repos n'est pas sur la terre, mais nous pourrons croire un instant que nos prospérités fleurissent d'elles-mêmes ; le germe en est jeté : nous aurons Louis XIV, Condé, Bossuet, Corneille, et nous aurons l'apparence d'unité de foi, jusqu'aux heures prédites où, le comble de la faveur engendrant l'excès de l'ingratitude, l'idée même de Dieu chancellera, chez nous d'abord, puis dans l'univers, las de tous les trônes et de tous les autels.

Alors il ne s'agira plus de la France, mais du monde, dans l'assaut de l'enfer escaladant le ciel, et l'Église, restée seule debout, entendra, fût-ce au fond des catacombes, la voix puissante qui crie le « Qui est comme Dieu ? »

Dans ces luttes cependant, qui sont entamées et se poursuivent sous nos yeux, saint Michel ne sera plus l'unique champion de la foi, car l'Église chante en sa douleur sereine : « Cœur immaculé de Marie, priez pour nous ! » et surtout : « Cœur très sacré de Jésus, ayez pitié de nous ! » Les dévotions élèvent leur niveau en même temps que le danger monte, et le dessein de Dieu, qui est éternel, a l'air parfois de naître tout à coup quand il découvre seulement de siècle en siècle les lointains jusque-là mystérieux de ses immuables étendues...

Ce sera désormais un coup d'œil très rapide que nous jetterons sur notre chère montagne au moment de la quitter. L'abbaye était sortie de ces guerres toute blessée et meurtrie, non seulement dans ses murailles qui menaçaient ruine, mais aussi et principalement dans la piété de ses religieux. Le règne des abbés commendataires, sorte de Bas-Empire, avait relâché la règle et introduit le calcul mondain : égoïsme et paresse. Quelques âmes, parmi ces malheureux moines destitués de supérieur, restaient fermes au service du chœur, à l'heure où Henri de Lorraine de Guise, enfant de *cinq* ans, fut nommé abbé pour succéder au cardinal de Joyeuse. Le pape Paul V ne consentit à cette installation que pour assurer à la communauté mourante de puissants protecteurs et, par le fait, le duc et la duchesse de Guise s'étant adressés au P. de Bérulle (depuis cardinal), celui-ci mit au Mont pour gérer la commende de l'enfant-abbé un homme de vrai mérite, le docteur en théologie Gastaud, qui ne recula pas devant la rude tâche d'y opérer les plus urgentes réparations matérielles et morales. « Cet auguste monastère, dit D. Huynes, n'avoit plus aucune apparence d'un lieu d'ordre. Les lieux réguliers estoient ouverts à toutes sortes de personnes, hommes et femmes, la plupart des logements sans portes ni fenestres... » D. Huynes dénonce ce qui était bien pis, « l'office divin presque délaissé, n'y ayant que trois ou quatre pauvres moines qui assistoient au chœur, les aultres.... menant pour la plus part une vie indigne mesme d'un simple séculier... »

Le P. Gastaud, après avoir fait tenir au duc de Guise un état des réparations nécessaires qui montait à plus de 30,000 écus, parla de la réforme, plus indispensable encore, et proposa la règle de l'Oratoire, dont il était. MM. *les Anciens*, comme on commença dès lors à les appeler, tant on se tenait certain de les voir sous peu remplacés, s'y refusèrent. On songea alors à des bénédictins anglais, établis à Saint-Malo, qui furent également repoussés. Enfin, D. Anselme Rolle, de la Congrégation de Saint-Maur,

Le Cloître.

nouvellement établie, mais qui avait réformé déjà nombre d'abbayes, étant venu en pèlerinage au Mont, eut cette vision que « Dieu seroit servi en ce lieu saint par les religieux de sa Congrégation [1] ». Et après des négociations très longues et bourgeoisement menées, cela eut lieu ainsi, moyennant « qu'on baillast à chacun (de MM. les Anciens) pension pour vivre le restant de leurs jours [2]. » Le duc de Guise prévenu et agissant toujours pour son fils, le trop jeune abbé, demanda des sujets à Corbie, où se tenait le chapitre général de la Congrégation, et sans retard douze religieux furent envoyés. Le premier prieur de la nouvelle règle fut D. Ch. de Molleville, « vénérable homme de Dieu », selon D. Huynes; sous le second, D. Placide de Sarcus, fut écrit l'ouvrage du P. Feuardent, l'*Histoire de la fondation de l'église et abbaye du Mont Saint-Michel-des-Miracles*. On n'avait point encore de livre imprimé pour les pieux visiteurs, et

---

[1]. *Histoire manuscrite de la congrégation de Saint-Maur*, Ms. de la bibl. du grand séminaire du Mans, t. I, p. 157.

2. *Cur. Rech.*, t. II, p. 129.

celui-ci, qui eut en peu de temps quinze éditions, rendit un très grand essor aux pèlerinages.

Ce furent, comme nous l'avons déjà dit en décrivant les divers étages de la Merveille, les bénédictins de Saint-Maur qui mirent leurs dortoirs dans le réfectoire de MM. les Anciens. Je reviens sur cette assertion, parce qu'elle m'a été assez vivement reprochée, et je la confirme avec de nouvelles preuves à l'appui. D. Le Roy, le chroniqueur qui traite surtout la question d'architecture, dit en effet : « Cette année-là (1629), Pierre Béraud, sieur de Brouhë[1], fit parachever les deux dortoirs subalternes *dans le grand réfectoire*[2]. » D. Huynes n'est pas moins précis[3], et D. Le Roy ajoute en parlant de la magnifique salle qu'on s'obstine à nommer le *réfectoire des moines*, c'est-à-dire, bien entendu, le réfectoire des *anciens* : « Dans la grande salle de dessoubs (qui servait autrefois de plomberie), il y fit accomoder le réfectoire. Item, il fit faire tous les degrez par où on monte du réfectoire aux dortoirs... et pour cet effet, il fit percer UNE VOULTE[4]. »

Je confesse que j'aurais quelque peine à me repentir d'avoir regardé ces indications comme suffisamment claires et concluantes. La *voûte percée* et les *degrés construits* par les bénédictins de Saint-Maur me semblent démontrer assez bien qu'avant eux il n'y avait là qu'une voûte et non point des degrés, puisqu'ils firent faire les degrés et percer la voûte

En 1631, l'enfant qui devait être le grand Condé, Mgr Henri de Bourbon, vint en pèlerinage au Mont et « logea deux jours en l'hostellerie de la Lycorne ». Il fut suivi de près par le supérieur général de la congrégation de Saint-Maur, D. Grégoire Tarisse, le maître des Mabillon, des Montfaucon et des plus illustres savants du dix-septième siècle. Deux ans plus tard, le 16 octobre 1633, arriva comme simple religieux le futur auteur de l'*Histoire générale du Mont Saint-Michel*, D. Jean Huynes, à qui nous avons fait en ces pages des emprunts si répétés. A peine sait-on qu'il venait de Picardie ; il n'a jamais rien dit sur lui-même. Une pierre où est marquée la date 18 août 1651 indique sa sépulture « en la chapelle de Nostre-Dame, à Saint-Germain-des-Prez », la grande abbaye qui abritait aussi Mabillon. Pendant que D. Huynes racontait le passé, il n'y avait plus rien dans le présent, sinon d'inutiles et interminables contestations entre les

---

1. C'était le mandataire du duc de Guise.
2. *Cur. Rech.*, t. II, p. 173.
3. T. II, p. 207-208.
4. *Loc. cit.*

prieurs de Saint-Maur et les évêques d'Avranches. Le très fatigant récit en est bien où il est : nous l'y laissons.

Le jour de l'Assomption, en l'année 1638, sous le priorat de D. Jeuardac, il y.eut pourtant un grand réveil de piété. On célébrait pour la première fois la procession du vœu de Louis XIII. Le Mont Saint-Michel tressaillit profondément à la voix royale qui mettait la France sous la tutelle de Marie. On fit écho à cette voix de toutes parts, et au-dessus des rogations puissantes que la patrie épandait comme un flot, vogua bientôt, nef heureuse et glorieuse, le vœu exaucé, le don de Marie : le berceau de l'enfant Louis XIV !

Nous disions au précédent chapitre, en parlant des excès qui marquèrent la genèse protestante : « Notre ère était commencée. » Nous le répétons ici en traversant ces jours, non pas apaisés, mais glacés, où la mode en théologie était de fouiller l'Evangile et la doctrine pour y trouver prétexte à s'éloigner de Dieu. Le protestantisme n'avait pu tuer la foi, il revenait sous un masque et s'attaquait à l'amour, qui est la fleur et le fruit de la foi. A l'heure du vœu de Louis XIII, Jansénius, autre Calvin très diminué et hypocrite, tendait en trappe avec le haineux Saint-Cyran le système des calomnies, destinées à supprimer ces soldats du vaillant amour, les jésuites, dont le nom devient plus éclatant et plus vénéré à mesure qu'on essaye de le salir davantage. Les jésuites étaient la « dévotion », c'est-à-dire l'expression même du dévouement à l'œuvre du salut des hommes dans la voie et sous l'autorité de l'Eglise, par conséquent la charité élevée à sa plus chrétienne puissance. Ce monstre que Molière allait peindre d'après nature, le janséniste, TARTUFE, établissait déjà dans l'ombre le jeu de bascule qui devait, aux yeux aveuglés du siècle, retourner les rôles comme au Calvaire et mettre l'écriteau d'égoïsme au front du sacrifice.

Et les saints manquaient. C'était le premier effet de la nouvelle sagesse judaïque. Le génie de Richelieu frappait les grands coups qui ouvrirent au grand règne son chemin large et droit, mais il n'y avait plus de saints On eût dit que l'âge précédent, si magnifiquement fécond, en donnant à l'Eglise Ignace de Loyola, Stanislas Kotska, François Xavier, François de Borgia, Jean de Dieu, Thérèse et jusqu'en ses derniers jours François de Sales avec Vincent de Paul, avait épuisé la source héroïque. La moisson des saints ne mûrit pas sur ce terrain des subtilités d'école, arides et sans amour, où l'orgueil du faux savoir, lésinant vis-à-vis de la charité infinie, défend pied à pied, discute mot à mot, marchande sou à sou le taux du tribut de gratitude, de tendresse et d'obéissance que le monde racheté doit à son Rédempteur.

Il n'y a rien sur la terre de plus misérable que ce *parlementarisme* défiant ramassant des chicanes prétendues théologiques pour opposer leur étroitesse à la générosité sans bornes de Jésus-Christ. Ces procédures ont une malsaine odeur qui monte en miasme jusqu'aux sommets de l'esprit humain. Un jour, la pensée de Pascal peut en être infectée, et il faut une grâce spéciale de la Providence pour en préserver le génie même de l'immense chrétien Bossuet !

Crypte de la Vierge noire.

Le vœu de Louis XIII, accueilli avec un enthousiasme prophétique, venait au début de la maladie et fut le premier symptôme de secours. Saint Michel n'y apparaît point, sinon comme notre intercesseur naturel. L'antique patron des Francs est le chevalier de Marie. Au chevet du fils d'Henri le Grand que Louis le Grand allait avoir pour père, l'ange de la patrie laissa tomber peut-être une parole de conseil. Le roi de nos gloires valait une pareille origine. Et quand germa, quelques années plus tard [1], cet autre secours d'une supériorité incomparable, le vivant grain de sénevé qui allait « aider l'E-

---

[1]. La bienheureuse Marguerite-Marie, de la Visitation, qui fut la première zélatrice efficace du culte spécial rendu au Cœur très sacré de Jésus, vint au monde le 22 juillet 1647, au village de Vérosvres, en Bourgogne.

glise » à restaurer en nos âmes, plus fervent que jamais, le *culte de l'amour*, ils devaient être deux, Marie et son chevalier Michel, pour présider en un hameau perdu de la Bourgogne, « du côté de Jeanne d'Arc et du soleil levant », à la naissance de l'enfant, humble par sa vie, humble par sa mort, humble par son nom, Marguerite Alacoque, dont l'impiété a fait l'objet favori de ses risées, mais qui avait pour mission d'inaugurer, à deux siècles de distance, la grande œuvre de nos expiations modernes.

Sous la prélature d'Henri de Lorraine, devenu majeur, eut lieu la fameuse révolte des *Nu-pieds*[1], occasionnée par les impôts sur le sel. Leur chef, Jean Quétil, écuyer, sieur de Ponthébert, parvint un instant à se retrancher dans la ville du Mont[2].

Henri de Lorraine lui-même prit bientôt part à une rébellion plus importante qui liguait le comte de Soissons, le duc de Bouillon et la reine-mère contre le cardinal de Richelieu. Sa retraite en Espagne, après la bataille de la Marfée, lui fit perdre sa commende qui fut donnée au frère de Cinq-Mars, Jean d'Effiat, lequel tomba peu après en disgrâce, par suite de la condamnation du favori. Jacques de Souvré, de l'ordre de Malte, « homme de haute naissance, grande vertu et prudence », lui succéda (1642) et en agit noblement avec ses moines. Par son crédit, il apaisa la querelle qui menaçait de s'éterniser entre l' « ordinaire » et la communauté, et mit à la raison assez rudement un fils de la maison ennemie de saint Michel, le huguenot Jacques de Montgomery-Lorges, qui recommençait en petit les méchants exploits de ses ancêtres. Il ne faut pas croire que les huguenots eussent baissé pavillon tout à fait ; après le gouvernement à la fois despotique et burlesque du sieur de la Chastière, qui commandait la garnison du Mont lors de la disgrâce de Fouquet[3], « un nommé Pascal de Cougnes, huguenot de Montpellier[4] », eut un instant la garde militaire de la maison de l'Archange, au céleste patronage de qui, cependant, Louis XIV attribuait si hautement ses victoires[5].

Quoiqu'on fût encore assez loin du dix-huitième siècle, la peste des « petits abbés » commençait. D. Le Roy raconte qu'un matin de mai, en 1648, M. l'abbé de Savigny, de la maison de la Vieuville, se présenta avec sa suite. « Au lieu d'avoir l'habit blanc et le scapulaire noir de son patri-

---

1. Voir *Recherches sur l'affaire des Nu-pieds*, par M. A. Laisné.
2. Voir le *Diaire du chancelier Séguier*, publié à Rouen, *passim*.
3. Nous renvoyons ceux qui seraient curieux de connaître les pauvres détails de cette aventure, digne de Scarron, au récit de D. Estienne Jobart, *apud* D. Huynes, t. II, p. 156 et suiv.
4. *Ibid.*, p. 71-172.
5. V. *Médailles de Louis XIV*, par le R. P. Ménestrier.

arche saint Bernard, il avoit un habit de drap de Hollande, avec le plumet à son chapeau et l'espée à son costé, pendue d'un bosdrier en broderie d'or. » Selon la loi, on lui demanda ses armes, mais il se fâcha et battit tout le monde. « Peu s'en fallait, ajoute D. Le Roy, qu'on ne le *canardast* [1]. Bien lui en prit que cela arriva de bon matin et que les cerveaux de nos bourgeois de la ville n'estoient point encore eschauffez du cildre de Normandie. » On n'a pas fait le compte des colères soulevées par ces petits *bénéficiés* pendant tout un siècle. Sans eux, l'*Encyclopédie* aurait eu fort à faire. Ce ne fut pas une économie pour les rois que de payer ainsi leurs dettes avec l'honneur de Dieu, et quand Voltaire commença de faucher, il faut être juste, la fenaison était terriblement avancée !

Ce fut sous le commandeur de Souvré que D. Thomas Le Roy accomplit au Mont Saint-Michel, en l'espace de vingt mois (du 26 novembre 1646 au 24 juillet 1648), les admirables et vraiment *Curieuses recherches* qu'il nous a laissées [2]. Après son départ, le peu de renseignements qu'on glane viennent du dehors. Jacques de Souvré mourut en 1651 et fut remplacé par un autre chevalier de Malte, Etienne Texier d'Hautefeuille, auquel succéda, en 1703, un baron allemand, muni d'un nom vraiment redoutable: Johann-Friedrich Karq de Bebembourg de Kirschstetten... Il commanda son portrait et se fit dédier un livre qui est resté en manuscrit à la Bibliothèque nationale [3].

En 1706, arriva un personnage mystérieux dont la voiture en traversant les grèves était escortée d'une forte garde. Personne ne fut admis à le voir, sauf son geôlier, car c'était un prisonnier. On le prit pour le *Masque de fer* [4], mais c'était le patriarche des Arméniens, Avédik, que l'ambassadeur de Louis XIV à Constantinople, M. le marquis de Fériol, *avait fait enlever* pour mettre un terme à ses cruautés envers les catholiques arméniens. La *correspondance administrative de Louis XIV* [5] constate que le prieur, qui était alors D. Julien Doyte [6], reçut ordre de garder étroitement le prisonnier « sans qu'il eût communication avec qui que ce soit de vive voix ou par écrit ». Le charitable traitement qu'il reçut de D. Doyte toucha le

---

1. *Cur. Rech.*, t. II, p. 449-450.
2. *Thomas Le Roy et le manuscrit des Cur. Rech.*, par M. de Beaurepaire, ap. *Cur. Rech.*, t. I, p. 1-33.
3. N° 1424 *bis*.
4. V. *A propos du Masque de fer*, par le R. P. Turquand. — *Correspondant*, 1869, p. 871-918. — et Marius Topin, *l'Homme au masque de fer*.
5. T. IV, p. 255.
6. La liste des prieurs de la congrégation se trouve exacte et complète dans M. V. Jacques, *Le M. S.-M.*, etc., qui l'a établie le premier.

cœur d'Avédik. Il fit abjuration en 1710 entre les mains de l'archevêque de Paris, fut ordonné prêtre et attaché au clergé de Saint-Sulpice.

Un homme aussi pieux qu'éminent a peut-être eu tort de raconter comment un de ses ancêtres, M. le comte de Broglie, obtint pour son frère la commende de l'abbaye du Mont Saint-Michel « en échange de six cents bouteilles de grand vin de Bourgogne [1] ». C'était sous le régent Philippe d'Orléans, et cette époque n'est pas fertile en histoires édifiantes. Tout ce qu'on sait de la longue prélature de l'abbé de Broglie (1721-1766) se rapporte aux prisonniers politiques qui occupaient alors les portions du palais abbatial appelées le *grand* et le *petit exil*. Les plus connus entre ces captifs sont le poète Desroches et Dubourg, « le prisonnier à la cage de fer ». Desroches n'était qu'un frondeur comme Latude; Dubourg (de son vrai nom Victor de la Cassagne) était un pamphlétaire affilié à d'assez grosses intrigues. De Francfort où il s'abritait, ses libelles diffamatoires avaient inondé l'Europe. Quoique la cage de fer fût en bois, et malgré les efforts du prieur pour adoucir sa peine, il y mourut de souffrance et de colère en 1746 [2].

L'archevêque de Toulouse, Etienne-Charles de Loménie, fut l'avant-dernier abbé. Il s'était déjà démis de sa commende (en 1769) quand le comte d'Artois vint en pèlerinage au Mont, « gouverné par des *économes* », le 17 mai 1777. Selon le docteur Cousin [3], le futur Charles X aurait condamné alors la fameuse cage de fer, et son arrêt fut exécuté tôt après par le duc de Chartres, le futur Louis-Philippe. L'excellente et prolixe Mme de Genlis a laissé de ce fait un récit sentimental où il y a pourtant un trait de caractère : « Au milieu de la joie générale, le suisse était triste ; c'était lui qui montrait les curiosités aux étrangers et il regrettait sa cage. »

Le 2 mai 1788, le dernier abbé, cardinal de Montmorency-Laval, prit possession; l'année suivante, la France rompit avec son passé royal; l'année suivante encore, le 20 février 1790, saint Michel, voilant les rayons de sa face, s'envola hors du sanctuaire vide et profané. A peine était-il dehors que la *littérature* du moment effeuillait derrière lui quelques fleurs. Le citoyen Lavallée, faisant un voyage de découverte dans les nouveaux *départements* de la République, écrivait ces choses pleines de délicatesse et de goût : « Une des curiosités du département de la Manche est le Mont Saint-Michel. Ce n'est qu'un rocher et il était couvert de moines...

---

1. M. le duc de Broglie, *le Secret du roi*.
2. *Documents sur la captivité et la mort de Dubourg*, par Eug. de Beaurepaire.
3. Mss. d'Avranches, n°s 172-192, t. XVIII.

Un saint Aubert... avait trouvé très plaisant d'y bâtir un temple et (d'y placer) douze chanoines assez complaisants pour servir le vainqueur de Satan, CET ANGE RÉVOLUTIONNAIRE [1]... » Ce n'est pas moi qui le fais dire au citoyen! Il est vrai qu'il ajoute tout de suite après : « O Christ! le plus républicain des sages! *toi qui portais écrite sur ton cœur la constitution* [2]... »

Mais c'est assez, n'est-ce pas, et vous demandez grâce pour le restant de la prosopopée? Ce livre emphatique ne dit rien, bien entendu, sur les ravages que Satan, *l'ange révolutionnaire*, un moment émancipé, opéra dans la maison de son éternel vainqueur. Les ruines furent lamentables. Dès que le dernier prieur, D. François Maurice, et ses religieux eurent pris le chemin de l'exil, des gens, venus on ne sait d'où, des étrangers, des fraudeurs, des échappés de prison, se rendirent maître du sanctuaire. Saint Michel n'y était plus. Ces malheureux se ruèrent sur la basilique, semblable à un corps superbe que la vie aurait abandonné, et ils outragèrent le cadavre. L'orgie dura plusieurs jours. Tout fut flétri, souillé, pillé, ravagé, et quand la rapine s'arrêta enfin, ne pouvant emporter le granit des murailles, on alluma les torches pour que la fête eût son digne couronnement : l'incendie. C'en était fait du monastère tout entier si les jeunes volontaires d'Avranches, arrivant au pas de course, n'eussent pris position au Saut-Gauthier et chargé leurs armes. Ainsi furent sauvés, avec le glorieux chef-d'œuvre de notre architecture nationale, beaucoup de manuscrits, livres et documents qui sont pour nos bibliothèques d'inestimables trésors [3].

Après ces hontes, l'abbaye avait besoin d'être purifiée; elle le fut, quoique nulle autorité humaine, en ce temps, n'eût vouloir ou pouvoir que pour aggraver l'ignominie. Avec dessein de mettre le comble à son humiliation, on la fit prison du haut en bas et ce fut comme si on l'eût baignée d'eau lustrale, car tous les prisonniers qu'on y entassa furent des prêtres. La prière habita de nouveau ces murailles bâties pour la prière : trois cents ecclésiastiques des diocèses d'Avranches, de Coutances, de Dol, de Saint-Malo et de Rennes, trop vieux pour obéir à la loi d'exil, reprirent ici, au fond de leurs cachots, le *Laus perennis* un instant interrompu et continuèrent, séparés les uns des autres, mais louant Dieu dans un sublime unisson, le cantique de la souffrance acceptée.

Nous n'avons nul souci d'appuyer sur les cruautés infligées à ces saints

---

1. Voyage dans les départements de la France. — Département de la Manche, p. 9, 10, 11 et 23.
2. *Id., ibid.*
3. La majeure partie de ces précieuses épaves est conservée à la mairie d'Avranches.

vieillards; aussi en emprunterons-nous le tableau à M. Fulgence Girard, écrivain connu pour ses opinions républicaines. « Les prêtres renfermés au Mont, dit-il[1], y furent placés sous un régime *très sévère*. L'alimentation grossière à laquelle ils furent soumis eût été même insuffisante à leurs besoins, *si les secours de leurs parents et de leurs amis n'eussent suppléé* à cette nourriture. »

Il est assurément difficile de dire à un geôlier avec plus de ménagements qu'il fait périr son prisonnier d'inanition. Et que penser d'un gou-

Le Mont Saint-Michel pendant la Terreur.

vernement qui compte sur la charité publique pour jeter un morceau de pain à travers les grilles de ses cachots ? Aussi M. F. Girard dit-il encore : « Le premier devoir, le plus sacré, est d'assurer l'existence de ceux qu'on prive de leur liberté. Si on ne peut leur fournir des aliments, qu'on leur ouvre les portes des prisons!... » Et il ajoute, pris à la gêne entre l'opinion qui lui est chère et la droiture native de son cœur : « Ce qui rendait encore plus condamnable ce régime, c'est qu'il pesait sur un certain nombre de vieillards dont la caducité et les infirmités avaient empêché la déportation. Une mesure émanée de quelques *magistrats*, égarés par l'exaltation, poussa la *rigueur* jusqu'à priver ces infortunés de leur bréviaire!... »

Le geôlier en chef, que F. Girard accuse seulement de *rigueur* et de *sévérité*, était ici le fameux conventionnel Le Carpentier, l'homme qui, à Granville, réquisitionnait les cierges des autels pour éclairer ses petits soupers tachés de sang, et qui, à Saint-Malo, a laissé une légende encore

1. *Hist. du M. S.-M. comme prison d'État*, p. 89-90.

plus burlesque que hideuse. Sa plaisanterie favorite était d'appeler la prison de ces doux vieillards qui priaient pour lui : le Mont libre.

Lors de la marche des Vendéens sur Granville, en novembre 1793, les portes des cachots s'ouvrirent, mais aucun des martyrs ne fut capable de saisir la liberté, et à peine les Vendéens étaient-ils partis, qu'une nouvelle garnison républicaine arrivait. Enfants, nous avons tous vu quelque pauvre oiseau mourant dont on ouvrait ainsi la prison et qui essayait en vain de se traîner hors de sa cage ; mais les enfants assez cruels pour priver les oiseaux de l'air du ciel ne poussent pas du moins la *rigueur* jusqu'à les faire mourir de faim.

Ce fut sous le premier Empire que le Mont Saint-Michel devint prison permanente (1811) ; ce fut sous la Restauration (1817), bien malheureuse parfois dans le choix de ses serviteurs, que la merveille de l'Archange, patron de Charlemagne et de saint Louis, subit le suprême outrage d'être dénommée officiellement *maison centrale de force et de correction*. Le Mont resta tel jusque sous le second Empire (1864). Pendant ces quarante-sept ans, on dit que plus de quatorze mille détenus ont passé dans le glorieux logis où saint Michel, ami de ceux qui souffrent, habitait peut-être toujours. Parmi les hôtes malheureux de l'Archange, citons quelques noms diversement connus, et avant tous le féroce Le Carpentier lui-même, qui y fut prisonnier cinq ans et y *mourut chrétien*. Il n'y a point de bornes aux miséricordes divines.

Vint ensuite Mathurin Bruno, le sabotier qui s'était fait passer pour Louis XVII. Sous le règne de Juillet on y mit des royalistes héroïquement fidèles à la légitimité et en tout temps des républicains, parmi lesquels il en est un qui menace de devenir illustre : l'infatigable conspirateur Blanqui. Finira-t-il en prison ou sur le siège, quel que soit son nom, qui sert de trône aux dictateurs ? Il embarrasse beaucoup les républicains qui n'ont pas pour la république une passion notoirement désintéressée. Ses compagnons étaient Martin Bernard, Mathieu (d'Epinal) et le combattant spartiate Barbès.

Le dernier et l'un des plus terribles incendies du Mont eut lieu dans la nuit du 22 au 23 octobre 1834. Le 20 du même mois, en 1863, un décret impérial supprimait la maison centrale du Mont Saint-Michel. Tout aussitôt Mgr Bravard, évêque de Coutances, demanda le monument pour le rendre au culte et vit sa requête accueillie. Ce n'était peut-être pas le plus difficile ; restait à rendre profitable pour la religion cet acte de l'autorité bien inspirée.

Or, les ressources manquaient, et il y avait si longtemps que les pieuses foules avaient désappris totalement le chemin du grand pèlerinage de l'Occident ! Les premiers jours furent hérissés d'obstacles. Par bonheur, après un essai qui n'avait pas donné tous les résultats attendus, Mgr Bravard s'adressa aux PP. Missionnaires de Saint-Edme de Pontigny (diocèse de Sens), de la fondation du R. P. Muard. Les choses changèrent incontinent et l'œuvre prit un cours favorable. Bien que leur communauté n'ait pas « l'office du chœur » comme les anciens maîtres de l'abbaye dont le

Porte d'entrée.

chant de perpétuelle louange a duré neuf siècles, les Pères ont accepté, autant que la chose était possible, le legs du passé pieux et instauré de nobles cérémonies dans le transept nord de leur basilique où est la statue récemment couronnée de saint Michel. Les élèves de l'école apostolique qu'ils ont fondée les secondent. Instruits comme dans un séminaire pour devenir un jour eux-mêmes des apôtres, ces jeunes gens, capables de comprendre les beautés de la liturgie si respectueusement conservée dans la famille de saint Benoît et dont les échos semblent planer encore sous la voûte de la nef angélique, aident à l'édification des pèlerins. Les Pères ont en outre les enfants de l'*orphelinat*, tenu par les sœurs au bas de la sainte montagne. Les deux œuvres sont pareillement prospères, parce qu'elles sont conduites avec un talent, une sagesse et une volonté de bien faire au-dessus de tout éloge.

Mais la maîtresse entreprise des Pères, celle qui leur donne place obligée à la dernière page de ce livre, c'est le rétablissement du bien-aimé pèlerinage de saint Michel dont le progrès brillant et sans cesse grandissant coïncide avec la restauration du monument par l'architecte très savant et habile [1] à qui j'ai été heureux de rendre hommage plus d'une fois au cours de ces récits. Il y a eu, depuis deux ans surtout, renaissance splendide et bénie du pèlerinage français par excellence, et que Dieu soit remercié s'il

Le Diadème de saint Michel.

permet que mon humble travail enrôle quelques pieux voyageurs dans les rangs de la foule qui viendra cet été prosterner sa ferveur aux pieds de l'ange de la patrie !

Le Souverain Pontife a encouragé les Pères à restaurer l'ancienne confrérie de Saint-Michel ; grâce à une protection si haute, à l'appui de NN. SS. les évêques et aux efforts dévoués de sa direction, la confrérie compte des milliers de zélateurs. Une excellente revue attachée à l'œuvre, *les Annales du Mont Saint-Michel*, voit tous les jours grandir son influence. Cependant, les PP. Missionnaires ont atteint à un résultat qui leur est plus cher encore ; je veux parler de la couronne posée par le Souverain Pontife sur le front de saint Michel. C'est là leur véritable récompense et c'est une grande grâce, en effet, accordée par leur entremise à la France catholique.

1. M. E. Corroyer.

Pour la première fois l'Eglise ceignait le diadème au front d'un ange. Les fêtes du couronnement de saint Michel, patron céleste de nos armes, sont trop près de nous (juillet 1877) pour que nous en redisions ici l'enthousiaste splendeur. Mgr l'évêque de Coutances et d'Avranches, parlant du haut du rempart où sa chaire était une tour, enseigna la mystérieuse signification de cet acte à tout un peuple qui semblait une poignée de fourmis humaines dans l'immensité de ce temple ayant l'horizon pour clôture, pour tapis les grèves d'or, le soleil pour lustre, le ciel pour coupole. L'éloquence du prélat, successeur de saint Aubert, domina longtemps l'émotion profonde de son auditoire, si petit dans l'espace, mais si grand sous le regard de Dieu, où le même cœur chrétien battait dans plus de vingt mille poitrines.

Ce sont de solennelles heures. La patrie catholique écoute et se recueille. Sa prière monte. L'incrédulité frappe et raille, mais il importe peu. Qui est comme Dieu ? La volonté de Dieu sera faite. Le pleur d'une âme bonne pèse dans la balance un poids plus lourd que des milliers de blasphèmes. Priez pour les méchants, oh ! priez de toute votre force ! Aimez le blasphémateur jusqu'au plus bas de son égarement et ne détestez que le blasphème.

Il y a dans le monde quelque chose de nouveau et, il est vrai, de plus ancien que le monde, car à toute détresse est opposée une miséricorde qui la surpasse ; vous priez aujourd'hui plus qu'hier où vous n'aviez déjà plus honte de prier ; demain, vous prierez davantage et vous vous en ferez gloire. Vous apprenez la science de souffrir qui est la science de vaincre. Aimez avec cela, ayez pitié sincèrement des malheureux qui vous persécutent.

Il y a au-dessus du monde quelque chose de nouveau et d'éternel. Sur cette montagne de merveilles qui a porté si longtemps les destinées de la France, c'est le même saint Michel, avec un peu d'or en plus à son front. Êtes-vous certains, cependant, qu'il n'y ait que cela ? Une grande pensée tient peu de place. Quelle pensée plus vaste que la terre ne tiendrait entre ce diadème et ce front ?

Seigneur, je ne suis rien et n'ai droit à rien ; mais un soir que je versais les larmes de mon espérance à vos pieds, tout seul dans la basilique de votre Ange, j'ai vu, comment dire cela ? j'ai vu au dedans de moi-même, pendant que la nuit descendait lentement des voûtes de ce chœur unique en sa beauté, j'ai vu, les yeux fermés, à l'intérieur de ma propre conscience, saint Michel, qui est toujours votre ministre élu et qui est toujours le patron de votre peuple, la France. C'était bien le même saint Michel, mais ce n'était plus la statue dressée debout réellement, à dix pas de moi, l'épée haute ; et le dragon que cette statue foule aux pieds n'avait pas été terrassé par l'épée.

Le *signifer*, votre porte-étendard, Seigneur, me montrait un nouvel emblème : il y avait une flamme, une foi, allumée sous sa couronne donnée par l'Église, et le glaive au repos était dans sa main gauche avec le bouclier ; dans sa main droite ouverte il y avait une flamme encore, mais bien plus puissante que celle de son front, et faite de deux feux inégaux dans leur union, qui brillaient de tout l'éclat supérieur que la charité dégage au-dessus de la foi même. Ma méditation en fut comme éblouie.

Cette seconde flamme avait précisément la forme de *ce qui est plus ancien que les jours, mais nouveau dans le monde*, et nouveau quoique éternel par-dessus le monde, dans le domaine de l'immuable... O Jésus adoré ! ô bien-aimée Marie ! je voyais, à travers l'intensité de mon espoir, le premier de vos serviteurs célestes apporter, dans celle de ses mains où était jadis le glaive, ce feu, ce vœu, cette promesse et ce salut suprême, la dévotion au très sacré Cœur du Fils de Dieu, uni au Cœur immaculé de sa Mère, ainsi que ce remède a été annoncé et promis aux angoisses des derniers jours.

Or, je venais de la montagne parisienne où saint Denis, apôtre de la France, reçut la joie du martyre ; j'y avais vu le superbe élan de ferveur qui répond aux redoublements de la fièvre de blasphème ; je savais l'endroit où le saint cardinal-archevêque de Paris a enfoui la pierre du Vœu national.

Ce soir-là, quand les religieux du Mont vinrent pour la prière du soir et que la voix grave du Père supérieur eut récité les litanies, je baisai les dalles où les chevaliers s'agenouillaient autrefois, et je dis en mon âme : « Ange du Sacré-Cœur et de la patrie, protégez la patrie auprès du Sacré-Cœur. Saint Michel, couronné de foi divine, ô saint Michel, armé du divin amour, défendez-nous dans le combat, afin que nous aimions ceux qui nous haïssent jusqu'à la mort, et que, fût-ce au prix de tout notre sang, le souffle des réconciliations descende sur le repentir de la France ! »

L'avenir est dans le pardon.

FIN DES MERVEILLES DU MONT SAINT-MICHEL

GUIDE DU TOURISTE AU MONT SAINT-MICHEL [1]

DESCRIPTION DE L'ABBAYE

Pour visiter dans toutes ses parties l'abbaye-forteresse, il faut suivre un ordre régulier. Un des Pères missionnaires du Mont Saint-Michel a bien voulu nous tracer la marche à suivre et nous indiquer, par des numéros, l'itinéraire auquel doit se conformer le visiteur qui désire voir tout ce que le monument renferme de digne d'intérêt, et ne pas s'égarer dans le dédale des salles et des couloirs [2].

VESTIBULE

Un escalier aux vastes dalles de granit conduit à la salle *des Gardes*. Incorrecte de forme et de niveau, cette salle n'a de remarquable que la voûte traversée de nervures qui retombent sur de gracieuses colonnettes.

Une gigantesque cheminée du quinzième siècle fait face à l'escalier. On y a pratiqué de nos jours une porte qui mène au logement du frère portier.

A côté de la cheminée, s'ouvre l'escalier qui aboutit aux appartements du gouverneur ; à la suite se trouve le grand escalier des Exils, du logis abbatial, de la basilique, etc.

Il faut prendre le passage qui est à droite dans le vestibule (n° 1), puis visiter tout d'abord l'intérieur de *la Merveille*.

Des traces fortement accusées de constructions détruites sont encore visibles sur les murs du corps de garde.

N° 1. — LA MERVEILLE

Cette immense muraille — elle mesure soixante-cinq mètres de longueur sur trente-trois de hau-

La Merveille.

teur — a été élevée au douzième et au treizième siècle par les abbés Roger II, Radulphe des Iles et Raoul de Villedieu. Le vendredi 25 avril 1113, la foudre frappa le clocher pendant l'office des

---

1. Extrait du *Mont Saint-Michel, guide du pèlerin et du touriste*, par OSCAR HAVARD. — 1 vol. in-18. — Paris, Palmé. — 30 c.
2. Nous nous sommes également inspiré du *Guide-Livret* paru en 1860, chez Hambis, éditeur à Avranches. « Une haute sollicitude », lisons-nous dans la préface, « a bien voulu nous donner l'ordre à suivre, d'après son idée, pour cette intéressante visite. » Le texte explicatif est dû à la plume de Mgr Deschamps du Manoir, l'érudit et élégant auteur de l'*Histoire du Mont Saint-Michel*.

matines, et réduisit en cendres l'église et les lieux réguliers, dont il ne resta que les murs, les piliers et les voûtes. Pour réparer ce désastre, Roger II remplaça les constructions défectueuses de ses prédécesseurs par *les trois édifices désignés sous le nom de Merveille.* « Nous lui avons l'obligation », dit D. Huynes, « de tous les logis de costé du septentrion, depuis les fondements jusqu'au sommet : les dortoirs, les réfectoires, les grandes salles des chevaliers y sont compris, et sans doute ce corps de logis avec ses admirables voultes peut disputer avec les plus superbes édifices du royaume. »

Un siècle plus tard, en 1213, le terrible incendie allumé par Guy de Thouars obligea Raoul des Iles à relever les parties détériorées de *la Merveille*, c'est-à-dire, la salle *des Chevaliers*, le réfectoire et le dortoir. La restauration entreprise par Raoul fut si habile et si complète, que « quelques manuscrits », dit D. Huynes, « le font autheur des superbes édifices du septentrion ».

En 1228, l'abbé Raoul de Villedieu couronna les murailles de *la Merveille* par *le Cloître*.

De belles et hautes cheminées, semblables à des clochetons dorés, couronnent les combles, surmontés de deux jolies tourelles : la première, au centre, renferme l'escalier du *Cloître* et de la salle *des Chevaliers* ; la seconde, appelée *tour des Corbins*, à cause des arcatures appelées *corbins* qui la couronnent, est située à l'angle du pignon oriental.

Cette tour renferme un escalier en limaçon, de cent trente-trois marches, desservant plusieurs parties des bâtiments. On peut se dispenser de le gravir, et entrer tout de suite dans les cryptes désignées sous le n° 2.

N° 2. — LES MONTGOMERIES

Ces cryptes, nommées *Montgomeries* depuis l'attaque infructueuse du célèbre calviniste, se composent de deux salles, longues ensemble de plus de soixante-cinq mètres et larges de douze. Dix-huit piliers trapus, ronds ou carrés, soutiennent ces vastes hypogées aux voûtes romanes.

Le premier compartiment servait de cave ou de cellier. Au fond, vers le nord-est, en face de la fontaine Saint-Aubert, située sur le bord de la mer, on voit encore l'ouverture par laquelle une puissante grue montait les provisions des moines. C'était dans cette salle que le Père cellérier du monastère faisait déposer les muids de vin que l'abbaye récoltait dans le prieuré de Saint-Symphorien-de-Craon, en Anjou ; le bordeaux que lui apportaient des navires auxquels « de méchants corsaires » donnaient quelquefois la chasse, et ces trois cents setiers de vin de Brion « que les religieux retiraient annuellement », dit M. Pigeon, « de leur baronnie de Genêts », avant que le pommier fût importé en Normandie, et le vin détrôné par le cidre.[1] D'après l'abbé Desroches, le vin de Brion était fort estimé ; d'après d'autres historiens, il était détestable.

Le second compartiment était ouvert tous les lundis aux pauvres. Un des Pères distribuait à ces malheureux les aumônes du couvent, donnant à celui-ci un secours pécuniaire, à celui-là des vêtements, aux uns des vivres, aux autres des médicaments, à tous de bonnes paroles et de paternels conseils.

La salle *des Aumônes* est située juste au-dessous du réfectoire : *Sub refectorio ampla itidem aula erogandis in pauperes eleemosynis deputata.* C'est dans cette salle qu'en 1634, sous le priorat de dom Michel Pirou, des fourneaux furent installés pour opérer la refonte des deux cloches *Benoîte* et *Catherine*, que, le 12 octobre 1791, le district d'Avranches fit transporter à la Monnaie de Rouen. Deux escaliers, de cinquante marches chacun, ménagés dans l'épaisseur des murs, mettent *les Montgomeries* en communication avec la salle *des Chevaliers*. Nous prenons l'escalier (n° 3), et nous entrons dans la

N° 4. — SALLE DES CHEVALIERS

Avant la création de l'ordre de Saint-Michel, cette pièce était la salle capitulaire : c'était là que les moines venaient délibérer en commnn sur les affaires de l'abbaye. Aucune décision ne pouvait être prise sans avoir obtenu l'adhésion de la majorité des votants, et, pour garantir la sincérité des suffrages, le scrutin était secret. Tous les ans, le 18 juin, jour de la translation des reliques de saint Aubert, les prieurs anglais de Saint-Michel-de-Cornouailles, d'Otriton, de Lihou, à Guernesey, de Saint-Clément-de-Jersey, et les prieurs français de Tombelaine, de Saint-Nicolas-de-Pontorson, de Mont-Dol, de Saint-Pair, de Brion, de Genêts, de Balaan, de Saint-Méloir-des-Ondes, de Saint-Symphorien-de-Craon et de l'Abbayette (Maine), venaient conférer ensemble sur la règle et rendre compte de la manière dont ils avaient géré la mense conventuelle.

Ces assemblées capitulaires étaient de véritables corps délibérants. Si l'abbé représentait le pouvoir exécutif, les moines représentaient le pouvoir législatif : l'abbé promulguait les lois que le chapitre adoptait. C'est aux assemblées conventuelles que les constitutions politiques ont emprunté le mécanisme des parlements modernes ; c'est aux institutions monastiques que les peuples doivent une organisation qui fonctionne aujourd'hui dans tous les pays libres.

Les moines cédèrent généreusement leur salle capitulaire aux chevaliers de l'ordre de Saint-Michel[2], et se contentèrent d'un modeste appartement, qui touche à la sacristie.

Nous avons décrit ailleurs la salle *des Chevaliers*. Divisé en quatre nefs par trois rangs de colonnes, ce vaisseau est d'une remarquable pureté de style.

---

1. Des documents authentiques nous démontrent qu'avant le quatorzième siècle la vigne était cultivée dans toute la Normandie : une charte, en date de 1060, mentionne deux enclos de vigne que possédait le bourg de Sault-Chevreuil, près Villedieu, et dont Guillaume de Conquérant confirma la donnation à l'abbaye de Notre-Dame de Saint-Désir, à Lisieux. (*Neustria pia*, p. 583.)

2. Il existe encore en Bavière un ordre de Saint-Michel, qui compte environ douze cents membres.

Une petite porte murée (n° 5), au fond de la salle, communiquait autrefois avec une galerie extérieure.

La porte n° 6 s'ouvre sur l'ancien *Chartrier*. Élevé par l'abbé Pierre Le Roy, ce bâtiment était considéré, d'après D. Huynes, « comme ung des plus beaux et artificieulx qui se veoyent en France ». Aujourd'hui il est désert et dépouillé de toutes ses richesses paléographiques. Une petite salle renferme seulement quelques reliques recueillies par Mgr Bravard et les Pères missionnaires.

N° 7. — PASSAGE POUR ALLER AU RÉFECTOIRE

N° 8. — RÉFECTOIRE DES MOINES

Cette salle est la plus svelte et la plus élégante de l'abbaye. Pavée de carreaux émaillés, éclairée par de riches vitraux, *illustra vitreis*, elle était une des curiosités artistiques du monastère. Sur un des murs se détachait une chaire de granit, dans laquelle prenait place le religieux chargé de lire pendant les repas quelques pages de science ou d'histoire.

Presque tous les rois de France, Charles V, Charles VI, Charles VII, Philippe le Bel, saint Louis, Philippe le Hardi, Louis XI, François Ier; les ducs de Bretagne et de Normandie, les plus grands personnages de l'Europe, se sont assis à la table des moines.

Une cérémonie touchante et qui rappelait les procédés de l'hospitalité antique, précédait les repas

Les cheminées du réfectoire

auxquels assistaient des étrangers. Riches ou pauvres, laboureurs ou gentilshommes étaient, à leur entrée au *Réfectoire*, présentés par le Père hôtelier au Père abbé, et celui-ci, s'inclinant à terre, leur lavait les pieds dans un bassin rempli d'eau tiède.

Le *Réfectoire* est partagé en deux nefs par six élégantes colonnettes monocylindriques, à base octogone et à chapiteaux fleuris, d'où s'élancent les délicieuses nervures de la voûte, pour se réunir en rosaces et retomber, trois à trois, sur les pilastres des murailles latérales. Deux belles cheminées, appuyées sur le mur qui sépare le *Réfectoire* de la salle *des Chevaliers*, enserrent une des colonnes dans leurs gigantesques proportions. Ces cheminées servaient à la cuisine, à laquelle on consacra, au dix-septième siècle, le bas du *réfectoire*, quand les bénédictins voulurent soustraire tous les lieux réguliers à la surveillance et au passage de la garnison.

Vers les cheminées, se trouve une ouverture récemment pratiquée pour communiquer avec l'ancienne cuisine des religieux.

Autrefois on arrivait dans cette cuisine par une porte extérieure, et l'on introduisait les plats dans le *Réfectoire* par une petite baie, dont on distingue facilement la place en examinant le mur.

Sortir du *Réfectoire* par la porte qu'on a prise pour entrer, tourner à gauche (n° 9), traverser la petite cour et, à droite (n° 10), pénétrer dans la crypte *du Chapitre*.

N° 10. — CRYPTE DU CHAPITRE

On l'appelle ainsi parce qu'elle aboutissait à la salle *du Chapitre*, aujourd'hui la salle *des Chevaliers*.

Cette crypte, avec sa voûte romane primitive, est sous le transept nord de la basilique de l'Archange.

Une porte, encombrée de bois, servait d'entrée à une autre crypte appelée *Vestibule* (voir n° 13). On peut négliger de visiter cette pièce, revenir sur ses pas, et entrer (n° 11) dans la crypte *des Gros Piliers*.

N° 11. — CRYPTE DES GROS PILIERS

L'église souterraine dans laquelle nous entrons a des proportions beaucoup plus considérables que celle de Notre-Dame de Chartres, qui passe pour la plus vaste de notre pays : elle a quatre-vingt-dix mètres de long sur quarante de large. Pour la construire, l'architecte n'a pas creusé le granit, mais il l'a, pour ainsi dire, adaptée aux aspérités du rocher : aussi présente-t-elle des niveaux fort différents, et se trouve-t-elle même interrompue par le point culminant de la montagne, sur lequel s'appuie la basilique supérieure. Néanmoins, telle qu'elle est, l'église souterraine se subdivise en quatre cryptes, qui lui donnent la forme générale et suffisamment correcte d'une grande croix latine.

C'est sous Hildebert II que la crypte fut bâtie. « En 1020, » dit D. Huynes, « Richard II, duc de Normandie, ayant choisi ce mont pour y célébrer son mariage avec Judith, fille de Geoffroy Ier, duc

Crypte des Gros Piliers

de Bretagne, remarqua la petitesse et la simplicité de l'église de saint Aubert, déjà fort éprouvée par un incendie. Ne la trouvant pas proportionnée à la dévotion et à l'amour qu'il avoit pour ce lieu et pour l'abbé Hildebert II, il en fist commencer une autre plus superbe et magnifique, ainsi qu'elle se veoit à présent. Pour en trouver le plan sur la pointe du rocher, il fist bastir les gros piliers, murailles et voultes de la chapelle Sous-Terre, sur laquelle il fist commencer la nef, et l'eust sans doute achevée, et toute l'église, s'il n'eust été prévenu de la mort. »

En 1421, pendant la guerre avec les Anglais, cette partie de l'église étant tombée en ruines, le cardinal d'Estouteville fit relever ce sanctuaire et la première zone du rond-point de la basilique supérieure. « Les agens qui faisoient faire cest œuvre au nom du cardinal, » nous dit Th. Le Roy, « firent mettre ses armoiries en la costière de la ditte église nouvelle, du costé vers le logis abbatial. »

Les dix-huit puissantes colonnes que renferme le sanctuaire, ont fait donner à l'église souterraine le nom général de crypte *des Gros Piliers*. Ces colonnes soutiennent tout le chœur de la basilique Les chapelles rayonnant tout autour des *Gros Piliers* étaient très vénérées. Celle du centre possédait une statue de la sainte Vierge à laquelle on attribuait une origine miraculeuse. On l'appelait Notre-Dame-de-dessous-Terre. La statue était noire.

Ces cinq chapelles aux ouïes ogivées qui s'enfoncent sous de profondes voussures, supportent les chapelles supérieures, et sont placées sous les vocables de Notre-Dame-sous-Terre au milieu, de Saint-Aubert-sous-Terre et de Saint-Benoît-sous-Terre au midi, et, au nord, de Saint-Pierre-sous-Terre et de Saint-Symphorien-sous-Terre.

Quand on est tourné du côté des petites baies, qui laissent pénétrer un jour mystérieux dans cette crypte, on voit trois portes, conduisant, l'une, par un escalier en limaçon, à l'église et autour des chapelles, l'autre aux *Exils*, et la troisième à une salle dite *du Gouvernement*.

N° 12. — SALLE DU GOUVERNEMENT

Elle est située au-dessus de la salle *des Gardes*, à l'entrée de l'abbaye, et servait aux réunions des officiers.

Revenir à la porte de la crypte *des Gros Piliers* puis rentrer dans le passage du réfectoire et traverser le couloir qui côtoie la salle *des Chevaliers*.

13. — CACHOT DU DIABLE

On arrive à une salle dans laquelle le ministère de l'intérieur avait fait pratiquer un cachot, qu'on appelait *Cachot du Diable*. Aucun jour ne pénétrait dans ce cabanon.

Une jolie colonne du treizième siècle est isolée au milieu de la salle ; du chapiteau s'élève une gerbe de nervures qui sillonnent la voûte. Cette partie servait de vestibule à la salle *des Chevaliers* et au *Promenoir*. On croit que le peintre Ciceri a puisé là l'inspiration des principaux décors de *Robert le Diable*. Ce mystérieux mélange d'ombre, de jour fatigué, d'escaliers, de voûtes et de constructions heurtées, aurait fourni au célèbre décorateur les éléments de ses fantastiques tableaux.

N° 14. — LE PROMENOIR

Avant la construction du *Cloître*, les moines prenaient leur récréation dans cette galerie. « Sur la fin de ses jours, Robert de Torigny, » lisons-nous dans D. Huynes, « fist bastir la longue voulte appelée *le Promenoir*, où l'on met maintenant la provision de bois. » Il se compose d'une double galerie, de quatre colonnes aux chapiteaux palmés. L'ancien dortoir, qui fut écrasé par la chute de l'église, s'étageait au-dessus.

A la suite du *Promenoir* se trouve la galerie dans laquelle était suspendue la *Cage de fer*.

N° 15. — LA CAGE DE FER

Sous cette rubrique, presque toutes les *Histoires du Mont Saint-Michel* publient le récit stéréotypé suivant :

« Un des hôtes de la *Cage de fer* fut un journaliste protestant, nommé Dubourg, originaire de Hollande. Ce malheureux fut condamné par Louis XIV à être enfermé dans la *Cage de fer*, et, après vingt-quatre ans de captivité, il mourut dévoré par les rats. »

Or, après des recherches minutieuses, voici ce que des savants dignes de ce nom ont trouvé :
Le prisonnier dont il s'agit ne s'appelait pas Dubourg, mais Victor de la Castagne ;
Il n'était pas journaliste, mais pamphlétaire ;
Il n'était point originaire de Hollande, mais de la ville d'Espalion, en Rouergue ;
Il n'était pas protestant, mais catholique ;
Ce n'est pas Louis XIV qui l'a condamné, mais Voyer d'Argenson, ministre de la guerre sous Louis XV ;
Il n'a point passé vingt-quatre ans dans la *Cage de fer*, mais un an et dix jours ;
Enfin, il n'a pas succombé aux morsures des rats, mais — comme dirait *le Tintamarre* — à celles du désespoir.

Sauf ces légers détails, la légende est parfaitement exacte [1].

Victor de la Castagne, ou Dubourg, puisque tous les romans le désignent sous ce nom, appartenait à une excellente famille du Midi. Après une jeunesse assez tourmentée, il se rendit en Allemagne et mit sa plume au service des cours étrangères. Retiré à Francfort, il lançait périodiquement dans le public un pamphlet de style et d'esprit fort médiocres, intitulé : *le Mandarin* ou *l'Espion chinois*, dans lequel il criblait les notabilités politiques de son pays d'épigrammes aussi plates qu'inoffensives. Néanmoins, les autorités françaises s'émurent de ces libelles, et un beau jour, le 16 août 1745, un officier, dépêché par Voyer d'Argenson, saisit l'auteur à Francfort, chez un marchand de fer nommé Otto.

Conduit au Mont Saint-Michel, il fut interrogé par M. Lemasson de la Mazurie, président de l'élection d'Avranches, et se reconnut sans difficulté l'auteur des libelles qui avaient motivé son arrestation.

Comme le ministre semblait attacher beaucoup d'importance à la garde de ce prisonnier, dom Philippe Lebel, le prieur, fit consolider la *Cage de fer*. Voici ce que nous lisons, en effet, dans le rapport du subdélégué de l'élection d'Avranches, M. Badier : « On a aussi été obligé de faire séparer la cage, qui est de huit à neuf pieds en tous les sens ; et pour ce, il a été besoin de crampons, ceintures et bandes de fer. On a aussi fait couvrir la cage de sept à huit grosses planches de bois : l'eau filtroit dans les mauvais temps à travers la voulte et tomboit dans la cage, ce qui incommodait beaucoup le prisonnier. Les dépenses se montèrent à 420 livres. »

---

[1]. C'est à M. E. de Beaurepaire que nous devons l'histoire authentique de Dubourg. Les documents originaux lui ont été fournis par M. Châtel.

Le froid et l'humidité du souterrain étaient tels qu'après six heures de séjour, M. Lemasson de la Mazurie fut forcé d'interrompre l'interrogatoire du prisonnier et de se retirer, en constatant qu'il avait été glacé par la température et qu'il lui était impossible d'y rester davantage.

Cette infiltration perpétuelle de l'eau et cette température glaciale suffisent, à défaut des supplices inventés par la légende, pour nous intéresser au sort de Dubourg et nous donner une idée de ses souffrances. Cependant, d'après les documents découverts par M. Châtel, le malheureux ne se plaignait pas ; il se montrait même fort doux dans ses rapports avec les moines. Touché de sa situation, dom Lebel lui fit don, dit un rapport, « d'une robe de calmande et d'un fort gilet d'étoffe ». Ces bons soins n'empêchèrent pas Victor de la Castagne de tomber dans un profond désespoir. Voyant que sa captivité menaçait de s'éterniser, il refusa toute espèce de nourriture et se laissa mourir de faim. Les religieux, entrant dans la cage, eurent beau tenter de lui verser avec un entonnoir du bouillon dans la bouche : tous ces efforts furent inutiles. Dubourg, épuisé par les douleurs physiques, mourut le 26 août 1746.

La *Cage de fer* du Mont Saint-Michel avait été construite sur les ordres de Louis XI.

De 1471 à 1480, Louis XI fit faire un assez grand nombre de cages de fer, à Montils-les-Tours, à Angers et à Loches. Elles étaient généralement composées d'un certain nombre de grosses pièces de bois très rapprochées les unes des autres, se coupant à angle droit, et revêtues à l'intérieur et à l'extérieur d'épaisses bandes de fer. Indépendamment de la porte d'entrée, elles présentaient deux autres ouvertures beaucoup plus étroites, l'une pour passer les plats, l'autre pour passer un bassin. Quelques-unes, notamment celle de Loches, ne mesuraient à l'intérieur que six pieds et demi de hauteur et de largeur, en sorte qu'on ne pouvait s'y tenir ni debout ni couché. En 1777, le comte d'Artois, depuis Charles X, fut péniblement affecté par la vue de la cage de fer du Mont Saint-Michel, et en ordonna la démolition, qui n'eut lieu que quelques mois plus tard, au moment de la visite du duc de Chartres. Le suisse de l'abbaye, témoin de cette démolition, se mit à pleurer. « Pourquoi pleures-tu ? » lui dit le duc. — « Hélas ! Monseigneur, » s'écria le pauvre homme, vous m'enlevez le gagne-pain de ma famille. » — « Eh bien ! prends ces dix louis, et montre aux voyageurs, non plus la *Cage de fer*, mais la place qu'elle occupait. »

Après avoir visité cette salle, il faut revenir sur ses pas, sortir du *Promenoir* et descendre à droite dans la crypte *de l'Aquilon*.

N° 16. — CRYPTE DE L'AQUILON

Cette pièce romano-gothique est due, comme le *Promenoir*, au-dessous duquel elle est située, à Robert de Thorigny : c'est le vestibule *des Voûtes*, divisé en deux nefs par six piliers romans, dont les chapiteaux, à tailloirs carrés, sont décorés de larges feuilles.

En descendant le petit escalier qui est au bout de la crypte *de l'Aquilon*, on voit à droite l'ancienne porte de la primitive abbaye, et à gauche on trouve une dizaine de cachots, dans lesquels on peut entrer sans danger. — Il existe, entre autres cachots, les *Deux Jumeaux* (n° 17), ainsi nommés parce que les portes de ces cellules sinistres sont accolées l'une à l'autre.

Ces cachots étant visités, il faut reprendre la route qu'on a suivie, revenir à la crypte *de l'Aquilon*, et prendre le n° 18.

N° 18. — PASSAGE DES CATACOMBES

A gauche, passant sous la nef de l'église et éclairée à son extrémité, s'ouvre une galerie à la voûte en cailloutis sans nervures, qui donne entrée dans *le Charnier*.

Cette immense voûte sombre servait de lieu de sépulture aux moines. A droite, en se dirigeant vers le sud (en face de soi), se trouvent d'autres voûtes.

L'une de ces voûtes n'était pas éclairée du tout ; l'autre recevait primitivement une rare lumière par une ouverture pratiquée au sommet.

C'est sous ces voûtes que dorment les restes de nombreuses générations de moines.

En avançant vers le sud, on trouve la chapelle *de Saint-Etienne*, à droite. Elle était une des plus belles de cette partie du monument.

En face de la porte de la chapelle *de Saint-Étienne*, se voit :

N° 19. — CHAPELLE DE NOTRE-DAME DES TRENTE CIERGES

La *roue* qui servait à monter les provisions dès le commencement du dix-septième siècle, occupe une partie de cette très belle et très curieuse chapelle.

Au fond de la quatrième arcade est une porte par laquelle on pourrait arriver dans les bâtiments qui sont au midi ; mais il est mieux de rebrousser chemin et de revenir toujours à la crypte *de l'Aquilon*, c'est-à-dire au n° 16, pour entrer de là dans la basilique (n° 22).

N° 20. — LE CLOITRE

On a dit de ce cloître qu'il était un des plus remarquables morceaux d'architecture que possède la France. Rien n'est, en effet, plus gracieux et plus léger que cette galerie admirable, ornée de deux cent vingt colonnettes et lancée dans les airs à plus de cent mètres au-dessus du niveau des flots. — On y remarque plusieurs bas-reliefs, hélas ! très mutilés, mais très intéressants.

Dans l'angle du *Cloître*, entre le transept de l'église et le dortoir, se trouve la *Bibliothèque*. La pièce n'est pas grande, mais elle rappelle d'intéressants souvenirs. C'est dans ce *scriptorium* que l'abbé Robert de Thorigny présidait à la transcription des manuscrits, et que les moines travaillaient à la conservation de nos richesses littéraires avec une ardeur et un zèle qui firent donner à l'abbaye le beau nom de *Cité des livres*. Et, à ce propos, que l'on nous permette de dire quelques mots des occupations scientifiques de ces doctes bénédictins.

Presque toutes les communautés renfermaient deux sortes de *scriptoria*, ou chambres destinées à écrire: l'une était grande, commune à tous ceux qui transcrivaient les livres d'église ou les manuscrits de la bibliothèque; l'autre, plus petite, n'était occupée que par les chefs de la communauté ou les plus savants, et réservée pour la méditation et l'étude. Ainsi, dans l'ordre de Cîteaux, il y avait de petites cellules destinées à la transcription des manuscrits, séparées les unes des autres, où l'on travaillait dans le profond silence, conformément à la règle établie par le fondateur. Ces petites cellules étaient ordinairement situées dans la partie la plus retirée du monastère et ne pouvaient contenir qu'une ou deux personnes. Les moines âgés, qui, le plus souvent, vivaient dans ces petits laboratoires, n'étaient pas astreints à un travail aussi grand que les autres scribes. Leurs occupations étaient douces, en comparaison de celles des autres cénobites, et de moins longue durée.

Le Cloître.

L'autre *scriptorium* était une salle vaste et commode, au milieu de laquelle on voyait des pupitres et des bancs établis de manière à contenir un grand nombre de copistes. Dans quelques communautés et même dans certaines cathédrales, il y avait de longues rangées de sièges destinés aux scribes. L'un de ces scribes, bien versé dans la matière de l'ouvrage qu'il était question de reproduire, dictait en même temps qu'il écrivait, et tous les autres écrivaient en même temps que lui. Par cette méthode, la reproduction d'un manuscrit était aussi rapide que multipliée; mais elle ne fut pas toujours mise en pratique, et, le plus souvent, chaque moine travaillait séparément à la copie d'un même ouvrage.

L'activité et le produit du travail, dans un *scriptorium*, dépendaient bien souvent des revenus de la maison ou de la bonne volonté de l'abbé. Il est arrivé parfois que les communautés ont fait de leurs travaux de transcription une branche de revenu, et ajouté aux produits de leurs terres ceux de leur plume. Mais le *scriptorium* était fréquemment entretenu par des ressources spécialement destinées à cet usage. Des laïques qui aimaient les belles-lettres, firent plusieurs legs aux *scriptoria* des monastères. Robert, l'un des chefs normands de la conquête, donna deux parts de la dîme d'Hatfield et de celle de Redburn, pour l'entretien du *scriptorium* de Saint-Alban, et celui de Saint-Edmond reçut un legs de deux moulins.

C'est à l'abbé qu'appartenait l'administration du *scriptorium* : lui seul décidait de l'heure à laquelle commenceraient les travaux et de la durée de leur temps, avec une attention soutenue, sans interruption. Afin de prévenir les distractions, l'abbé, le prieur, le sous-prieur et le bibliothécaire avaient seuls l'entrée du *scriptorium*. Le bibliothécaire était chargé du matériel et des instruments employés par les copistes, et il leur distribuait tout ce qui leur était nécessaire pour écrire.

Le plus profond silence, avons-nous dit, devait régner dans le *scriptorium*. Afin que cette règle fût sévèrement observée, on avait soin de l'écrire le texte sur tous les murs. Le silence était le meilleur moyen de forcer les copistes à reproduire avec exactitude leur original. Les moines employaient encore d'autres moyens pour préserver de toute altération le texte de leurs livres. A la fin de leur copie, ils avaient coutume d'adjurer tous ceux qui la transcriraient ensuite d'éviter toute espèce de changement, soit dans le sens, soit dans les mots. Quelques auteurs du moyen âge ont également adopté cet usage. Voici comment s'exprime Œlfric en terminant la préface de ses *Homélies* :

« Je vous adjure, ô vous qui transcrivez ce livre, par Notre-Seigneur Jésus-Christ et sa cour glorieuse, qui doit juger les vivants et les morts, de le faire avec soin et avec la plus grande correction. Ne manquez pas d'insérer cette injonction à la fin de la copie que vous ferez. »

Parmi les livres transcrits par les copistes du Mont Saint-Michel, on compte : les *Homélies de saint Grégoire le Grand*, écrites tour à tour par les moines Gualtérius, Hilduinus, Scollandus, Erménaldus, Osbernus, tous enfants de l'abbaye montoise; les six livres de saint Augustin contre Julien, commencés par Warinus et achevés par Rannulfus et Cridus; les Œuvres de saint Jérôme, de saint Ambroise et de saint Augustin, écrites par le célèbre calligraphe Fromondus. Ce dernier termine ainsi son travail : « Si tu cherches, ô lecteur, à connaître l'écrivain, sache que

Fromond s'est appliqué à écrire ce livre tout entier. » On remarque encore le beau traité de saint Augustin contre Fauste, achevé avec le même bonheur par un moine qui, se recommandant au souvenir du lecteur, nous indique ainsi son nom : « O vous qui lisez, souvenez-vous du copiste ; si vous désirez le connoistre, apprenez que c'est la plume de l'humble frère Cyralde qui a renouvelé cest œuvre. »

N° 21. — DORTOIR

Le *Dortoir* est remarquable par la jolie colonnade en granit qui formait une suite de barbacanes allant du bas jusque vers le comble. Il était autrefois divisé en deux étages. C'est la pièce du monument qui a le plus souffert.

On peut visiter ces étages en gravissant l'escalier que l'on rencontre vers l'entrée du *Dortoir* (n° 21). On aura ainsi la satisfaction de jouir d'une vue splendide du côté d'Avranches, et vers le nord, du côté du rocher de Tombelaine.

N° 22. — BASILIQUE DE L'ARCHANGE

La basilique de Saint-Michel se divise en deux églises bien distinctes : l'une, souterraine et dédiée à la Mère de Dieu ; l'autre, que M. l'abbé Pigeon appelle judicieusement aérienne, et consacrée à l'Archange. Parlons d'abord de l'église souterraine.

Resserrée entre les édifices qui l'entourent, l'église souterraine présente quatre cryptes, qui lui donnent la forme d'une grande croix latine. Une de ces cryptes, vulgairement connue sous le nom *des Gros-Piliers*, est soutenue par dix-neuf pilastres aux bases octogones et aux nervures prismatiques. Autour du *deambulatorium* rayonnent cinq chapelles, où le jour pénètre par d'étroites baies ogivales, qui découpent leurs trilobes sous de profondes voussures. La chapelle centrale, la plus importante et la plus remarquable, est placée sous le vocable de *Notre-Dame-sous-Terre*. Elle possédait autrefois une statue de la Vierge Mère à laquelle, comme nous l'avons dit n° 11, la chronique attribuait une origine miraculeuse. Dans les premiers temps de l'abbaye, cette statue était placée dans la chapelle de *Notre-Dame des Trente-Cierges*, où saint Aubert célébrait les saints mystères lorsqu'il venait visiter ses chanoines. Le parvis, inégal et incliné, représente l'endroit même où saint Aubert avait bâti l'église primitive de Saint-Michel, ainsi que l'attestent ces jolis vers du poète Guillaume, que nous croyons voir encore prier et passer sous les voûtes antiques du *Promenoir* :

> Dierre soleil li anceisor
> Que li mostiers, à icel jor
> Que seint Aulbert le commencha.
> Fut en mie cest la oue a
> Soz une volt, une chapele
> De Nostre-Dame, si est bele.

« Les anciens ont coutume de dire que le monastère, le jour où saint Aubert le commença, fut élevé dans cet endroit où l'on voit encore sous une voûte une fort belle chapelle dédiée à Notre-Dame. »

L'incendie de 1112, qui fit du monastère un monceau de ruines et de cendres, épargna la statue de Notre-Dame de Sous-Terre. « Dans la chapelle dite *des Trente-Cierges*, » raconte dom Huynes, « l'imaige de Nostre-Dame, qui estoit de bois, demoura au milieu de l'embrasement sans que son couvre-chef ny ung rameau de plume qu'elle tenoit en la main fust endommaigé. Ceste imaige se veoit encore tout entière en la chapelle de Sous-Terre. » Au rapport du frère François Gingatz, « il y venoit un grand concours de pèlerins, et plusieurs obtenoient des guérisons extraordinaires par l'assistance de la Vierge Marie. »

Les autres chapelles sont consacrées : celle du midi, à saint Aubert-sous-Terre et à saint Benoît-sur-Terre ; celle du nord, à saint Pierre-sur-Terre et à saint Symphorien-sous-Terre. Le *sacellum* de saint Aubert était décoré de peintures et orné de remarquables boiseries. Une chapelle aujourd'hui disparue, et dédiée à saint Martin, renfermait les restes de Conan, roi de Bretagne, du duc Geoffroy son fils, et du courageux Neel, vicomte de Cotentin, qui se fit moine après avoir taillé en pièces l'armée d'Ethelred.

La crypte *des Gros-Piliers* est un des plus beaux monuments de l'architecture féodale. Vauban en admirait la hardiesse, et, dans les *Mémoires de la marquise de Créqui*, le chevalier de Courchamps la considère comme le plus magnifique produit de la science bénédictine. « Il n'y a », dit-il, « que des moines et des bénédictins qui puissent avoir entrepris et fait exécuter une conception si savante et si grandiose. On parle toujours de *la Diplomatique*, de *l'Art de vérifier les dates*, etc. ; mais il m'a toujours semblé que le grand œuvre des bénédictins était leur monastère du Mont Saint-Michel. » Nous ne sommes certainement pas de cet avis : pour notre part, à toutes les cryptes du monde nous préférons, par exemple, les *Annales ordinis sancti Benedicti* de Mabillon. Mais l'hyperbole même de ce langage montre quels sentiments d'admiration provoque dans l'âme la vue du sanctuaire michaélesque.

L'église aérienne est digne, à tous égards, de l'église souterraine.

Elevée sur la cime abrupte du rocher, flanquée d'édifices qui s'étagent sur les aspérités du granit, la basilique de l'Archange porte la trace des difficultés que l'architecte a dû vaincre pour souder au mont l'abbaye forteresse. L'exiguïté des collatéraux cadre mal, par exemple, avec les vastes proportions du monument. Contraint par le manque d'espace, l'architecte a dû disposer en fer à cheval les voûtes des bas-côtés; l'arc de leurs cintres est plus développé que la moitié de la circonférence du cercle. Mais si l'on fait abstraction de ce défaut, comme l'harmonie de l'ensemble rachète et fait oublier l'imperfection du détail ! Quelle élégance et quelle hardiesse!

La nef centrale est de l'aspect le plus imposant. Étayée sur dix pilastres, elle forme quatre travées et se divise en trois zones : une suite d'arcades appuyées sur des faisceaux de colonnes aux chapiteaux historiés compose la première ; la seconde, ou *triforium*, est une galerie couverte de cintres géminés, au milieu desquels s'ouvrent plusieurs baies vitrées en losanges; enfin, la troisième, ou *clerestory*, est ajourée par dix fenêtres romanes, qui tamisent les rayons solaires, et qu'encadre une archivolte illustrée de pittoresques moulures.

Le chœur, construit tout entier en granit, est un des plus beaux spécimens du style ogival flamboyant. Entouré de douze arcades séparées par des colonnettes, dont les grandes et belles lignes s'élancent jusqu'à la voûte, qu'elles traversent pour se réunir à la clef, il reçoit la lumière de deux rangs de fenêtres carrées à meneaux trifoliés, surmontées elles-mêmes d'une frise fleurdelisée et d'un second rang de fenêtres plus grandes que celles du premier.

Autour du chœur s'épanouissent plusieurs chapelles, auxquelles les amis du grand style ogival pourront reprocher peut-être la luxuriance des nervures et l'exubérance des arceaux prismatiques qui se croisent à l'intrados des voûtes; mais quelle pureté et quelle grandeur encore dans cette inspiration suprême de l'art gothique expirant !

L'état présent du chœur est bien loin de rappeler les splendeurs de la période monastique. Cependant, grâce au zèle de Mgr Bravard, la basilique tend de jour en jour à recouvrer son ancien lustre. Déjà du temps où l'abbaye était transformée en prison centrale, un des directeurs les plus intelligents, M. Marquet, avait pris l'initiative de quelques restaurations de bon goût. C'est ainsi que, sous ses ordres, un vieux prisonnier exécuta les merveilleuses sculptures des stalles et de l'autel.

Les miséricordes portent les dessins les plus variés ; sur les stalles, l'artiste a représenté les armoiries du monastère, de la ville, de la congrégation de Saint-Maur, des abbés de Lamps, du commandeur de Souvré, de Louis d'Estouteville et de ses compagnons les plus connus. Les blasons de ces héros décorent aussi l'autel du transept méridional, qu'ensoleillent une fenêtre ogivale du treizième siècle et quatre baies romanes.

A l'extérieur, la basilique n'est pas moins intéressante. Le chevet est soutenu par de vigoureux arcs-boutants qui bondissent jusqu'aux combles. Des balustrades aux compartiments flamboyants, des galeries aux fantastiques rinceaux couronnent les chapelles et reçoivent les eaux pluviales, que lancent çà et là, par de gigantesques gargouilles, des dragons, des guivres, des dauphins et autres monstres plus ou moins ailés du bestiaire héraldique.

N° 23. — BEAU-REGARD

Cette plate-forme, nommée *Beau-Regard* et quelquefois *Mirande*, à cause de l'admirable panorama dont on y jouit, figure dans plusieurs *Histoires* de l'abbaye sous le nom de *Saut-Gaultier*. Un fou, nommé Gaultier, se serait par trois fois, dit la tradition, précipité de cette terrasse, et n'aurait trouvé la mort qu'à la troisième chute.

Au-dessous du *Greffe*, dont on admirera l'élégante structure, comme au-dessous de plusieurs parties de la basilique, se trouvent des citernes contenant plus d'un million de litres d'eau.

Lorsque, du haut du *Saut-Gaultier*, on jette les yeux dans les profondeurs du *Grand Escalier*, on voit à sa droite le logis abbatial, relié à la basilique par un pont, le *Grand* et le *Petit-Exil*.

Derrière soi est l'ancienne infirmerie de la prison, qui n'a rien de remarquable.

Plus loin, et au-dessus des épaulements nouvellement construits, était l'ancienne hôtellerie du monastère, qui, bâtie en 1164, s'écroula peu après et fut relevée en 1186

FIN DU GUIDE DU TOURISTE

TABLE DES MATIÈRES

Préface . . . . Pages 7

Introduction. — Saint Michel, les anges, le combat dans le ciel. — Le paradis terrestre. — Mission de Michel, gardien de la Synagogue. — Les mythologies. — Le Christ. - Mission de Michel, défenseur de l'Eglise. — Le Labarum. — Le mont Gargan. 11

LIVRE PREMIER. — L'Apparition et la Fondation.

La forêt, les légendes et la mer. — Saint Pair et saint Scubilion. — La vision de saint Aubert. — Les reliques, la collégiale. — Saint Michel et Clovis. — Mission de la France, bras droit de Dieu : Charles Martel. — Saint Michel et Charlemagne. — Saint Michel et Rollon. 33

LIVRE II. — Les Moines.

Chapitre premier. — Les moines d'Occident. — L'abbaye de Saint-Boniface. — La première élection au mont Saint-Michel, ordonnée par le pape, le roi, le duc. — La bibliothèque et les pèlerinages; la *Chanson de Roland*. - Le premier incendie. — Mort de Richard-sans-Peur. — Le corps de saint Aubert retrouvé; abondance de légendes; la croix des Grèves. — Hildebert II; grandeur de son œuvre. 63

Chapitre II. — Premiers malaises résultant des usurpations du pouvoir temporel; Richard II, Robert le Diable et son fils Guillaume. — Robert de Tombelaine et l'évêque de Dol. — Conquête de l'Angleterre. — Les trois fils du Conquérant: premier siège du Mont Saint-Michel. — Robert en Palestine, sa gloire, sa mort; cruauté d'Henri Beauclerc. — Les abbés imposés et les caprices d'Henri. — La grande merveille qu'on n'admire pas. Mort de Henri Ier; Henri II Plantagenet et l'élection libre. 87

Chapitre III. — Robert de Thorigny, sa piété et ses talents; faveur dont l'entoure Henri II. — Cruautés de ce prince; assassinat de saint Thomas Becket et pénitence publique d'Henri. — Jourdain le Calomnié; incendie du Mont Saint-Michel par les Bretons; l'aumône de Philippe-Auguste et le Mont Saint-Michel redevenu français, la veille de Bouvines; achèvement de la Merveille. — Description de la Merveille : les Montgomeries, la salle des Chevaliers, le Cloitre. 111

Chapitre IV. — Richard Turstin, premier abbé mitré. Belle-Chaire. Saint Louis au Mont Saint-Michel. — Les abbés qui n'ont point d'histoire. — Philippe le Bel et le grand incendie. Les fortifications sont commencées. Jean de la Porte, son influence extraordinaire. — La fièvre d'orage, les Pastoureaux. — Le Vœu national au quatorzième siècle. 145

LIVRE III. — Les Sièges.

Chapitre premier. — La guerre de Cent Ans. — La lutte supérieure à nous ; les rois et les peuples se précipitent vers saint Michel. Les monnaies. L'abbé capitaine et Duguesclin. Tiphaine la Fée. Pierre Le Roy. L'enceinte achevée attend les Anglais. 161

Chapitre II. — *Sièges anglais*. — État de la France, Charles VI, le traité de Troyes. — Robert Jolivet, sa désertion. — Jean VIII d'Harcourt, comte d'Aumale, nommé capitaine-lieutenant par le dauphin ; le combat de la Broussinière. — Investissement du Mont par terre et par mer, combat d'Ardevon. — Briand de Chateaubriand: combat naval. — Louis d'Estouteville. — Le désastre de la Guintre. — Le champ d'armes. 177

Chapitre III. — La diversion céleste: *Jeanne d'Arc*. — le sacre de Charles VII. — Le grand assaut du Mont, les Anglais chassés. Les Bretons. — François et Gilles de Bretagne. — L'ordre de Saint-Michel. 205

CHAPITRE IV. — *Les sièges protestants.* — L'ère moderne s'annonce. — Les quatre derniers élus et la fin des gloires monastiques. — Les commendataires. — Les huguenots. Montgomery et les Saint-Barthélemy protestantes : *la Michelade* de Nîmes. — Marie d'Estouteville. — Aventure du sieur de Touchet et de ses faux pèlerins. — Le capitaine de la Moricière. . 225

CHAPITRE V. — *Les sièges protestants* (suite). — Comment vint le nom de Montgomeries : le sieur de Sourdeval, Boissuzé et les soixante-dix-huit. — Belle-Isle et Quéroland. — le dernier siège. — La fin des merveilles. 251

DERNIÈRES PAGES. — Décadences : un abbé de cinq ans. MM. les Anciens et la congrégation de Saint-Maur. D. Jean Huynes. — Le vœu de Louis XIII et le berceau de Louis XIV. La naissance de Marguerite-Marie. — Charles X, Louis-Philippe et la cage de fer. — 1790 ; profanation, les prêtres captifs. — La maison centrale. — Le Mont Saint-Michel restauré et rendu au culte. — L'avenir. 265

Guide du touriste au Mont Saint-Michel.

Description de l'abbaye.. 283
Vestibule. 283
N° 1. — La Merveille 283
N° 2. — Les Montgomeries. 284
N° 4. — Salle des Chevaliers 284
N° 7. — Passage pour aller au réfectoire. 285
N° 8. — Réfectoire des moines. 285
N° 10. — Crypte du Chapitre. 285
N° 11. — Crypte des Gros-Piliers. 286
N° 12. — Salle du Gouvernement. 287
N° 13. — Cachot du Diable. 287
N° 14. — Le Promenoir. 287
N° 15. — La Cage de fer. 287
N° 16. — Crypte de l'Aquilon. 288
N° 18. — Passage des Catacombes. 288
N° 19. — Chapelle de Notre-Dame des Trente-Cierges. 288
N° 20. — Le Cloître. 288
N° 21. — Dortoir. 290
N° 22. — Basilique de l'Archange. 290
N° 23. — Beau-Regard 291

www.ingramcontent.com/pod-product-compliance
Lightning Source LLC
Chambersburg PA
CBHW070537160426
43199CB00014B/2284